主编简介

林滨 女，法学博士，中山大学社会科学教育学院副院长、教授，博士生导师，广东省伦理学会副会长兼秘书长、中国伦理学会理事。主要研究方向为现代伦理与道德教育、马克思主义理论。主持和参与多项国家、教育部和省级科研课题；发表论文40余篇，出版和参编10余部著作；荣获许崇清教育奖、高校德育一等奖等。

沈成飞 男，历史学博士，哈佛大学东亚系访问学者。现为中山大学社会科学教育学院副教授，院长助理。主要研究方向为中国近现代区域社会史、中共党史。发表专题学术论文20余篇。

钟一彪 男，法学博士，副研究员，中山大学学生工作部副部长、中山大学学生资助管理中心主任、广东仲明大学生公益研究中心主任。长期致力于大学生公益理论研究与实践倡导。已发表论文40余篇，主编多部专著。

中山大学"教材建设项目"（项目号：25000-18008008）资助出版

高校德育成果文库·教育部思想政治工作司组编

"知识、价值与行动"三位一体的德育模式

——中山大学的探索与实践

林 滨 沈成飞 钟一彪 ◎ 主编

中国书籍出版社
China Book Press

图书在版编目（CIP）数据

"知识、价值与行动"三位一体的德育模式：中山大学的探索与实践/林滨，沈成飞，钟一彪主编．—北京：中国书籍出版社，2015.1
ISBN 978－7－5068－4717－9

Ⅰ.①知…　Ⅱ.①林…②沈…③钟…　Ⅲ.①高等学校—德育工作—研究—广东省　Ⅳ.①G641

中国版本图书馆 CIP 数据核字（2015）第 012963 号

"知识、价值与行动"三位一体的德育模式：中山大学的探索与实践

林　滨　沈成飞　钟一彪　主编

责任编辑	毕　磊
责任印制	孙马飞　马　芝
封面设计	中联华文
出版发行	中国书籍出版社
地　　址	北京市丰台区三路居路 97 号（邮编：100073）
电　　话	（010）52257143（总编室）　（010）52257153（发行部）
电子邮箱	chinabp@ vip. sina. com
经　　销	全国新华书店
印　　刷	北京彩虹伟业印刷有限公司
开　　本	710 毫米×1000 毫米　1/16
字　　数	296 千字
印　　张	16.5
版　　次	2015 年 3 月第 1 版　2015 年 3 月第 1 次印刷
书　　号	ISBN 978－7－5068－4717－9
定　　价	68.00 元

版权所有　翻印必究

总　序

中发〔2004〕16号文件颁发以来,各地各高校充分认识高校德育工作的极端重要性,坚持育人为本,德育为先,坚持贴近实际、贴近生活、贴近学生,不断推进理论、内容、机制和方式方法的创新,在传承中发展、在改进中加强、在创新中深化,大学生思想政治教育的吸引力、感染力、针对性、实效性不断增强,科学化水平不断提高,基本形成全员育人、全方位育人、全过程育人的生动局面。

今年是中发〔2004〕16号文件颁发十周年,为深入研究总结和集中展示近年来各地各高校落实立德树人根本任务、推动高校德育创新发展的理论和实践成果,教育部思想政治工作司决定组织出版《高校德育成果文库》,旨在引导和鼓励思想政治教育工作者聚焦高校德育工作的重大理论和现实问题,系统总结梳理近年来各地各高校加强高校德育工作所取得的可喜成绩和宝贵经验,并对下一步工作进行系统设计和统筹谋划,切实提高高校德育工作的水平和质量。

《高校德育成果文库》坚持正确的政治方向和学术导向,围绕立德树人根本任务,收录了一系列事迹案例鲜活、育人效果显著的研究专著、工作案例集、研究报告等成果。入选《高校德育成果文库》的这些著作都是各地各高校在长期研究和探索过程中心血和智慧的结晶,他们着眼于高校德育领域的重要理论和现实问题,研究规律,总结经验,探索路径。这些作品从不同的角度反映了高校德育理论研究与实践探索的丰硕成果,是推动高校德育创新发展的宝贵财富。

希望在《高校德育成果文库》的引领和示范下,各地各高校继续坚持理论联系实际,以高度负责的态度、科学严谨的精神开展理论研究和实践创新,不断丰富路径载体、健全长效机制,坚持以社会主义核心价值观引领学校德育工作,为培养德智体美全面发展的中国特色社会主义事业合格建设者和可靠接班人做出新的更大贡献!

《高校德育成果文库》编委会

本书编委会

顾　问：李　辉　漆小平　邓少芝
主　编：林　滨　沈成飞　钟一彪
编　委：黄　毅　李　桦　吴　丹
　　　　龙柏林　徐小梅　姜东国

前　言

在现代社会中，由于经济、科学技术等的迅速发展打破了传统社会的稳定性，使社会生活呈现出多元性、流动性、发展性等特点。我国社会主义市场经济的深入以及全球化的历史趋向，使人们的思想观念、价值选择与生活方式日趋多元化，高校德育面临着如何契合时代发展与学生成长的双重吁求。身处改革开放前沿的广东，中山大学的德育教育与实践面对时代提出的新挑战、新问题与新情况，秉承中山先生"博学、审问、慎思、明辨、笃行"的校训精神，经过不断的思考、探索、实践，形成了在开放的社会条件下遵循教育与学生的成长规律，有效促进学生德性之美、理性之美与人格之美的德育发展理路。

本书以改革开放以来特别是教育部思想政治理论课"05"方案实施后，中山大学德育教育和实践所建构的"知识、价值、行动"三位一体的德育模式为主要内容，深入探讨高校思想政治理论教育如何契合当代特点，把思想政治理论教育的内容还原为科学的理论体系，回到知识原点，阅读马恩经典，让学生在领会思想魅力之中实现以理服人与以学养人；如何契合现代教育的规律，以学生成长为本，提出重视个体生命意义，将个别关怀、心理辅导作为从理论教育向个体心灵世界延伸的重要方式；如何契合学生认识发展规律，从思想政治理论服务于教学实践与学生生活的需要出发，鼓励学生在社会实践中了解社会，推进学生自愿参与社会公益学习和行动。

时代是属于青年的，教育引领人生，我们期望以对德育的本真理解，以对学生的真诚点拨，通过理性的自觉、价值的培育和实践的努力共同探索高校德育前行的道路……

主编

2014 年 12 月于中大康乐园

目 录
CONTENTS

绪　论 ·· 1

第一篇　知识篇 ·· 9
第一章　思想政治理论教育的理性审思 / 11
　　第一节　意识形态在价值教育中的合理地位 / 11
　　第二节　当代中国马克思主义教育的返璞归真 / 23
　　第三节　"以理服人"与"以学养人"的统一 / 33
第二章　教学体系建构的学理支撑 / 42
　　第一节　马克思主义理论的逻辑整体性 / 42
　　第二节　高校思想政治课教师教学转换能力的探讨 / 46
　　第三节　提高思想政治理论课教学实效性的四种力量 / 52
第三章　知识原点与内功养成 / 59
　　第一节　传统典故与大学传统文化教育 / 59
　　第二节　文献阅读与"中国近现代史纲要"研究型教学的探索 / 70
　　第三节　"问题拓展"教学法在"概论"课教学中的运用及探讨 / 76

第二篇　价值篇 ·· 83
第一章　价值教育与人的发展 / 85
　　第一节　高校德育"回归人"的可能性与实现路径 / 85
　　第二节　中国人的现代化发展特点分析 / 92
　　第三节　从文化软实力到文化竞争力的发展 / 102

1

第二章　个体道德与价值共识的现代性培育　/ 113
　第一节　重建社会信任：从道德危机到存在危机的思考　/ 113
　第二节　影响个体道德选择的社会因素　/ 124
　第三节　实用理性视域中的价值共识　/ 132

第三章　价值教育的途径与方法　/ 146
　第一节　高校德育面临的问题与对策——以市场经济为背景　/ 146
　第二节　理想信念教育的现代性审视——以大学生为中心　/ 153
　第三节　思想政治教育中的隐性教育——以四个维度为例　/ 160

第三篇　行动篇　171

第一章　以研修基地为依托的骨干培育　/ 173
　第一节　大学生马克思主义理论研修班　/ 173
　第二节　青年马克思主义者培养工程　/ 178

第二章　以心理咨询为渠道的个体培育　/ 187
　第一节　儒家文化与中国人的道德健康　/ 187
　第二节　大学生朋辈互助心理辅导模式构建　/ 198
　第三节　大学生心理健康自我教育　/ 204
　第四节　团体心理咨询对大学生潜能的提升　/ 210

第三章　以公益慈善为平台的普遍培育　/ 219
　第一节　新生"公益囊"活动　/ 219
　第二节　公益服务嵌入奖助工作　/ 226
　第三节　公益服务组织建设　/ 239

后　记　250

绪 论

在全球化、信息化与多元化的时代，高校德育如何遵循教育规律与学生成长规律，积极发挥德育引领人生的功能，始终是高校德育探索的核心。怀着对党和国家教育事业的无比忠诚，秉持对教育理想和信仰的执著追求，在长期的探索中，特别是改革开放以来，中山大学逐渐形成和完善了以健全学生人格为教育理念，以建设让大学生受益和满意的思想政治理论课为基础，以"知识、价值和行动"为一体的育人模式。

一、确立让大学生受益和满意的教学教育理念，发挥育人功能

人的发展是一切教育的起点和归宿，也是思想政治理论教育使大学生受益和满意的基本依据。从 20 世纪 90 年代初，中山大学被教育部确定为思想政治理论课改革的试点学校开始，我们特别注重探讨契合思想政治理论课特性的教育理念，并形成了具有自身特色、体现现代教育精神的思想政治教育理念，即由单一的政治功能定位，转变为引导大学生形成正确的政治方向和培养健康、高尚人格相结合的观念；由单纯的知识传播，转变为以教学方式实现育人功能的观念，将教育和教学统一起来，最终实现教育的目的。具体内容为：

1. 确立教育的崇高性引导与实践性指导的教育理念。通过倾听学生的声音，了解学生的真实需要，自觉从教育规律的角度研究思想政治理论课教学，实现政治主导性原则与教育规律相统一，教育要求与学生成长需求相统一。我们在思想政治理论课教学中以马克思主义的科学世界观与方法论为指导，贯穿教育全过程，从三个维度加以落实：以生命为重的意义之维，即尊重学生的生命价值，引导学生思想与生命的成长；以发展为重的能力之维，即从给现成结论到给学生"批判"的武器，不仅授人以"鱼"，更要授人以"渔"；以心灵为重的情感之维，即在师生心灵互动中教学相长。

2. 坚持教材体系、教学体系与生活逻辑相转换、相协调的教学理念。从课

程设计上实现从教材体系——教学体系——学生认知体系的有效转换，在尊重和理解受教育者思想特点差异的基础上，有计划和针对性地使用教材和不同的授课方式，如文科类专业更注重分析性和深刻性，理科类专业更注重基础性和方法论；把理论性较强的课程放到高年级，低年级更注重道德修养的提升。努力提高教师的三种能力：第一，把握力，即在教材体系与教学体系转换中，把握统一性与主体性辩证关系之能力；第二，建构力，即在教学体系的形成过程中，建构富有思想与逻辑的教学理路之能力；第三，适应力，即在教学体系到学生认知体系转换中，适应认知水平与成长需要之能力，以便将教材体系通过教学体系的再加工，转化为学生认知体系的目的，实现专家指导、教师发挥与学生需要的有机统一，从而有效提高思想政治理论课程的实效性。

3. 坚持建设大学生真心喜爱与终身受益的思想政治理论课的课程理念，回归学生成长的原点。课程坚持理论教育、课堂参与和社会实践的有机结合，重视在实践中提升学生的理论素养，激发学生理论联系实际，在学习、思考、明辨中培养科学理性和热爱生活的品质。在加强基本理论教学的基础上，不断拓展知识面，增加内容的吸引力。努力追求课程凝聚四种力量：真理的力量、逻辑的力量、艺术的力量、情感的力量。

4. 明确思想政治理论教育应遵循的实效性原则。我们从提高思想政治理论教育的说服力、影响力和生命力出发，概括出思想政治理论教育返本归真的三大原则，即回归马克思主义的人文关怀、回归马克思主义的批判精神和回归马克思主义的实践原则；从满足学生成长需要出发，概括出思想政治理论教学实效性的三大原则，即主体性原则、可接受性原则与发展性原则。

多年来，尽管我国思想政治理论教育的具体课程设置随着改革开放的形势而不断变化，但是，中山大学确立的以健全学生人格为本的思想政治教育理念没有变，建设让大学生受益和满意的思想政治理论课的教育追求没有变，培养党和国家建设事业合格人才的教育理想没有变。我们始终坚守思想政治教育的本真，其深层的伦理精神来自对教育的信仰。教育是需要信仰的，没有信仰的教育只是教学的技术而已。对教育的信仰包括两个密切相关的组成部分：对教育本身的信仰和对教育内容的信仰。前者，指的是抛开世俗化心态和功利化思维，将教育作为完善自我和完美世界的伟大事业，饱含热情地从事教育实践；后者，指的是教师相信、尊重和追求自己所传授的"道"，并以身作则去示范。如果传道之师不尊重、不相信自己所传的"道"，或者说一套做一套，只是"说给学生听""教别人实践"，那就是真正意义上的说教。

二、建构并践行"知识、价值、行动"三位一体的德育模式

地处改革开放前沿,中山大学思想政治理论课紧扣广东改革开放步步推进所带来的情势变化,紧扣学生生命与成长的真正需要,实时更新教学方法、拓展教育渠道,自觉建构和践行"知识、价值、行动"三位一体的教育教学模式。

(一)针对思想政治理论被单纯当作意识形态来向学生宣讲的定位,我们把思想政治理论还原为科学理论,让学生领会思想政治理论学理性的魅力。

1. 在观念上,自觉辨证处理思想政治理论课意识形态性与科学性的统一。意识形态性是由思想政治理论课性质所决定的,这是思想政治理论课与其他课程不同的质的规定性。科学性则是由理论体系的诉求所决定,马克思主义理论之所以被广大人民群众所接受,除了它代表着无产阶级的根本利益外,更主要的在于它是对人类社会发展规律的正确揭示,是一个符合社会客观存在和指明人类发展方向的科学的理论体系,这才是马克思主义从产生直至今天具有强大生命力的根本所在。因此,在思想政治理论课的教学中,我们正确处理其意识形态性与科学性二者的关系,自觉避免将二者对立起来或偏执一端,防止既消解思想政治理论课程性质,又损害马克思主义理论真理性的错误做法。在意识形态性方面,着重价值引领;在科学性方面,凸显规律揭示,从而使教学体系具有真理与价值的统一。

2. 在路径上,形成以学科建设推进思想政治理论课教学的发展理路。思想政治理论教育教学是一门科学,需要有学术品质和学理的支撑。我们在教育教学的实践过程中,逐渐自觉意识到学科建设、学术研究对思想政治理论课质量支撑的重要性,是思想政治理论课高起点高水平发展的关键所在。对此,我们着重从队伍建设和学科建设入手。一方面鼓励教师不断深造,提高自身的理论素养。另一方面抓住马克思主义理论学科发展的良好时机,加大科学研究的力度,促进学科建设的发展。教师理论水平与学术素养的提高、学科建设的快速发展,为思想政治理论课教学注入了强大的学术活力,提升了课程的理论性与科学性。1998年,学校被批准建立马克思主义理论与思想政治教育博士点(全国第二批),2006年,被批准建立马克思主义理论一级学科博士点(全国首批)。2007年,思想政治教育被评为国家重点学科,马克思主义基本原理被评为国家重点培育学科。做到了高水平学科支撑高质量教学。思想政治理论课教师中,教授近90%为博士生导师,副教授超过90%为硕士生导师,真正实现了思政课和学科建设的一体化发展。

3. 在教学上,注重学脉的梳理和学理的支撑,让学生在课堂中体会理论和

逻辑的力量。已经执教二十多年的李辉教授，将他的教学实践总结描述为：一个好的教师应该是一个好的学者，应该集学理、学术、学人于一身；一个好的教学则应该是一个知识与学理的论证。在教学中，李老师侧重于一般问题的历时性梳理，重点问题的文化性铺垫，在更大的时空背景下寻找问题的学脉支撑，在多学科视角下透视所关注的问题，在原有的参考书目的基础上扩充更多的文化经典著作，使思想政治理论课真正具有"以理服人""以学养人"的魅力。

4. 在方法上，把经典著作纳入课程内容，回到知识原点。我们将阅读经典著作纳入课程内容，让学生在阅读中体会探究"为什么"的乐趣。最初仅是由教师各自在课堂上推荐阅读并组织经典著作讨论会。由于学生在这些教学活动中表现出渴求知识的热望，我们于1993年9月创办了第一期马克思主义理论研修班（联合学工部），在全校学生党员中选拔出佼佼者，专门、集中研习马克思主义经典理论，至今已有20余年的历史，培养出大批政治过硬、学识渊博的优秀学子。2008年，又启动"青年马克思主义者培养工程"（联合校团委），在全校范围内遴选学生骨干进行集中培养，通过阅读、讲座、调研、实习相结合的方式研习与体会马克思主义经典理论，目前已经完成五期培育。2010年起我们在全校本科生思想政治理论课当中全面铺开经典文献阅读，每门课程都列有十至二十本经典著作供学生选读，学生需提交两篇读书报告才能获得课程成绩。研读经典由点到面，覆盖了全体学生。进一步增强了思想政治理论课的说服力，让学生折服于真理的力量。

5. 在目标上，注重培养学生分析问题、解决问题的"内功"。我们力求将"授人以渔"与"授人以鱼"统一起来，鼓励学生独立思考，引导学生正确思考。林滨教授作为《马克思主义基本原理》课程的授课教师，认为在课堂上不仅要给学生讲授马克思主义的基本原理，而且也要对学生进行哲学思维方法的训练，更要让学生拥有"批判的武器"。从这一目标出发，在课堂教学中她十分注重"问题教学法"，采用不断追问的方式，引导学生不停地思考，力求让学生摆脱机械死背概念和原理的学习方式，帮助他们学会思考、学会深入，从而使学生从被动、无奈地听课，到主动积极地参与教学过程，力图使教学由逼学、必学、假学、空学和白学向要学、真学、想学、实学和乐学转变。

（二）针对思想政治理论教育习惯采用向学生灌输的做法，我们把思想政治理论教育置于现实、开放的情境中，采用启发与引导的方式，帮助学生树立正确的价值观与人生观。

在全球化、价值多元化的时代，即使学术含量、逻辑论证无可辩驳，思想政治理论课仍会在价值观日益多元的社会中遭到学生的质疑："老师你讲的都对，但我另有选择不可以吗？"面对这种疑问，我们的做法是：

1. 价值教育必须提升人的主体性。在全球化的影响下，当代社会主体尤其是青少年群体呈现出开放社会独有的特征，他们开放程度高、思想变化快，个体意识强，视野开阔，尤其是个体主体意识的觉醒和发展，使教育对象的独立性、自主性大大增强，对价值观念的需求和态度也更加多元和多变。价值教育必须回应个体主体意识勃兴与个体需要的差异性与多元性的挑战，树立以学生为本的理念，以人的发展与精神世界的丰富为尺度，承担起开掘和提升人的主体性的使命与诉求。

2. 在正视并尊重多种价值观的存在的同时，加强价值引导。我们坚信，只有具备客观公正态度、海纳百川胸怀的教育才是最有说服力的教育。我们在课堂内外坚持对多种价值观的是非利弊进行哲学的、历史的、现实的分析比较，以理性、客观、公正的态度论证并坚持社会主义核心价值观的主导地位。让学生学会分析、判断与明辨，使学生感到不是"要我选"，而是"我要选"。钟明华教授认为学生也许存在很多缺点与问题，但这些是学生们成长过程中必然要经历的。我们不能纯粹用道德的框框去评价学生们的言行。很多问题不能堵，你越是堵，学生们就越逆反，问题就越严重。而是要以过来人的身份平等对待学生，真诚与学生交流，引导他们分析与判断，才能帮助他们解决问题与成长。

3. 教师从"传道者"转变为"同路人"。为此，我们的教师大都自觉担当起课堂内外的"心灵守护者"，为学生生活的、情感的、发展的种种问题提供耐心疏导与辅导，就连已毕业学生和外校学生慕名而来的提问也不忍拒绝。以古南永副教授为例，据不完全统计，十多年来，接受过古老师心理辅导的学生、教工有数千人次，古老师以书面形式回复学生问题达数十万字。特别是一些学生在遭遇挫折无法自拔的时候，第一个想到的常常是古老师，而且常有半夜紧急"呼救"，古老师不知经历了多少个这样的不眠之夜。老师的行动比语言更能打动学生的心灵，因而老师坚持的价值观才更能获得学生的尊重与认同。那一堂堂授课、一封封信件、一次次长谈，本身就向学生传达了老师们自己对真善美的执着坚持，因而能够以理服人、以情动人，达到润物细无声的价值导向效果。

4. 针对思想政治理论教育往往局限课堂教学的问题，我们极力拓展实践渠道，帮助学生用理论观照社会与生活，在行动中践行价值观。

思想政治理论教育不能只在课堂上完成，而应在课堂教学与实践行动当中互相促成。怀着这一信念，我们从20世纪80年代就开始了在实践中培育学生的有益探索，至今已经臻于成熟，其间大致经历了三个方面的拓展，已经形成了包含骨干培育、个体培育、普遍培育三方面的实践育人模式，三者共同组成中山大学思想政治理论课实践育人的立体平台：

（1）以研修基地为依托的骨干培育。从1993年开班的马克思主义研修班到2008年的青年马克思主义者培育工程，我们一直注重理论联系实际，把骨干学生"练"出来。"马研班"每期都组织学员深入到经济建设和精神文明建设成果显著的地区以及革命理想信念教育基地参观学习，十几年来有计划地组织学员们参观了黄埔军校、烈士陵园、农讲所等革命遗迹，缅怀和学习先烈的奉献精神。"青马班"学员则更加紧扣时势，深入工作岗位体会学习，目前已有350名学员在校内各部门实习，还在惠州、东莞等地建立了"青马班"学员的校外实践、调研基地，完成了一系列涉及教育、经济、环保等现实问题的调研报告。这类由老师带领学生骨干进行的实践活动，使学生骨干在实战中"练"成坚定的马克思主义者。

（2）以心理咨询为渠道的个体培育。由思政课老师针对个体学生心理需求开创的心理咨询实践，是中山大学思想政治教育育人模式的亮点之一。我们首先在耐心细致的师生交流中发现了以心理咨询方式个别辅导学生具体问题，特别是心理问题的迫切需求。作为中山大学思想政治教育的领军人物之一，李萍教授1987年率先在全国建立"益友心理咨询中心"，由思想政治理论课专职教师义务地给学生做辅导，旨在帮助大学生解决课堂教学普遍性之外的问题，即大学生个体成长中的特殊问题。1994年，我们抓住改革试点的契机，进一步深化教学模式的改革，开设了《大学生心理健康与发展》选修课程，进一步完善常规性心理辅导，使思想政治理论课教育落到实处。如今，心理咨询一直是我们与学生在实践问题中相学相长的重要渠道之一，我们通过心理咨询中心定点接待和任课教师课外分散辅导两种方式，与成千上万学生共同探讨生活、情感、发展等方方面面遇到的实践问题，为他们重新点亮心灵的明灯。

（3）以公益慈善为平台的普遍培育。过去几十年间，我们一直要求学生以提交假期社会调研报告的方式，促使全体学生深入社会实践。在此过程中，高度关注的公益问题，我们认为这是推动学生深入社会、了解社会、服务社会的良好契机。因此，2011年，李萍教授积极牵头，联合本校社会学者，成立了中山大学公益慈善中心，开设了面向全校学生的相关选修课，并且将学生从事公益慈善活动情况计入学分，实行制度化引导，从而对大学生公民道德的培育取得了明显的效果，使大学生开始意识到主动参与社会建设的重要性，也愿意更积极地评价自身在其中可以起到的作用，开创了思想政治理论课实践教学的新形式。

三、高校德育理论与实践探索的创新之处

（1）确立让大学生受益和满意的教育理念。从思想政治教育培养人、教育人的目标出发，我们真正将学生当作生命而非产品，形成了符合现代教育规律与学生成长需要的思想政治教育理念，即由教学转变为教育；由单一的政治功能定位转变为以学生成长为本的育人过程；由单纯的知识传播转变为科学思想方法与能力的培养。

（2）提出思想政治理论课实效性的基本原则。从提高思想政治理论教育的说服力、影响力和生命力出发，我们概括出思想政治理论教育返本归真的三大原则，即回归马克思主义的人文关怀、回归马克思主义的批判精神和回归马克思主义的实践原则；从满足学生成长需要出发，概括出思想政治理论教学实效性的三大原则，即主体性原则、可接受性原则与发展性原则。

（3）建构了"知识、价值、行动"三位一体的育人模式。针对思想政治理论课作为价值结论向学生宣讲的惯性，我们把思想政治理论教育的内容还原为知识，从1993年开始探索思想政治理论课经典文献阅读体系，让学生在领会知识魅力之中实现价值引导；根据以学生成长为本的取向，提出重视个体生命意义，将个别关怀、心理辅导作为从理论教育向个体心灵世界延伸的重要方式；从思想政治理论服务于实践与学生生活的需要出发，从探索鼓励学生在社会实践中了解社会，到精心设计，推进学生自愿参与社会公益学习、实践的制度化。

中山大学的"知识、价值与行动"一体的育人模式，既是我们以往高校德育探索的成果，也是新阶段德育工作的起点，希望通过《高校德育成果文库》的出版，能够让全国高校更多德育工作者受惠，并通过他们，使广大学生受益。

第一篇 01
知识篇

  思想政治理论教育是高校德育工作的核心内容，马克思主义教育本质上是以真理性认识为基础的价值教育。本篇以高校思想政治理论教育如何契合时代特点与学生成长需要为主题，分别从思想政治理论教育的理性审思、思想政治理论课程教学体系的学理建构和学生思想"内功"养成三个方面进行探讨，力求把思想政治理论教育的内容还原为科学的理论体系，回到知识原点，阅读马恩经典，让学生在领会思想魅力之中实现"以理服人"与"以学养人"。

第一章

思想政治理论教育的理性审思*

思想政治理论教育教学是一门科学，需要学术的品质和学理的支撑。以此为出发点，必须对思想政治理论教育进行理性审思，让马克思主义理论教育返本归真。

第一节　意识形态在价值教育中的合理地位

马克思主义教育是作为马克思主义大众化的一个重要途径和内容，马克思主义教育本质上是以真理性认识为基础的价值教育，传递着社会主义意识形态。但长期以来，意识形态在价值教育领域的地位和作用却存在着定位不当的问题，主要表现为两种极端的倾向：一是在相当长的时期"泛意识形态化"现象凸显，意识形态与价值教育可谓二者合一，意识形态即是价值教育的全部内容；二是当下出现的价值教育"去意识形态化"的倾向，这种力图将意识形态从价值教育领域清除出去的看法，却走向了另一个极端。因而，对意识形态与价值教育二者关系进行学理厘析是非常必要的。我们力求从价值主体、价值介质与价值达成三个方面加以明辨，以达成意识形态在价值教育中的合理定位。

一、价值主体："限指"与"全称"

"概念是对同类事物共性和本质属性的概括，它是思维的'细胞'，是最基本的思维形式。理性认识的其他形式都是在概念的组合和深化的过程中形成和发展起来的。"[①] 因而，从概念的厘析入手，通过对意识形态与价值教育两个概

---

* 本章作者：林滨、李萍、童建军、李辉。
① 陈先达主编、杨耕副主编：《马克思主义哲学原理》，中国人民大学出版社2003年版。

念的比较分析，便是我们回答"意识形态与价值教育有着怎样的关系"这一问题的入口。

自法国哲学家特拉西（DestuttdeTracy）最先使用"意识形态"以来，这一概念就被视为社会科学领域中最有歧义和最难理解的词汇之一。大卫·麦克里兰就指出："意识形态在整个社会科学中是最难以把握的概念。因为它探究的是我们最基本的观念的基础和正确性。因此，它是一个基本内涵存在争议的一个概念，也就是说，它是一个定义（因此其应用）存在激烈争论的概念。"① 虽然学者们的定义不尽然相同，但由特拉西始之从观念学 ideology 这一词源意义来理解的意识形态概念却是学界研究的起点，将意识形态视为"观念体系"也逐渐成为基本共识。不过，这种观念体系却不同于别的观念体系，它的特殊性在于它是一套有关价值、信仰或意义的观念体系。换句话说，一个观念体系只有与一定的价值信仰和理想目标及其实践的态度相联系，才能成为意识形态。加拿大学者克里斯托弗一语中的："当科学观念、公理、原理作为单纯的理论体系存在时，它们是科学而不是意识形态，一旦这些理论变成一种'词尾带主义'（ending with marx – ism）的抽象意义，它们就变成意识形态。科学原理一旦由单纯的客观描述性理论变成意识形态的价值规范性主张，就有了或直白或隐喻的排他性观念，同时，也就有了在人们的心灵深处建构其观念的实践意志，就是说，它已不在于描述而在于规范，在于企图影响人们的观念。"② 这种意在影响人们的价值性规范或观念就是意识形态与其他观念体系的区别之所在，它既构成了意识形态这一观念体系内在的质的规定性，也是意识形态的核心。

由于"价值—信仰层面是意识形态中带有'方向'性的内容，它与建构这种意识形态的社会主体的情感、利益紧紧地联系在一起。"③因而，在阶级社会中，意识形态的观念体系往往是一个阶级的价值、信仰或意义的表达，不同的阶级主体，因其各自利益和需要的不同决定了其意识形态所表达、传递和维护的价值和信仰的不同。意识形态是"一定社会或阶级的思想体系。具体一些说，意识形态是社会的思想上层建筑，是一定社会或一定社会阶级、集团基于自身根本利益对现存社会关系自觉反映而形成的理论体系；这种理论体系包括一定的政治、法律、哲学、道德、艺术、宗教等社会学说、观点；意识形态是该阶

---

① ［英］大卫·麦克里兰：《意识形态》第二版，孔兆政、蒋龙翔译，吉林人民出版社2005年版。
② ［加拿大］克里斯托弗·霍金森：《领导哲学》，刘林平等译，云南人民出版社1987年版。
③ 何怀远：《意识形态的内在结构浅论》，载《江苏行政学院学报》，2001年第2期。

级、该社会集团政治纲领、行为准则、价值取向、社会理想的思想理论依据"。① 不同的意识形态的分歧从根本上说是价值—信仰层面的差别甚至对立。从意识形态的这一本质出发,决定了意识形态的功能性质,"意识形态就是以一定社会集团的利益和要求为出发点,以一定哲学(或宗教)为基础,以一定价值观为核心,以一定政治目标或社会理想为标识,以一定的话语系统表达出来并通过一定的组织程序确立起来的思想信念"。② 其目的就是对其价值、意义与信仰达致认同。"任何统治都企图唤起并维持对它的'合法性'的信仰。"③ 当"一定阶级或社会集团"为统治阶级时,意识形态则往往成为服务统治阶级的工具。马克思就明确指出:"统治阶级的思想在每一时代都是占统治地位的思想。这就是说,一个阶级是社会上占统治地位的物质力量,同时也是社会上占统治地位的精神力量。支配着物质生产资料的阶级,同时也支配着精神生产资料,因此,那些没有精神生产资料的人的思想,一般地是隶属于这个阶级的。占统治地位的思想不过是占统治地位的物质关系在观念上的表现,不过是以思想的形式表现出来的占统治地位的物质关系;因而,这就是那些使某一个阶级成为统治阶级在观念上的表现,因而这也就是这个阶级的统治的思想。"④ 意识形态教育从本性而言是指灌输、传递与形成一定阶级或集团特别是统治阶级的价值与信仰的教育。

如果说,意识形态与"价值"的内在关联尚需要我们抽茧剥丝才能洞悉的话,价值教育与"价值"的关联,则从语词字面构成上一目了然。不过从价值教育的定义来看,因为学者对"价值"有着不同的理解,使得国内外学界到目前为止皆没有形成价值教育的统一定义,但认为价值教育从本质上是指促进人的价值世界形成、为美好人生服务的教育活动的看法却已得到很多学者的认同。如英国 Gordon Cook 基金会(英国促进价值教育的慈善机构)总裁 Dr. William－rob 对价值教育的定义:"价值教育是一种活动,可能发生在任何机构中,常常是在年长者、权威或更有经验者的指导下,得以明晰他们自己的行为背后的价值观原因,评判这些价值观以及相应行为对自己及他人的长久福祉的效果,反思并获得他们自己认识到的对自己和他人长久福祉更有意义的价值观和行为。"⑤ 英国著名的道德教育家、《Moral education》杂志主编 M·Taylor 认为"价

---

① 宋惠昌:《当代意识形态研究》,中共中央党校出版社 1993 年版。
② 朱兆中:《中国社会主义意识形态建设》,上海人民出版社 2003 年版。
③ 王宏强:《论政治合法性的三个层面》,载《济南社会主义学院学报》,2003 年第 1 期。
④ 《马克思恩格斯选集》第 1 卷第 98 页,人民出版社 1995 年版。
⑤ 杨超:《世纪之交西方发达国家价值教育探索》,中央教育科学研究所 2007 年版。

值教育不只是用作协助学生继续学业的工具……价值教育本身即为学习以及人之为人所涵盖，它并非只是一项紧急措施"。① 中国香港教育学院学者伍美莲在其博士论文《教育的价值与价值的教育》中进一步明晰价值教育的精神实质就是促进学生能够探索美好人生。国内著名学者王逢贤也认为"价值教育的实质是创造人的价值的教育或真善美的人的创价教育"。②价值教育从特性上看，它也是区别于"科学教育""知识教育""职业教育"等教育形式，"它所关注的不是学生有关事实性知识、程序性知识或与职业活动直接相关的知识和技能的获得，而是学生价值观念和价值态度的形成、价值理性的提升、价值信念的建立以及基于正确价值原则的生活方式的形成"。③价值教育是"促进人的价值素质，包括价值观念、价值能力、价值体验等要素发展的高级社会活动"。④它意在使个体价值世界的敞亮，形成价值观念、价值能力、价值体验，以促进人的美好生活。从主体上看，价值教育是为所有的人的福祉，而非一定的阶级或集团的利益，具有"全称"的属性。

这样，我们通过对意识形态与价值教育两个概念内涵的厘析，可以明晰"价值"这一中介是意识形态与价值教育内在关联的核心，但二者也有差异，意识形态往往是一个特定阶级或社会集团利益的价值信仰表达，而价值教育则是关乎每个人存在的价值世界形成，价值主体具有"限指"与"全称"之不同。

二、价值介质："崇高客体"与"教育理想"

"介质"是物理学上的一个概念，"声的传播需要物质，物理学中把这样的物质叫作介质。波动能量的传递，需要某种物质基本粒子的准弹性碰撞来实现。这种物质的成分、形状、密度、运动状态，决定了波动能量的传递方向和速度，这种对波的传播起决定作用的物质，称为这种波的介质"。⑤这种介质是物体本身内部所存在的，但又通过它决定影响着波的传递。借此含义，本文的"价值介质"是指影响或决定价值传递的关键因素，且是存在于意识形态或价值教育本身的。由于价值介质对意识形态或价值教育所要传递的价值或信仰起决定作用，从价值实现的介质方面进行比较，是我们对意识形态与价值教育两者关系进行分析的关键之步，是在概念厘析的基础之上的进一步把握。

---

① 伍美莲：《教育的价值与价值的教育》，香港中文大学博士论文，2003年版。
② 王逢贤：《价值教育及其在新世纪面临的挑战》，载《高等教育研究》，2000年第5期。
③ 石中英：《价值教育的时代使命》，载《中国民族教育》，2009年第1期。
④ 王逢贤：《价值教育及其在新世纪面临的挑战》，载《高等教育研究》，2000年第5期。
⑤ 百科名片：介质 百度网 http://baike.baidu.com/view/298837.htm

意识形态的功能是批判与建构功能、政治合法性功能、社会控制与反控制功能、规范生产与提高绩效功能和社会整合与主体建构功能。① 为了这些功能的实现，意识形态往往借助"崇高客体"这一介质，用其凝聚人心，达成价值认同。这是因为崇高客体具有完美的景象，契合了人类本性中对理想社会追求的永恒情结。意识形态的"崇高客体"是著名学者斯拉沃热·齐泽克在其著作《意识形态的崇高客体》中提出的，是指"诸如理想的制度、光明的未来、自由和财富等"。由于人是思想的存在物，展望美好的未来是人的特点；人是实践的存在物，超越已有的现实是人类实践的结果。展望未来和超越现实二者形成合力，使得人类社会的历史实体始终存在着追求完美社会的情结和努力。古希腊柏拉图的"理想国"、中世纪基督教的"天国"到近现代资产阶级所标榜的"自由、财富与光明的未来"，只是"崇高客体"在不同时代的不同形式而已，其精神诉求是相同的。

"崇高客体"的产生意在弥合社会冲突，维持社会秩序。在阶级社会中，由于各个阶级利益、立场的不同，一定会产生社会矛盾与利益冲突。社会的裂缝和伤口就是社会现实表面下掩藏的基本的社会冲突，意识形态恰恰就生长在这一社会的裂缝之上，意识形态的功能便是用理想的"崇高客体"之幻象对现实的社会裂缝进行文饰与填补，将各种阶层对现实不满的痛苦与愤恨转移到对光明之未来的期许中，以实现缓解社会矛盾、达成社会共识和整合社会的目的。对此，列宁曾精辟地指出："所有一切压迫阶级，为了维持自己的统治，都需要两种社会职能：一种是刽子手的职能，另一种是牧师的职能。刽子手的任务是镇压被压迫者的反抗和暴乱。牧师的使命是安慰被压迫者，给他们描绘一幅在保存阶级统治的条件下减少痛苦和牺牲的前景，从而使他们顺从这种统治，使他们放弃革命行动，打消他们的革命热情，破坏他们的革命决心。"② 可以说，正是社会裂缝的实存，造就出意识形态产生之必要，"幻想的功能就是填补他者中的空缺，隐藏其非一致性"。③ 正是意识形态力图要构建一个其各部分的关系呈现有机性、互补性的社会，才赋予其造就的"客体"崇高的性质，担负着社会整合的崇高使命。

"崇高客体"在维持社会秩序的功能上，具有节约成本与效能提高的优势。

---

① 参看侯惠勤《马克思的意识形态批判与当代中国》，中国社会科学出版社2010年版。
② 《列宁选集》第2卷，人民出版社1995年版。
③ ［斯洛文尼亚］斯拉沃热·齐泽克：《意识形态的崇高客体》，季广茂译，中央编译出版社2002年版。

维持社会秩序的方式可以划分而两大类，暴力和非暴力。暴力的成本、暴力的外显、暴力的风险以及暴力维持的时间之有限，使得非暴力成为一个社会在常态运转情况下维持社会秩序首选和普遍采用的方法。在非暴力形式中，通过价值认同，凝聚人心，达成共识，成为整合社会与维持秩序的最佳方法。它是最有效的，因为价值观念是决定行动的主要因素；它是最持久的，因为"认同"已经使价值诉求从外在引导变为内心自觉；它是最节省的，因为不需要花费一枪一弹。"意识形态是种节约机制，通过它，人们认识了他们所处环境，并被一种'世界观'导引，从而使决策过程简明化了。"① 这便是意识形态的价值表达需要通过"崇高客体"这一介质的缘由与秘密。

价值教育与意识形态一样，它也有一个类似意识形态的"崇高客体"，作为价值介质，在此统摄下进行价值教育，这便是价值教育内蕴的"教育理想"。教育理想是关于人与社会未来的美好设计。"教育理想是教育对教育中的人与社会'未来现实'的美好设计与想象，它侧重于教育对社会或人的存在与发展呈现出什么样的意义、价值及作用，它包含着教育的'人的理想'、教育的'社会理想'，是教育对自身能干什么、想干什么的理性认识与追求。"② 一句话，"教育理想"是通过教育的视野，对人的理想与社会理想的完美的设计与期许。

教育理想的产生是将教育自身的发展规律和人的内在需要相结合，依据人的发展的理想状态和个人的完满生活的诉求，确立的教育的价值目标。中国古代教育家所崇尚的"圣人""贤人"、柏拉图所设计的"哲学王"、英国道德教育的"绅士"等，便是不同的教育理想的折射，反映了对人发展的不同理想状态的诉求。理想本身具有合目的性的特征，必然体现着人们的利益需要，体现着人们的目的要求。教育理想也是如此，只不过这种目的是在社会需要的前提下体现个体对自己发展的要求。"关注人的自由全面发展的教育学，就应该倡导一种社会的理想、人生的理想、教育的理想，应该始终飘扬着一面大写着'人'的旗帜。"③

教育理想在人的发展上具有导向性的功能。它用完美的社会理想对不完美的现实进行批判，它用"理想的我"对不完美的"现实的我"加以观照，它"超越了人、社会及教育自身的现实状况的制约，比'现有'形态更规范、更合

---

① ［美］道格拉斯·诺思：《经济史中的结构与变迁》，陈郁、罗华平等译，上海人民出版社1994年版。
② 尹艳秋：《必要的乌托邦：教育理想的历史考察与建构》，福建教育出版社2004年版。
③ 肖川：《教育的理想与信念》，岳麓书社2002年版。

理、更完善，因而往往会成为人们进一步活动的取向，具有鲜明的指向性。"①教育理想对现实的批判与超前，对未来的指向与追求，显示出"价值对事实的超越"，体现了教育理想追求的自由性和无限性，使得教育理想成为教育活动的灯塔，引导人追求完美，实现人生所能达到的理想高度。

由此，我们可以看出，意识形态与价值教育都在"形塑"理想，意识形态是借"崇高客体"这一社会理想来达成社会成员的共同价值追求，而价值教育则是贯彻"教育理想"引导个体去发现社会与个体的理想追求。但二者也有差异，"崇高客体"侧重社会之维，强调社会理想，而"教育理想"则包含社会与个人两个维度，强调是在符合社会需要的前提下个人的发展追求。

三、价值达成："普遍认同"与"自我认同"

价值实现是价值活动的结果，也是评价价值活动的效用标尺。价值追求活动是从价值目的出发，通过价值介质来达成价值实现的过程。因而，从价值实现方面进行比较，是我们对意识形态与价值教育两者关系进行分析的落脚点，它关乎意识形态与价值教育的目的与效用。

意识形态往往只是从一个阶级或社会集团（往往是统治阶级）的利益出发，其目的是维护统治阶级的需要和利益，以达成政治合法性。意识形态是一种面具或武器，它关乎权力的获得与维护，意识形态的观念体系是真理还是谬误，在一定意义上并不重要，而重要的是能否维护统治的合法性与权力。"从这一角度，可以看到本质上是认识论意义上的第一种意识形态模式并不能给予我们多大帮助，因为现在起决定作用的并不是某一种思想体系是真理还是谬误的问题，毋宁说是其在阶级斗争中的功能、作用及有效性问题。现在人们认为统治阶级的意识形态的任务是合法化（哈贝马斯）和领导权（葛兰西），换句话说，没有任何一个统治阶级能够永远依靠暴力来维护其统治，虽然暴力在社会危机的动乱时刻完全是必须的。恰恰相反，统治阶级必须依靠人们某种形式的赞同，起码是某种形式的被动接受，因此庞大的统治阶级意识形态的基本功能就是去说服人们相信社会生活就应该如此，相信变革是枉费心机，社会关系从来就是这样，等等。"②由此目的出发，意识形态采取了隐蔽的换置，如伊格尔顿（Terry Eagleton）所揭示的："意识形态通常被感受为自然化和普遍化的过程。通过设置一套复杂的话语手段，意识形态把事实上是党派的、论争的和特定历史阶

---

① 尹艳秋：《必要的乌托邦：教育理想的历史考察与建构》，福建教育出版社 2004 年版。
② ［美］杰姆逊：《后现代主义与文化理论》，唐小兵译，陕西师范大学出版社 1987 年版。

段的价值，显现为任何时代和地点都确乎如此的东西，因而这些价值也就是自然的、不可避免的和不可改变的。"①

意识形态的这种特点，马克思恩格斯给予了充分的揭示。他们指出："以观念形式表现在法律、道德等等中的统治阶级的存在条件（受以前的生产发展所限制的条件），统治阶级的思想家或多或少有意识地从理论上把它们变成某种独立自在的东西，在统治阶级的个人的意识中把它们设想为使命等等；统治阶级为了反对被压迫阶级的个人，把它们提出来作为生活准则，一则是作为对自己统治的粉饰或意识，一则是作为这种统治的道德手段。"② 在他们看来，"每一个企图取代旧统治阶级的新阶级，为了达到自己的目的不得不把自己的利益说成是社会全体成员的共同利益，就是说，这在观念上的表达就是：赋予自己的思想以普遍性的形式，把它们描绘成唯一合乎理性的、有普遍意义的思想"。③ "虚假"和"颠倒"往往成为资产阶级意识形态力图实现社会普遍认同的方式。同时，意识形态教育也往往采取由上至下的灌输方式，强迫与控制主体的思想观念，使其倡导的价值和信仰被主体接受和认同。"认同是确定群体的符号边界、实现群体内向心力的生产和再生产、确立群体的内向的合法性的必要条件。"④

价值教育主要出发点则是帮助个体生命在社会生活中寻找人生的价值和意义。"在生命的类化过程中，人扬弃的是自然生命的自在性，超越的是精神生命的内在性和主观性，获得的是一个新的以意识自觉为前提的个体性的生命即价值生命的创生"。⑤价值教育既要使个体生命作为社会性的存在，在一定的社会关系中，遵循社会所要求的价值观，使人得以在社会中与他人和谐相处；也要使人作为个体性的存在，在生命的展开过程中，成其为人、认识自己与成就人生。联合国教科文组织在1972年发表的《学会生存》的著名报告中，确定了一个指导教育发展方向的基本思想："人类发展的目的在于使人日臻完善；使他的人格丰富多彩，表达方式复杂多样，使他作为一个人，作为一个家庭和社会的成员，作为一个公民和生产者、技术发明者和有创造性的理想家，来承担各

---

① Terry Eagleton, Ideology, in Stephen Regan, ed., The Eagleton Reader, Oxford: Blackwell, 1998, p. 236
② 《马克思恩格斯全集》第3卷，人民出版社1960年版。
③ 《马克思恩格斯选集》第1卷，人民出版社1995年版。
④ [美] 杰拉尔德·古特克：《哲学与意识形态视野中的教育》，陈晓瑞主译，北京师范大学出版社2008年版。
⑤ 余潇枫：《人格与人的'价值生命'》，载《求是学刊》，1999年第1期。

种不同的责任。"①

从尊重个体生命的需要和发展出发，价值教育是在理解与平等的基础上进行价值启蒙。因为价值教育不是知识教育，"而是一种引导人类自我超越的教育活动，是一种引导人们超越有限追求无限、超越匮乏追求完满、超越现实追求理想、超越知识追求精神升华的教育过程"。②价值教育的过程不能被简化为价值知识的认知过程，不能将价值和意义让位于知识的识记，不能将价值和意义的探索泯灭于标准答案的找寻中，而是通过价值教育的"启蒙"，让个体生命存在的价值维度尽可能广阔，价值生命的内容更加丰富；通过价值"敞亮"的方式，让教育者和受教育者向对方敞开内心世界，在真诚的倾听和交流的过程中，实现精神的相遇与相通，生命的碰撞与心灵的交融；它秉承平等、尊重与个性的宗旨，意在个人价值的方面建构真正属于个体生命的价值和意义，从而成就自己卓而不群的生命光辉，实现对自己人生价值的"自我认同"。"教育的基本作用似乎比任何时候都更在于保证人人享有他们为充分发挥自己的才能和尽可能牢牢掌握自己的命运而需要的思想、判断、感情和想象方面的自由。"③

意识形态教育和价值教育虽然追求的皆是价值观的确立，但二者有其不同。意识形态所要传递的价值观往往从某一阶级或集团的诉求出发，多少带有"按他人所想"的性质，最终想达成全社会的"普遍认同"。而价值教育传递的价值观往往侧重从个体生命"人乐意是其所是"的追求出发，"依自身所愿"，希望达成的是"自我认同"，尊重个体生命自身的价值和意义选择。

四、意识形态在价值教育中的合理定位

比较是为了发现差异，比较也是寻找共同；比较是学理的厘析，比较也是现实的诉求。本文更深刻的用意在于为马克思主义教育在当代价值教育中的合法性地位提供学理的支撑。因为"意识形态在当代是个极其混乱又极其重大的话题，对于当代中国而言尤甚。对于'文革'失误的纠错引发了关于意识形态历史地位的思考：如何在克服'泛意识形态化'的同时避免'非意识形态化'？"④这既是当代中国社会视野中的重大热点问题，也是关乎社会主义核心价值体系建设的重大现实问题。

---

① 肖川：《教育的理想与信念》，岳麓书社2002年版。
② 刘济良：《价值观教育》，教育科学出版社2007年版。
③ 肖川：《教育的理想与信念》，岳麓书社2002年版。
④ 侯惠勤：《马克思的意识形态批判与当代中国》，中国社会科学出版社2010年版。

通过对价值主体的厘析，一方面，帮助我们明晰意识形态"价值"主体的"限指"与价值教育主体的"全称"的差异，内在决定了意识形态教育与价值教育不能完全等同：意识形态往往是一个阶级或社会集团"价值"的表达，决定了其价值的视阈更多局限在政治领域，意识形态教育的内容也主要是围绕政治合法性而展开。而价值教育涵盖人的存在价值与意义世界，旨在发现人、寻找人的归属和提升人的生命意义与人生境界。因而，那种力图用意识形态教育简单地取代价值教育的"泛意识形态化"是片面的，它必然导致价值教育原本具有的丰富性被遮蔽，导致个人生活的被控制和精神世界的单调。"意识形态的过度膨胀是使其和哲学、科学以及宗教冲突加剧的重要根源，缘由就在于它越界全面介入个人生活、渗进实践，就可能操纵生命、扭曲生活，以至于完全挤压了个人的精神空间"。[1] 另一方面，也要清醒地认识到，建立在对意识形态僭越而产生的"非意识形态化"倾向也更为危险。人们产生"去意识形态化"倾向的主要原因是对政治曾经主导一切的本能排斥，是政治理想幻灭的结果。"就意识形态而言，政治理想的幻灭无疑是当代'非意识形态化'的主要诱因。然而当我们毫不犹豫地淡化政治后，世界并没有因此而变得美妙起来"。[2]个中缘由，内隐一个理论问题的思考：我们是否能够凭借对以往政治僭越生活的厌恶就可以驱逐意识形态，认为生活从此就摆脱梦魇而趋向美好？我们的回答是否定的。因为从学理的层面而言，通过对意识形态与价值教育两个概念的厘析，不难看出，意识形态和价值教育的出发点固然不尽相同，但二者因其本质皆关乎"价值"而具有不可分割的关联性，也就无法将意识形态教育完全摈弃在价值教育领域之外。不管你承认与否，以价值与信仰体系为本质的意识形态在某种程度上已经构成了我们的社会存在，它作为情感、思想和价值观念的特定表达方式，植根于人的现实生存土壤，它或显性或隐性，或自觉或无意识地引导着社会生活过程；它既能够以其倡导的价值观影响着个体的价值和追求，也可以通过其思想外化的方式，如表达意识形态的制度，代表意识形态的人或组织等，构成人们生存的社会环境。正如马克思所言："意识在任何时候都只能是被意识到了的存在，而人们的存在就是他们的现实生活过程。"[3] 意识形态无法被剥离于我们所处的时代。因为"我们的时代是知识主导、知识爆炸的时代，可是又是思想苍白、精神危机的时代；我们的时代是空前重视文化生产力，把凝

---

[1] 侯惠勤：《马克思的意识形态批判与当代中国》，中国社会科学出版社2010年版。
[2] 同上书。
[3] 《马克思恩格斯选集》第1卷，人民出版社1995年版。

聚共识提升为国家'软实力'的时代,可是又是共识难寻、自我诉说和个人独白占据上风的时代;我们的时代是极力回避、努力淡化意识形态的时代,可是又是西方意识形态妄图独霸天下、因而必须以异质意识形态与之抗衡的时代。"①由此可以顺理成章地得出结论:在当今的时代,"去意识形态化"只是一种非理性的表现,是一种偏颇的极端,与"泛意识形态化"所犯的错误如出一辙,"失去理性的狂热固然可怕,然而没有激情的冷寂也令人窒息。没有激发豪情和大气的手段,不仅作为人总缺了点什么,而且伴随而来的只能是与日俱增的精神荒漠"。② 因为我们就身陷意识形态之中,"人生来就是意识形态的动物"。③ 倘若中国走向"去意识形态化",在一定意义上无疑就是拱手出让文化领导权,那将置社会主义意识形态何等危险的境遇。

通过对价值介质的分析,让我们明晰"崇高客体"往往仅侧重社会之维,主要包括理想的社会制度、光明的未来和社会所倡导的自由和财富的价值观等。而价值教育的"教育理想"则包含着教育的"人的理想""教育的社会理想",因而在内容上广于意识形态。如果以意识形态教育取代价值教育,实际上仅仅保留了价值教育的"社会理想"的部分,而把"个人理想"的部分给遮蔽了。但另一方面,我们也要注意因拒斥社会理想而"去意识形态化"的表现也是偏颇和错误的。这里,同样内隐着一个理论问题的思考:我们能否因为意识形态曾经用"崇高客体"的社会理想来吞没个人理想,且把"崇高客体"当作一个工具以达至维护统治的需要,就可以理直气壮地认为我们的社会不需要"崇高客体"的社会理想?答案显然也是否定的。因为意识形态所提出的"理想的社会制度"本身就是教育理想中不可或缺的部分,它内含在价值教育中,且社会理想和个人理想也并不矛盾,没有社会的发展和进步,也就不可能有个人的幸福和自由,更何况个人理想的实现是需要依托一个稳定、有序的社会,意识形态恰是通过崇高客体,以其完美的景象,以其光明的未来,以其满足所有人对于美好明天的向往,成为处理整合冲突的工具。"在个人的层次上,意识形态帮助个人解决生活中的冲突,因为它整合生活中的各个不同层面(角色)而使生活圆满。在社会(与团体)中,意识形态消除某些冲突,并且循序将其他冲突导入不分歧的竞争途径。共同的意识形态形成成员间的共同利益与目标之核心,促使他们使用共同的方法来表现与追求其利益与目标。所有的社会(与团体)

---

① 侯惠勤:《马克思的意识形态批判与当代中国》,中国社会科学出版社 2010 年版。
② 同上。
③ 陈越编:《哲学与政治——阿尔都塞读本》,吉林人民出版社 2003 年版。

都不仅需要控制冲突，而且需要其成员间的政治整合。"① 可以说，任何社会的发展都需要社会理想的引领，任何生活在社会中的个体都具有对光明未来的期许，任何社会都不希望陷入只讲个人理想而拒斥社会理想的个人"原子化"状态，更不想置身于没有社会价值共识的分崩离析的困境之中。"我们这个时代的共同信念将把我们引向何处，并不是哪一个党的问题，而是有关我们每一个人的问题，一个具有最重大意义的问题。"② 即国家需要理想，社会需要共识，个人需要希望，这样的社会才是有活力有前途的社会。所以，问题的关键不是用偏激排斥"崇高客体"的社会理想，而是寻求如何构建一个真正能够引领普罗大众走向幸福未来的"崇高客体"，探求"建构一种社会价值的坐标，不仅可以成为社会成员的共识，也为社会个体价值判断提供了依据。"③ 以担负起社会整合与凝聚合力的作用。

通过对价值实现的比照，让我们知晓"泛意识形态化"在这个方面的表现则是只强调"普遍认同"，而忽视对个体生命价值的自我认同；只采取灌输和强迫接受的方式，而忽略引导和平等的方法。这显然是用意识形态教育取代了价值教育，是错误和偏激的。而"去意识形态化"的表现，就认同方面来看，当下存在的主要错误一是把马克思所批判的资产阶级意识形态所采用的"虚假"和"颠倒"的方式，当成所有意识形态达成普遍认同的方式，而对意识形态不加区分统统加以拒斥。二是看到意识形态所倡导的价值观出发点带有"按他人所想"的特点，便用主体性的反抗对来自意识形态的所有灌输统统加以否定。在这两种偏颇认识的基础上，往往又极易片面理解价值教育"自我认同"特点，把它绝对化地加以放大，以此反对意识形态的"普遍认同"达成的可能和需要。对此，我们要思考且无法回避的一个难题是：如果说资产阶级的意识形态通过制造共同利益的幻想，把其代表统治阶级的特殊利益，说成是社会成员的普遍利益。这是一种虚假和欺骗的方式而被我们所唾弃的话，那么，是否有这样一个阶级能够代表所有人的共同利益，不需要采取欺骗和强制就能实现普遍认同？换句话说，意识形态能否克服其"全民性外观下的阶级性"④？学者侯惠勤在其著作《马克思的意识形态批判与当代中国》一书中，依据马克思的意识形态理论，对此给出了富有启发性的回答："在马克思看来，意识形态之所以会'虚

---

① [美] 恩格尔等：《意识形态与现代政治》，张明贵译，桂冠图书股份有限公司1987年版。
② [英] 哈耶克：《通向奴役的道路》，滕维藻、朱宗风译，商务印书馆1962年版。
③ 侯惠勤：《马克思的意识形态批判与当代中国》，中国社会科学出版社2010年版。
④ 侯惠勤：《马克思的意识形态批判与当代中国》，中国社会科学出版社2010年版。

假',就是因为阶级利益归根到底是一种特殊的集团利益,它和社会普遍利益的吻合只有在'革命'期间,因而是短暂的;如果历史进程中出现了一个新型阶级,它能持续地保存'上升阶级'那种作为'全社会的代表'的品格,那么不仅人类解放具有了历史根据,而且意识形态向科学的过渡也有了现实基础。正也如此,'发现'现代无产阶级,无疑是马克思思想历程最为重大的转折点。"[1]因为,唯有无产阶级的存在,"通过无产阶级解放的政治形式和无产阶级专政的国家形式,才能达到阶级消灭和进入无阶级社会,从根本上消除社会利益的分裂"。[2]代表无产阶级和人类发展方向的马克思主义学说,则以"每个人的自由发展是其他一切人发展的前提和条件"的共同联合体的追求,成为代表所有人利益的学说。而中国革命的历史与实践则证明了马克思主义是契合中国社会发展需要与中国人民自觉选择的辩证统一。马克思主义中国化、大众化的历程表明能够真正代表人民的利益和需要的社会主义意识形态是能够实现普遍认同与社会福祉的。这既是历史的证明,也是当代中国马克思主义大众化始终不渝所坚持的发展方向和道路。

第二节 当代中国马克思主义教育的返璞归真

教育是实现马克思主义大众化的重要方式和途径,青年学生是马克思主义大众化的重要对象和群体。马克思主义大众化从主观的角度,就是如何使马克思主义理论被广大人民群众所理解、所认同、所掌握,并自觉指导实践的过程;从客观的角度,就是如何通过科学有效的方式和途径达到主观的预期。

在中国当代的文化语境中,马克思主义教育主要是通过思想政治理论课程系统实施的。如1952年,教育部发布《关于全国高等学校开设马克思列宁主义毛泽东思想课程的指示》,规定高等学校一律开设《新民主主义论》《马克思主义政治经济学》《辩证唯物主义和历史唯物主义》三门政治理论课;至2005年中共中央发布文件,确定改革后的思想政治理论课程的体系为《马克思主义理论》《毛泽东思想、邓小平理论与"三个代表"重要思想》《思想道德修养与法律基础》。尽管这些课程的名称和具体内容存有差异,但是它们都同属于马克思主义教育。因此,本文所使用的"马克思主义教育",是指当代中国学校课程中

---

[1] 侯惠勤:《马克思的意识形态批判与当代中国》,中国社会科学出版社2010年版。

[2] 同上。

以马克思主义立场、观点和方法为核心的价值教育。

价值教育不同于知性教育。前者属于价值认识的范畴，后者属于科学认识的范畴，它们的最大区别在于科学认识不依赖于主体自身特性，其认识终极是客体性的；而价值认识是依赖于主体自身特殊性的，其认识终极是主体性与客体性的统一，即科学性与价值功利性的统一。因此马克思主义理论教育的说服力首先在于它本身的科学真理性，同时又必须关注教育对象的主体性成长的需要，只有两者最大限度一致时，教育的价值才能真正实现；只有使马克思主义的科学真理与青年学生人生发展与思想成长内在诉求相统一，教育的过程能够针对接受主体关心和应该关心的问题而展开，才能提高马克思主义教育的实效性，实现马克思主义的大众化。为此，我们应该努力使马克思主义教育回归马克思主义的立场，即回归马克思主义的人文关怀、回归马克思主义的批判精神和回归马克思主义的实践原则。

一、回归马克思主义的人文关怀

人文、人本或人道，具体表述不同，但是，其实质和精髓都是指向对人的主体性地位的肯定和尊重，从而本质地区别于物本、神本、君本和民本。马克思主义的人文关怀主要是指，对人的生存状况、意义、目的和价值的关注，对人的解放、自由和发展的追求，对人的尊严和符合人性的生活条件的肯定。改革开放以来，马克思主义关于人的思想以及从马克思主义立场出发对人的问题的深入研究，越来越清晰地凸显出了马克思主义的人文关怀；围绕马克思主义经典，对"人的本性、人的地位、人的价值、人的尊严、人的权利、人的发展、人的自由等各个方面的问题的研究"① 日益揭示出人文关怀是马克思主义价值性的典型形态。

马克思主义的人文关怀充分体现在经典马克思主义对理想社会和人发展的应然性设定中。未来的共产主义社会被看作是"以每个人的全面而自由的发展为基本原则的社会形式"②"是通过人并且为了人而对人的本质的真正占有；因此，它是人向自身、向社会的即合乎人性的人的复归，这种复归是完全的，自觉的和在以往发展的全部财富的范围内生成的。这种共产主义，作为完成了的自然主义＝人道主义，而作为完成了的人道主义＝自然主义"③。对于个人发展的理想目标，

---

① 贾高建：《马克思主义与人文关怀》，载《理论前沿》，2000年第4期。
② 《马克思恩格斯选集》第1卷，人民出版社1995年版。
③ 《马克思恩格斯全集》第3卷，人民出版社2002年版。

马克思提出了"每个人的自由发展是一切人的自由发展的条件"①,"以一种全面的方式,也就是说作为一个完整的人,占有自己的全面的本质"②"人的根本就是人本身"③ 等。马克思主义的人文关怀也直接体现在马克思主义对阶级社会和专制制度摧残人的抨击中。马克思在1843年致卢格的信中说:"专制政体的原则总的来说是轻视人、蔑视人,使人不成其为人。""这种制度的原则就是使世界不成其为人的世界"。④ 因此,谁都不能否认,人文关怀构成了马克思主义的基本维度之一。⑤

马克思主义在中国的发展史,从某种意义上说,也是马克思主义的人文关怀起伏跌宕的生存史。回首20世纪二三十年代,马克思主义之所以能在"百家争鸣"的中国思想界获得认同和地位,根本原因正在于,它是在同进化论、无政府主义、自由主义、科学主义、民粹主义等西方思潮,同保守主义、三民主义、改良主义等本土思潮,以及民主社会主义、基尔特社会主义和国家社会主义等社会主义思潮诸种理论主张的论战、交锋、碰撞和比较中,更妥帖地回应了当时中国社会中普遍存在的对国家前途和个人命运的沮丧、失望和精神的困扰、苦闷与悲观,向社会大众传递了个人的自信感和拯救民族的信心⑥。特别是马克思主义所昭示的经由阶级斗争所达成的共产主义理想社会,从根本上构成对现世苦难的一种反动和一种慰藉,是对人类命运的一种真正的理性把握。

在马克思主义理论教育中,回归马克思主义的人文关怀就是要关怀学生主体,尤其是精神主体的成长。在当代意识形态多元化发展的情势下,如何引导处在"意识形态市场"激荡中的青年学生走出困境,增强学生作为精神主体成长的内在素质与能力,真正提高马克思主义理论对深刻变化实践的解释力,是对马克思主义理论教育的极大挑战和考验,也成为马克思主义能否真正实现大众化的关键问题之一。从教育的角度,教育者必须了解学生成长中的困惑与需求,教育的根本理念必须是为人的,是为学生健康的精神成长的。马克思主义教育重视以理服人。但是,"理"既是"真理",又是"说理";"服"既是"说服",又蕴含着"服务"。真理通过说理的方式,在服务人的需求中,实现说服人的教育目的,这是以理服人的应有之意。因此,只有激发学生主体的情感,

---

① 《马克思恩格斯选集》第1卷,人民出版社1995年版。
② 《马克思恩格斯全集》第42卷,人民出版社2003年版。
③ 《马克思恩格斯选集》第1卷,人民出版社1995年版。
④ 同上。
⑤ 俞吾金:《实践诠释学》,云南人民出版社2001年版。
⑥ 徐素华:《艾思奇研究在国外》,载《哲学动态》,1996年第6期。

"满足"学生的需要,"教"才能入心,才能转化为"育"。否则,再正确的原则,再好的内容,在教育的意义上,都是无济于事的。在这个意义上,教育应把关怀学生的生命价值和引导学生的思想发展,作为马克思主义教育的起点和归宿。

关爱学生的生命价值。从主体规定性的角度来说,人是寻求生命意义的存在物,人类活动所遵循的"内在的尺度",是人与动物相区别的理性与思想。由于理性所赋予人的反省与思考的能力,人能清醒地意识到自身存在的有限,意识到生命的短暂与宝贵;由于理性赋予人的主体性的特质,人才能赋予生命的存在以价值。一个人如果不懂得生命存在的价值与意义,那就仅仅是活着而已。所以,寻找生命存在的意义就是为人生找到一个支点,就是为生命找到动力和源泉。因此,尊重受教育者生命的价值,引导他们思想与生命的成长,正是教育的应有之意,更是马克思主义教育的根本之意。一个回避或不能对生命存在意义给予回答与引导的教育一定不是好的教育;一个无视或无法满足受教育者成长需要的教育,也不可能是真正有效的教育。因此,如果马克思主义教育不能更有效地回应受教育者的生命价值,无助于其参与社会实践,提升人生意义,回答人生困惑,指引人生方向,那么,就不是真正有效的教育。

引导学生的思想发展。无论是国家还是个人,发展才是根本的出路。发展不仅是当代社会进步的内在要求,而且是个体安身立命的内在要求,即是当今学生最根本的利益和需要。德国教育家第斯多惠在《德国教师教育指南》一书中提出了"发展性的教学"的观点。他认为,教学只有在适应受教育者心身自由发展的原则下,才能取得重大的实效。为此,教师就必须遵循受教育者的年龄和个性特征及其发展阶段,教授真正所需要的知识。德国教育家福禄倍尔也重视教育的发展性原则。他受德国哲学家谢林的影响,认为自然界的万物都在无限地发展着;人在其生命的整个过程中,也在不断地发展。

因此,教育应该按照受教育者的本性,使他们在身体和精神两个方面都同样得到发展。在由革命的激情转向建设的理性的社会转型进程中,在后现代思潮的只言片语不经意间浸染学生头脑的思想变迁中,在族群救亡图存的历史使命悄然间向个体安身立命的转化中,关注人的生存与发展,成为马克思主义教育不容回避的理论难题和现实焦点。因此,马克思主义教育的重点,不应停留在防范学生出思想问题的取向上,不应被异化为控制人和驯服人的手段,幻化成管理人的手段和钳制思想的方式,而应在于如何通过教育激发、调动学生发展的创造性,帮助学生发展自己,使马克思主义教育真正成为学生在寻求发展中的需要。

二、回归马克思主义的批判精神

在一般语义上,"批判"主要包含三层意思:批示判断;评论、评断;对所认为错误的思想、言行进行批驳否定。① 经过"文化大革命"后,"批判"成为日常生活用语中不太美好的词语,成了你死我活的斗争或者无情彻底打击的代名词,这纯粹是历史的误会和扭曲。如果从哲学的层面对"批判"的要旨做出概括,其主要是方法论意义上的反思、扬弃和超越的思维方式。

批判精神是马克思主义理论的重要特质。它首先体现在马克思主义诞生的历史进程中。马克思主义直接继承了19世纪德国的古典哲学、英国的古典政治经济学和法国的空想社会主义的优秀成果。它通过对德国古典哲学特别是其辩证法的扬弃,捍卫和发展了唯物主义;通过对英国古典政治经济学的反思和超越,创立了剩余价值理论;在对资本主义社会科学分析的基础上,指出了无产阶级才是创立新制度的社会力量,从而在汲取空想社会主义有益成果的同时,与其划清了界限。批判精神也体现在马克思主义对自身学说的态度中。对于其提出和设想的共产主义,马克思主义宣称,"共产主义对我们来说不是应当确立的状况,不是现实应当与之相适应的理想。我们所称为共产主义的是那种消灭现存状况的现实的运动"。② 这就表明,共产主义在经典马克思主义理论中,不是既定的模式或者现存的结论,而是"消灭现存状况的现实的运动",这正表达了马克思主义学说所内含的批判精神之特质。恩格斯也曾阐明了理论自我批判的必要性:"很可能我们还差不多处在人类历史的开端,而将来会纠正我们的错误的后代,大概比我们有可能经常以十分轻蔑的态度纠正其认识错误的前代要多得多。"③ 批判精神更体现在马克思、恩格斯对社会现实的立场和态度中。他们对异化的批判、对宗教的批判和对资本主义制度的批判,都表达了这种深刻的批判精神。在某种意义上,如有学者所言:"真正的理论从来都是批判现实的。对现实的无批判的理论与无理论批判的现实一样都是令人胆战心惊的。"④

马克思主义批判精神的根源在于其彻底的辩证法。"辩证法,在其神秘形式上,成了德国的时髦东西,因为它似乎使现存事物显得光彩。辩证法,在其合理形态上,引起资产阶级及其夸夸其谈的代言人的恼怒和恐怖,因为辩证法在

---

① 《汉语大词典》第6卷,汉语大词典出版社1990年版。
② 《马克思恩格斯选集》第1卷,人民出版社1995年版。
③ 《马克思恩格斯选集》第3卷,人民出版社1995年版。
④ 张一兵:《神会马克思》,中国人民大学出版社2004年版。

对现存事物的肯定的理解中同时包含对现存事物的否定的理解，即对现存事物的必然灭亡的理解；辩证法对每一种既成的形式都是从不断的运动中，因而也是从它的暂时性方面去理解；辩证法不崇拜任何东西，按其本质来说，它是批判的和革命的。"① 回望中国特色社会主义理论与实践的探索，正是中国共产党坚持了马克思主义的这一基本立场和方法，否则，我们不可能真正开启社会主义现代化的伟大实践，也不可能在这不长的历史进程中取得如此举世瞩目的进步。

因此，在马克思主义理论的教育中，坚持马克思主义批判精神的特质十分重要。从教育的角度，就是要探索马克思主义教育如何由灌输现成结论向培养学生批判的思维方式转换。因为马克思主义不是既定的结论，而是对理论和社会的批判性立场和态度。正如恩格斯所说："我们的理论是发展着的理论，而不是背得烂熟并机械地加以重复的教条。"② 他同时指出，"马克思的整个世界观不是教义，而是方法。它提供的不是现成的教条，而是进一步研究的出发点和供这种研究使用的方法。"③ 可见，经典马克思主义不是将其理论视为已经完成了的教条，而是观察和认识世界的工具和方法。邓小平在1989年针对马克思主义和社会主义的理解问题指出，"绝不能要求马克思为解决他去世之后上百年、几百年所产生的问题提供现成答案。"④

我国马克思主义理论教育的说服力、影响力不尽如人意，在某种程度上反映了马克思主义这一基本立场和方法在马克思主义教育中的"缺场"。青年学生迫于应试压力而接受马克思主义教育，教育者的考核标准基于对马克思主义理论知识的掌握而确定。这就决定了，理论知识的灌输而非马克思主义批判精神的运用，成为马克思主义教育主导性的内容。马克思主义教育因此也只是一门"课"。教育者"以课本为本""以考纲为纲"，不断地将马克思主义作为既定的结论灌输给受教育者，难以发掘马克思主义的真正内涵。青年学生机械地重复记忆，却始终无法深入马克思主义的世界。马克思主义理论教育必须回归马克思主义批判精神这个基点，教育必须着力于培养学生正确思考的素质与能力，即善于批判的思考、善于批判的分析和善于批判的选择。

马克思主义的批判精神是培养科学思维方式的基础与基点。成长于市场化、

---

① 《马克思恩格斯选集》第2卷，人民出版社1995年版。
② 《马克思恩格斯选集》第4卷，人民出版社1995年版。
③ 同上。
④ 《邓小平文选》第3卷，人民出版社1993年版。

信息化和全球化时代的当代青年学生有着强烈的独立意识和自主思考的要求，他们对社会中呈现出的美好事物保持着热切，对社会中流露出的丑恶现象坚守着警醒，对思想理论中大写的真理表达着追问。但是，这些理论气质常常缺乏严谨的批判精神，容易在诱惑和摇摆中走向极端。譬如，在直面中国现代化建设所引致的代价中，他们难以深刻认识马克思主义理论与中国现代化建设之间内在而紧密的关联，从而导致产生"拒斥"马克思主义的情绪。对此，马克思主义理论教育不应用"现成结论"简单否定学生的思考热情和追问，恰恰相反，我们应充分尊重和保护学生独立思考的热情，更重要的是，要善于在揭示马克思主义科学真理价值的同时，从方法论的意义上，帮助学生学会正确的思考，并逐渐形成科学的思维方式。

马克思主义理论教育要培养学生科学的思维方式，教育实践本身必须要深化和落实马克思主义的批判精神。不具有马克思主义批判精神的教育，不可能真正培养出具有科学思维的学生。有位学生在回顾中学期间接受马克思主义教育的感受时，说过这么一段话："所谓'社会主义好''社会主义制度具有无比优越性与强大生命力'，何以证明？从何体现？若说中国崛起足以证明，然而中国是世界上少数几个社会主义国家之中唯一较为发展的，古巴、朝鲜何以体现其优越性？若说资本主义存在剥削，现今世界上何尝没有？于是老师们便用一句'资本主义处于其向上、强盛阶段而社会主义不过处于初始阶段'带过。"学生只能在不解与无奈中"接受"简单的解释。的确，伴随新中国建立而起始的马克思主义理论教育，在不同历史时期具有不同的内涵和形式，不可否认的是，它在社会主义事业建设者和接班人的培养中发挥了极重要的作用。我们必须清醒的是，当人类进入21世纪这个崭新的时代，所面临的变化不仅是巨大的，而且是极其深刻的。纵览中国30余年来改革开放的跌宕起伏，放眼全球化进程中世界形势的风起云涌，反思社会主义运动中的潮起潮落，既有成就，又有代价。对于前进和发展中出现的问题，马克思主义理论教育既不能居高临下灌输结论，也不能回避问题隔靴搔痒；既不能随风摇摆，更不能以其昏昏，使人昭昭。马克思主义理论教育必须善于主动正视，积极探索；必须善于在不同的视角、不同的声音和多元的可能中，和学生一起批判地思考分析，从而产生真正的教育引导。

三、回归马克思主义的实践原则

"实践"是马克思主义理论的重要范畴和根本原则。在《关于费尔巴哈的提纲》中，马克思明确提出："全部社会生活在本质上是实践的。凡是把理论引向神秘主义的神秘东西,都能在人的实践中以及对这个实践的理解中得到合理的解决。""哲学家们只是用不同的方式解释世界,问题在于改变世界。"① 因此,哲学家对理论体系完满性的追求,必须服务于现实的实践活动;改变世界的实践是解释世界的立足点和归宿;理论必须服从实践,而不是实践受制于理论。在《德意志意识形态》中,马克思、恩格斯不仅区别于唯心主义,而且同旧唯物主义划清了界限。他们指出:"对实践的唯物主义者即共产主义者来说,全部问题都在于使现存世界革命化,实际地反对并改变现存的事物。"② 20世纪七八十年代以来,随着真理标准问题讨论的持续和深化,马克思主义的实践原则在中国深入人心。

实践是马克思主义倡导的理论掌握群众的重要途径。马克思在《〈黑格尔法哲学批判〉导言》中指出,"哲学把无产阶级当作自己的物质武器,同样,无产阶级也把哲学当作自己的精神武器;思想的闪电一旦彻底击中这块素朴的人民园地,德国人就会解放成为人。"③ 在这句广为引用的经典语录中,马克思强调的是哲学对大众的掌握,指出了思想必须"彻底击中"大众的问题。但是,如何才能掌握和"彻底击中"?"理论只要说服人[ad hominem],就能掌握群众;而理论只要彻底,就能说服人[ad hominem]。所谓彻底,就是抓住事物的根本。但是,人的根本就是人本身。"④ 因此,理论只要彻底或者抓住人本身,就能掌握群众。由此,"思想的闪电"何以能击中"素朴的人民园地",关键因素是理论或者思想是否彻底,能否抓住事物的根本,能否抓住人本身。但是,理论的彻底性何以澄明?如果不澄明,"素朴的人民园地"何以被击中?

理论"灌输"和实践运用是马克思主义理论彻底性澄明的主要途径和方式,但理论"灌输"的效度最终受制于实践运用。在《怎么办?》一书中,列宁根据当时的情况曾提出,工人阶级的自发性只能形成工联主义的意识,只有从"外部"把科学社会主义学说灌输到无产阶级中去,才能使之产生科学社会主义思想体系,从而由"自发的阶级"转变成"自为的阶级"⑤。但是,工人阶级接受科学社会主义学说,并转化为自身的科学社会主义思想体系,根本的原因是这种社会主义学说的科学性,而不是灌输的强制性或者技巧性。而这种社会主义学说科学性的标准,固然有其逻辑上自足自洽的属性要求,但更在于其与实

---

① 《马克思恩格斯选集》第1卷,人民出版社1995年版。
② 同上。
③ 同上。
④ 同上。
⑤ 《列宁选集》第1卷,人民出版社1995年版。

践的密切关联。

马克思主义非常重视实践原则。19世纪70年代，美国社会劳工党把马克思主义理论当作教条硬塞给美国工人，但是，工人活动并没有取得积极的成效。恩格斯批评了美国社会劳工党将马克思主义教条化的错误做法，并提出："越少从外面把这种理论硬灌输给美国人，而越多由他们通过自己亲身的经验（在德国人的帮助下）去检验它，它就越会深入他们的心坎。"① 这就意味着，美国工人对马克思主义的真理性和价值性的认同，不能建立在完全灌输的基础上，而是必须根据他们的社会实践。同时，马克思和恩格斯深入工人实践，并亲身参加革命斗争，以马克思主义理论指导社会实践，更在社会实践中检视和发展马克思主义理论。

教育作为人类社会所特有的一种社会现象，"它从一开始，就具有明确的愿望和要求。它必须由年长一代有目的有意识有计划地把人们积累的有关生产斗争和社会生活的经验、知识和技能，系统地有步骤地传授给年青一代。"② 这意味着，教育从其发生学意义上，就是对社会实践的反思性总结和观念性传承，其源和流都在实践。这是衡量教育之真理性的重要标准。如果教育脱离了对实践的参与、对实践的反思和对实践的指导，教育者即使全身心投入，也难以产生长久而持续"服人"的教育效果，而成为名副其实的"说教"。"说教"有两层含义：对教育者而言，只是说一说而已，从不指望受教育者践行；对受教育者而言，只是听一听罢了，从未想过以之指导社会实践。不讲理的教育，既是批评教育者没有清晰地阐发理论内在而严谨的逻辑体系，没有体现理论的自洽性，变得"强词夺理"；更是嘲讽教育者对教育与实践之间内在关联的忽视，而使教育沦为纯粹的文字游戏。

马克思主义教育如果脱离了实践，不仅背离了马克思主义的本义，也违背了它作为教育类型的内在规定，就会成为无源之水，无本之木，也会流于空泛，沦为形式。马克思主义教育的实践原则一般是从三个方面去理解：在实践中教育；教育活的实践；为了实践的教育。"在实践中教育"主张马克思主义教育的方式要重视受教育者在社会实践的参与中理解和掌握马克思主义；"教育活的实践"主张马克思主义教育的内容要根据社会客观情势的变化而与时俱进；"为了实践的教育"主张马克思主义教育的目标在于指导受教育者的社会实践。萨特在《辩证理性批判》中指出："我阅读了《资本论》和《德意志意识形态》，我

---

① 《马克思恩格斯选集》第4卷，人民出版社1995年版。
② 王天一、夏之莲、朱美玉编著：《外国教育史》上册，北京师范大学出版社1993年版。

光彩焕发地理解一切,而我在那里却丝毫没有理解。理解,那就是改变自身,走出自身之外,而这种阅读并不曾使我改变。但是使我开始改变的,却正相反,那是马克思主义的现实,工人群众沉重地出现在我的眼前,这支庞大而阴郁的队伍使马克思主义活了,它实行马克思主义,从远处对小资产阶级知识分子施加一种不可抗拒的吸引力。"[1] 是的,马克思主义教育不应只是停留在单向度的"理论"传导上,成为固化概念解释,已定结论的灌输形式,马克思主义教育只有回归马克思主义的实践原则,坚持在实践中教育、教育活的实践、为了实践的教育,理论才能常青,教育才能常青。

除此以外,在马克思主义教育的具体实践中,必须重视社会实践生活对马克思主义教育效果的影响。一百多年前,杜威曾提出"教育即生活"的思想,成为传统教育向现代教育转型的标志性理念。它不仅包含着对传统教育以课堂、教材为中心理念的批判内容,包含着儿童是生活的主体,教育要以儿童为中心的内容,也深刻地预设了社会实践生活对教育本身的影响。实践证明,马克思主义教育的内容与社会实践相映衬或相消解,会提升或降低马克思主义教育的实效。

"如果一个社会在道德教学上只偏重言辞,缺乏实践模范,或是教的是一套,社会上普遍行的又是另一套,那么这个社会就产生了道德危机。"[2] 中国数千年的文化传统使普罗大众形成了一种特殊的思维习惯:行动的依据不是建立在对理论本身内在严谨性与科学性的分析上,而是建立在对理论倡导者身体力行的观察和效仿上。对于多数不以理论研究为职业的当代青年而言,理论的真理性和接受性不是从思想到思想的逻辑检验,而是理论倡导者的言行与理论的契合性。尤其是对于马克思主义而言,它不是一般的民间或学理的社会意识形态,而是执政党的主流意识形态。因此,它能否具有吸引当代青年的魅力,受制于"公权力集团"的典范。如果公权力集团只是将马克思主义理解为官方话语体系,说一套做一套,或者只希望别人信仰马克思主义,那么,不但无法说服青年人接受马克思主义,而且会消解青年人已经接受的马克思主义内容。马克思主义教育就被沦为虚假的意识形态运动,其结局恰如马克思对资本主义意识形态的批判,"占统治地位的将是越来越抽象的思想,即越来越具有普遍形式的思想。因为每一个企图取代旧统治阶级的新阶级,为了达到自己的目的不得不把自己的利益说成是社会全体成员的共同利益,就是说,这在观念上的表达

---

[1] 转引自何中华:《重读马克思》,山东人民出版社2009年版。
[2] 韦政通:《伦理思想的突破》,中国人民大学出版社2005年版。

就是:赋予自己的思想以普遍性的形式,把它们描绘成唯一合乎理性的、有普遍意义的思想。"① 沿袭如是误解前行,马克思主义教育被理解为纯粹意识形态的教化,其目的使人成为特定社会阶级所需要的"被肢解"的存在,马克思主义教育就会蜕变为外在的强制,导致空洞感和无意义。在主体性批判意识日益强盛的开放社会中,青年学生或者采取拒斥的态度,或者只是将其视为升学谋职考试的工具等,马克思主义的科学精髓并不能真正进入思想深处,从而导致广泛的马克思主义虚伪,不可避免地降低了马克思主义科学真理的说服力,而增强对马克思主义教育的逆反性,提高了马克思主义教育接受性的难度。

建立和完善社会主义市场经济体制的探索及随之发生的更为深远的社会转型,为中国人更加真实地感受和走进马克思主义的意义世界,提供了极其宝贵的实践舞台和经验,马克思主义教育能否回归、坚持马克思主义的实践原则,是增强马克思主义理论的教育力、生命力的关键。

第三节 "以理服人"与"以学养人"的统一

当代马克思主义大众化正在集中探讨可能、可行的具体路径,其中结合中国化、时代化等话题开始成为焦点。但是,冷思考之后,其重点还是灌输视角的居多,即所谓的"以理服人"。这既体现了马克思主义理论传播的逻辑,也是继承了马克思主义理论教育传统的结果。马克思主义在创立初始就已经出现了理论创新与理论"传播—教育"的关系。在理论创新的过程中,马克思和恩格斯面对着德国古典哲学、英国政治经济学和空想社会主义等学术现实的同时,也面对着作为社会主体的资产者和无产者。无产者的命运是劳动付出越多,自身就越贫困;与生产力结合得越紧密,个人就越没有自由。对无产者命运的关怀,使得马克思主义的经典作家在理论发现的初期,就把理论的价值与人的解放结合在一起了。

马克思认为,"统治阶级的思想在每一时代都是占统治地位的思想。这就是说,一个阶级是社会上占统治地位的物质力量,同时也是社会上占统治地位的精神力量。支配着物质生产资料的阶级,同时也支配着精神生产资料,因此,那些没有精神生产资料的人的思想,一般地是隶属于这个阶级的。"② 在当时的

---

① 《马克思恩格斯选集》第 1 卷,人民出版社 1995 年版。

② 同上。

德国，黑格尔法哲学被马克思归结为占统治地位的思想。"德国的国家哲学和法哲学在黑格尔的著作中得到了最系统、最丰富和最终的表述；对这种哲学的批判既是对现代国家和对同它相联系的现实所作的批判性分析，又是对迄今为止的德国政治意识和法意识的整个形式的坚决否定，而这种意识的最主要、最普遍、上升为科学的表现正是思辨的法哲学本身。"① 黑格尔法哲学恰恰成为了遮蔽人的意识形态，需要通过确立无产阶级的阶级意识，从而使其成为一个阶级，来奠定德国解放的现实阶级基础。无产阶级解放的前提是精神解放，把哲学当作自己的精神武器。"思想的闪电一旦彻底击中这块素朴的人民园地，德国人就会解放成为人。"② 至于思想的闪电何以能够成为精神力量的，马克思提出理论彻底性的命题。"批判的武器当然不能代替武器的批判，物质力量只能用物质力量来摧毁；但是理论一经掌握群众，也会变成物质力量。理论只要说服人，就能掌握群众；而理论只要彻底，就能说服人。所谓彻底，就是抓住事物的根本。但人的根本就是人本身。"③ "以理服人"的命题由此产生了。这个命题包含了以下几层意蕴：

其一，"理"是对规律的认识和把握。从文化演变的进程来看，人们对不同类型事物的认识，得出了不同的"理"，诸如物理、地理、伦理等等。"以理服人"中的"理"不是客观唯心主义预设的超越于现实和人之外的客观精神，而是人们对自然界、人类社会和人的思维的本质及其规律的认识和把握。对于马克思主义理论而言，就是如何揭示规律性，把握必然性。在当代中国，就是面对错综复杂、快速多变的环境，如何准确地概括出其中的规律。

其二，"以理服人"是知识形态转化受众的思维形态的过程，是认识世界与解释世界的统一。对必然性与规律性的认识结果形成了知识形态，这种形态的马克思主义主要以社会意识形态、教材体系等呈现于世。以理服人的过程就是知识形态的马克思主义理论向个体的思维形态转化的过程。从另一个角度而言，这个过程也是认识世界和解释世界的统一。每个人都有认识世界的可能，但是对"理"的揭示多是由知识分子完成的。被表述的"理"如何变成可以被认知的"理"，还需要教育和学习的实践。

其三，"理"之所以能够服人，源于"理"本身的彻底性和人对"理"的可接受性的统一。在历史中，服人的方式有多种，比如以力服人、以权服人、

---

① 《马克思恩格斯选集》第 1 卷，人民出版社 1995 年版。
② 同上。
③ 同上。

以钱服人等等。孟子曾讨论过其中的关系。他说，靠武力称霸必须要以国富民强为基础，是武力压服而非心悦诚服，而以仁道称霸，以理服人，则可以让人心悦诚服，使国力强大。古代中国的治国路径在这个脉络下沿革发展起来的"三纲五常"、"存天理灭人欲"等就是"理"，即统治阶级的意识形态。以理服人的核心是接受和认同。接受和认同是对已有的思想和观念内化为一定群体或个体的世界观、人生观和价值观。在无产者没有产生自觉的阶级意识的时候，灌输和接受几乎是同时发生的。先进的知识分子所揭示的理论可以通过外铄的方式移植到无产者的头脑中去，前提是只要接受者有理论的需要。当代中国社会，价值观在分化，社会意识的表现形态开始多样化，异质的意识形态并存于一个时空，简单的外铄方式面对着一系列挑战，主要表现在如下几个方面：

第一，社会主义意识形态的一元要求与意识形态的多样存在之间的矛盾，影响到"以理服人"的认识前提。社会主义的产生是近代的事情，但是作为可以与资本主义分庭抗礼的意识形态则是在十月革命之后。此后，"一球两制"以及两种意识形态的对立持续了将近一个世纪。同一个世界上，存在着两种关于社会发展之"理"——资本主义和社会主义。冷战时期，两个"理"之间的对立是分庭对抗的。经济全球化以来，分庭对"理"的时代终结了，可是，意识形态领域中的演变和反演变并没有结束。社会主义意识形态坚持以马克思主义为指导，可是，新自由主义、民主社会主义、历史虚无主义等思潮正在以各自的方式消解其主导性。以理服人的认识论前提受到了弱化。

第二，社会主义核心价值体系的共同价值与个体多样的价值取向之间存在矛盾，影响到"以理服人"的接受效果。社会主义核心价值体系是社会主义意识形态在当代中国的表述方式之一。从社会发展的宏观视角而言，是国家文化软实力的展示形式，发挥着民族凝聚力的作用；从个体生活的微观层面而言，是精神生活和精神家园的归依之所，是精神动力的源泉。不过，作为共同价值观的社会主义核心价值体系毕竟是整体性的，与个体的价值取向之间还有一定的距离。相反，拜金主义、个人主义、享乐主义等价值观却不缺乏市场。共性与个性的矛盾影响到了以理服人的效果。

第三，"三个代表"重要思想所倡导的政治主张与社会现实之间的反差，影响到以理服人的权威性。"三个代表"重要思想从根本上回答了中国共产党的执政目标问题，是社会主义一般价值与中国当代现实的结合。不过，政治表达与社会现实之间存在着应然与实然的差别，其中最为敏感的是代表最广大人民群众的根本利益。近年来，在利益关系日益分化的过程中，不同阶层、不同类型的利益都产生出来了，利益的同质性被利益的异质性所消解。个人利益、团体利益、阶层利益、地区利益程度不同地与公共利益发生纷争。官场腐败、商场失信、学场失真等现实也程度不同地消解着社会公信。执政承诺与现实状况之间的矛盾必然减弱以理服人的权威性。

第四，意识形态传播规律与高等教育规律的矛盾，使"以理服人"在知识分子群体中产生一定程度的拒斥。在高等学校，"以理服人"同时受到两个规律的制约，一是意识形态的规律，一是高等教育规律。二者的结合点是高校马克思主义大众化科学性与价值性的辩证关系。遵循意识形态的规律，高校思想政治理论教育承担着对青年大学生进行马克思主义世界观、人生观、价值观教育的责任，需要坚持社会主义意识形态的主导性，批判和消解异己意识形态的影响。这种政治责任是其他教育渠道所无法替代的。遵循高等教育规律，学术自由和批判精神一直是现代高等教育所崇尚的价值目标。不同观点、不同说法都可以在宽容的环境下共存共生。因此，精英意识和不同主张就成为追求学术自由的学人所倡导的目标了。至此，意识形态品质和学术品质之间出现了矛盾。

这些矛盾构成了当代中国马克思主义大众化的现实境遇。面对这些境遇，高校思想政治理论教育通过以情感人（情感教育）、以实顺人（实践教学）等方式来支撑以理服人的效果，同时，也取得了一定成效。但是，无论有多少种辅助的方式，都难免力不从心。"以学养人"的提出是对以高校为平台、以思想政治理论教育为渠道的当代马克思主义大众化实现方式的新阐释。

中国古人倡导修养，即修身养性。修身的内容主要有两项：一是修德，一是修智。并提出了以学养智、以学养德等路径指向。"古之欲明明德于天下者，先治其国；欲治其国者，先齐其家；欲齐其家者，先修其身；欲修其身者，先正其心；……心止而后身修，身修而后家齐，家齐而后国治，国治而后天下平。"① 有研究者把"以学养德"界定为："就是通过学习唤起并强化个体自身的道德情感，形成道德自律，进而影响他人。施于个体称'养性'，惠及他人为'教化'。儒家修养体系中，知识学习的目的是立德，终极目标是'止于至善'。"② 在国外，19世纪初的新人文主义提出了教养（Bildung）概念，区别教育（Erziehung）这一概念。"'教养'一词源于雕像术，其涵义原指，依据直观化的原型或典型塑造（Bilden）艺术形象。新人文主义将这个词用于人类造型术，意指依据模范或原型造就人。而且新人文主义的人类造型的模范或原型是

---

① 《礼记·大学》。
② 曾军：《以学养德》，《光明日报》，2011年02月28日。

古希腊人。'培养古希腊那样的完人'是他们的教养理想。"① 无论是修养，还是教养，所要倡导的都是发挥受教育者的主体性，避免片面教育带来的弊端。

"以学养人"比"以学养德"更宽泛，指以知识及知识的创造过程，养育人的精神与道德。知识是人类智慧的结晶，知识的创造过程是对知识产生的历史与实现的历时性梳理。"以学养人"就是在学习知识、理解知识、发现知识的过程中，养育人的精神素质。从其自然进程而言，是认知活动与情感活动、创新实践与意识品质形成、智力活动与非智力活动的互动；从与"以理服人"的关系而言，该问题主张的则是一种教育观，是适应高等教育规律和思想政治教育规律的教育观。

其一，"以学养人"是高校思想政治理论教育适应人的发展新要求的积极应对。任何教育都是在一定时空内进行的教育。时空变化自然改变了教育的观念、内容与模式。从传统到现代的转变是当代中国时空转化的核心内容。"现代"（modern）不仅是一个时间尺度，也是一个价值尺度，它指区别于中世纪的新时代精神与特征。② 中国社会从传统到现代的转变最深刻的起点是党的十一届三中全会以来的改革开放。从此，开启了从政治主导到经济主导，从相对封闭到全方位开放转变的历史进程。人的改变是从受动状态向自主状态，从群体存在向主体间存在转变。适应这些转变，高校思想政治理论教育一方面要培养大学生树立正确的世界观、人生观和价值观，另一方面又要培养人的主体性和创造性；一方面要培养大学生适应社会的能力，规范人，另一方面又要培养大学生超越社会的能力，开发人。"以理服人"的教育思维方式关注人的受动性、适应性，"以学养人"的思维方式则关注人的主体性、超越性。传统的高校思想政治理论教育在教育观念上重视灌输，在教育内容上突出意识形态的主导性，在教育模式上主张权威主义。现代性所彰显的主体性、单子化、碎片化等特征正在消解着灌输的效果和权威主义的传统优势。"以学养人"改变了强制认同的思维，主张从受教育者的需要出发，在满足受教育者需要的过程中进行教育。

其二，"以学养人"是思想政治理论教育适应高等教育发展规律的需要。现代高等教育把道德教育和社会适应能力作为重要目标纳入教育的使命之中。著名教育学家雅斯贝尔斯认为大学的任务有四项：第一是研究、教学和专业知识课程；第二是教育与培养；第三是生命的精神交往；第四是学术。"就科学的意义而言，大学的四项任务是一个整体。它构成了大学的理想：大学是研究和传

---

① ［日］佐藤正夫：《教学论原理》，钟启泉译，人民教育出版社1996年版。
② 参见罗荣渠著：《现代化新论》，北京大学出版社1993年版。

授科学的殿堂,是教育新人成长的世界,是个体之间富有生命的交往,是学术勃发的世界。每一任务借助参与其他任务,而变得更有意义和更加清晰。按大学的理想,这四项任务缺一不可,否则大学的质量就会降低。"① 雅斯贝尔斯的大学观超越了我国高等教育正在面对的规模化、标准化等带来的困扰,把高等教育传统的教学、科研和服务社会三个基本职能与人的精神成长连接起来。也有人针对现代高等教育如何使学生变得"聪明"这一目标提出质疑,提出"教育有两个目的:一个是要使学生变得聪明;一个是要使学生做有道德的人。如果我们使学生变得聪明而未使他们具有道德,那么,我们就为社会创造了危害。"② "以学养人"把思想政治教育规律和高等教育规律结合起来,在传递知识的过程中养育人的精神素质。对于当代中国马克思主义而言,就是通过中国特色社会主义理论,培养人的精神动力和形成社会凝聚力。

以学养智、以学养德、以学养心是高校思想政治理论教育实现"以学养人"的主要途径,也是当代马克思主义大众化在高校推进的新思路。

第一,以学养智。对于当代中国马克思主义而言,以学养智就是指通过科学的世界观和方法论教育,培养人的判断力、选择力。人类最初把哲学作为智慧之学。在知识形态有限的情况下,学和智是相通的。近代自然科学发展起来以后,学与智之间关系显得有些复杂。一方面随着人类对外部世界和内在自我认识得越来越深刻,知识的形态不断增加,知识的容量急剧膨胀;另一方面知识在量上的积累与质的飞跃之间出现了不对应状态。是否知识越多,智慧就越大成为了一个问题。这是在这个背景下,科学的世界观和方法论不仅是一种能力,也是专门的知识了。基于该视角,高校思想政治理论课在功能上也从单一的实现政治认同、满足社会意识形态统合需要,向开发人的智能素质拓展。"思想道德教育之所以具有并可以发展开发功能,是因为人在认识和改造世界的过程中,具有主观能动性,或叫自觉能动性。人的自觉能动性,不仅'是人区别于物的特点',是人本质特征的表现,而且它对人的体力、智力的发展和发挥产生巨大的作用。人的自觉能动性包括人的信仰、理想、道德、情感、意志等,这些精神因素都是思想道德教育所关涉的内容。思想道德教育的开发功能,就是通过充分发挥人的主观能动性,促进人的体力、智力的充分发展和发挥,来发掘人的内在潜能的。"③ 至于如何开发人的潜能,是一个值得专门探讨的

---

① [德]雅斯贝尔斯:《什么是教育》,邹进译,三联书店1991年第1版。
② [美]德怀特·艾伦:《高等教育的新基石》,载《求是学刊》,2005年第3期。
③ 郑永廷:《论思想道德教育的功能发展》,载《学校党建与思想教育》,1999年22期。

课题。

第二，以学养德。通过道德教育和法律教育，培养人的社会适应能力。以学养德是中西文化的共同传统。比较而言，中国传统文化中的儒家建立起了一套载道的知识资源，以学养德的理论与实践更丰富。在近现代，西方道德认知理论发展过程中，开始质疑知识通向德性的可能性。比如叔本华认为，德性和天才一样，都不是可以教得会的。理由是德性仅仅是个"意欲"（道德感情和意志）的东西，与道德认识无关。当代分析哲学家赖尔则认为品德不能分解，有知必然有情有行，有情必然有知。美德是正确的道德需要、一定的技能和知识的结合，其中有无正确的道德需要是区分是否有道德行为的唯一特质。至于"美德是否可教"，赖尔给予了否定回答：由于道德需要不可教，所以美德不可教。赖尔认为儿童通过学习榜样而获得美德，但有意识地为儿童树立好的榜样却不免失之于虚情假意、装腔作势，这样的"教"不能培养儿童的德性。① 这个争论并不影响以学养德的思路。思想与道德具有历史传承性，也就具有知识属性，自然可以通过知识的传递过程。此外，学理、学术、学人的三位一体为以学养德提供了更广阔的实践路径。学理是道理的另一种表述；学术是道理生成的方式；学人是道理的发现者与追随者。三者不仅体现在教师身上，同样体现在学生身上，是师生共有的品质。

第三，以学养心。通过人文教育，培养心灵秩序的内在和谐。心是中国传统文化中的重要范畴，心灵和谐是个体在面对天、人、物、我四个向度影响过程中的内在统一状态。面对天，人在思考宇宙自然律的神秘，产生了信仰；面对人，个体需要处理与他人和群体的关系，形成了规则；面对物，出现了主体性外化和异化，产生了价值理性与工具理性的矛盾，面对我，出现了主格与宾格的矛盾，等等。高校思想政治理论课通过真、善、美、圣的价值培育，涵养人的精神，滋养人的心灵，协调内心世界与客观世界的关系，建构个体安身立命的价值基础。人文教育内在于高校思想政治理论教育之中，其他的学科教育又对该教育提供了直接的文化资源支撑。因此，以学养心至少有两个教育途径：一是拓展高校思想政治理论课的学术空间，还原其学脉。人生的问题不是断代的，许多问题从古至今一直在思考和探索着；现实的问题又是历史问题在新的环境下的嬗变，与历史连接着。为此，在理论传播与教育中，侧重于一般问题的历时性梳理，重点问题的文化性铺垫。在更大的时空背景下寻找问题的学脉

---

① 蒋一之：《"道德是否可教"问题的症结与解决》，载《社会科学战线》，2007年第3期。

支撑。二是充分发挥人文社会科学的育人功能，挖掘其中的人性资源，通过学科教育涵养心灵世界。

总之，"以学养人"与"以理服人"是辩证统一的。在高校思想政治理论教育中，"以理服人"依托于"以学养人"才适合高等教育的属性。"以学养人"受到"以理服人"的引导，才能发挥其思想政治教育功能，把当代中国马克思主义的理论转化为青年大学生成长中的教育资源。

参考文献：

[1]《马克思恩格斯全集》第3卷，人民出版社1960年版。

[2]《马克思恩格斯选集》第1、2、3、4卷，人民出版社1995年版。

[3]《马克思恩格斯全集》第3卷，人民出版社2002年版。

[4]《马克思恩格斯全集》第42卷，人民出版社2003年版。

[5]《列宁选集》第2卷，人民出版社1995年版。

[6]《列宁选集》第1卷，人民出版社1995年版。

[7]《邓小平文选》第3卷，人民出版社1993年版。

[8][美]道格拉斯·诺思：《经济史中的结构与变迁》，陈郁、罗华平等译，上海人民出版社1994年版。

[9][美]杰姆逊：《后现代主义与文化理论》，唐小兵译，陕西师范大学出版社1987年版。

[10][美]杰拉尔德·古特克：《哲学与意识形态视野中的教育》，陈晓瑞主译，北京师范大学出版社2008年版。

[11][美]恩格尔等：《意识形态与现代政治》，张明贵译，桂冠图书股份有限公司1987年版。

[12] Terry Eagleton, " Ideology," in Stephen Regan, ed. , TheEagletonReader, Blackwell, 1998.

[13][英]大卫·麦克里兰：《意识形态》第二版，孔兆政、蒋龙翔译，吉林人民出版社2005年版。

[14][英]哈耶克：《通向奴役的道路》，滕维藻、朱宗风译，商务印书馆1962年版。

[15][加拿大]克里斯托弗·霍金森：《领导哲学》，刘林平等译，云南人民出版社1987年版。

[16][斯洛文尼亚]斯拉沃热·齐泽克：《意识形态的崇高客体》，季广茂译，中央编译出版社2002年版。

[17][德]雅斯贝尔斯：《什么是教育》，邹进译，三联书店1991年第1版。

[18][日]佐藤正夫：《教学论原理》，钟启泉译，人民教育出版社1996年版。

［19］刘济良：《价值观教育》，教育科学出版社2007年版。
［20］陈越编：《哲学与政治——阿尔都塞读本》，吉林人民出版社2003年版。
［21］侯惠勤：《马克思的意识形态批判与当代中国》，中国社会科学出版社2010年版。
［22］宋惠昌：《当代意识形态研究》，中共中央党校出版社1993年版。
［23］俞吾金：《实践诠释学》，云南人民出版社2001年版。
［24］张一兵：《神会马克思》，中国人民大学出版社2004年版。
［25］朱兆中：《中国社会主义意识形态建设》，上海人民出版社2003年版。
［26］尹艳秋：《必要的乌托邦：教育理想的历史考察与建构》，福建教育出版社2004年版。
［27］肖川：《教育的理想与信念》，岳麓书社2002年版。
［28］陈先达主编、杨耕副主编：《马克思主义哲学原理》，中国人民大学出版社2003年版。
［29］王天一、夏之莲、朱美玉编著：《外国教育史》上册，北京师范大学出版社1993年版。
［30］何中华：《重读马克思》，山东人民出版社2009年版。
［31］韦政通：《伦理思想的突破》，中国人民大学出版社2005年版。
［32］罗荣渠：《现代化新论》，北京大学出版社1993年版。

第二章

教学体系建构的学理支撑*

思想政治理论教育课程是高校德育的核心部分,其教学体系的建构理应具有学理支撑,使其富有思想内涵与理论素养,才能让学生领会理论的真谛与思想的魅力。

第一节 马克思主义理论的逻辑整体性

思想政治理论课的学科为马克思主义理论,把握马克思主义理论的逻辑整体性是建构思想政治理论课程教学体系学理的基础。

马克思主义理论自诞生之日起,其整体性问题便一直备受人们关注,马克思主义理论被视为一级学科建设,这就又为马克思主义理论整体性问题的研究提供了科学平台,与马克思主义理论整体性相关的一系列问题也就愈加凸显出来并得到相应的研究,尤其是在马克思主义理论的逻辑方面,学界也取得了不少共识,但存在着将马克思主义理论逻辑整体单一化或"线性进化"解读的倾向。马克思主义理论的逻辑也是一个复杂的整体,马克思主义理论整体性的核心是其逻辑的整体性,因此要加强对马克思主义理论逻辑整体性的研究。那么,我们当如何理解马克思主义理论的逻辑整体性?

一般来说,历史和逻辑具有不可分性,但我们认为历史研究主要侧重事实梳理和史实陈述,而逻辑研究侧重于思想和范畴的逻辑架构、脉络解析。我们主要通过维度切分和线索剥离对马克思主义理论的逻辑整体性进行简要述议。马克思主义理论具有两种逻辑。马克思主义理论的逻辑整体性,实际由两种逻辑构成:一是理论形成的逻辑(外部逻辑),包含思想演变的逻辑、批判推进的

---

* 本章作者钟明华、林滨。

逻辑和实践展开的逻辑；二是理论本身的逻辑（内在逻辑），主要是马克思主义理论重点范畴和理论内涵的逻辑。

一、理论形成的逻辑或外部逻辑

从马克思恩格斯的思想和实践发展方面探索马克思主义理论形成的逻辑，这是必要的。如果把马克思恩格斯的思想历程和实践历程割裂开，就很难解释其思想转变发展的逻辑线条，也很难理解马克思恩格斯从批判活动转入革命实践活动的内在原因，也就无法准确理解马克思主义理论的形成逻辑，进而造成对理论本身的逻辑和内涵的曲解。

通过研究分析可以发现，马克思主义形成过程中思想演变的逻辑、批判推进的逻辑、实践展开的逻辑，实际上表现为一个诸形态交错叠加的逻辑整体；只是在不同的时期，它们此消彼长。因此，可以说，马克思主义理论形成的逻辑存在着细分的三重逻辑。因为很显然，我们不能说在某个阶段马克思恩格斯只有思想上的变化，而不存在批判和实践方面的变化，我们不能说学术活动不是实践活动，也不能说批判活动不是实践活动，更何况马克思恩格斯大多数情形下是将思想学术活动、社会批判活动以及革命实践活动结合在一起进行的。

在逻辑整体性研究方面，如果侧重于思想演变、批判活动、实践活动之间的逻辑关系研究，突出其逻辑之间的整体性关联，那么在马克思主义形成过程中，我们就可以从不同层次和角度梳理出为马克思恩格斯所共有的一些逻辑和过程：从思辨逻辑到实践逻辑、从批判逻辑到革命逻辑、从宗教批判逻辑到政治批判逻辑、从资产阶级政治解放逻辑到无产阶级人类解放逻辑、从国家改造逻辑到社会关系改造逻辑、从唯心主义世界观到唯物主义世界观、从唯心主义历史观到唯物主义历史观和从抽象共产主义到科学社会主义。这是根据马克思恩格斯的学术研究过程、文本写作过程、思想演变过程、社会实践（革命）过程的整体性得出的一些简要的具体的逻辑，属于马克思主义理论逻辑整体性的第一个层面的整体逻辑，亦即"理论形成的逻辑"的整体线索和过程，它随历史时期和社会现实的变化在不断转变，随马克思恩格斯之间的活动历史的差异而有所变化。因为，马克思与恩格斯的逻辑道路和语境内涵并非一开始就一致，尤其是在思想理论本质性的逻辑转换上，有一定的阶段性差别和侧重点的差异，这也正是马克思主义体系形成所具有的完整的逻辑，说明正是由于马克思恩格斯二人之间的逻辑互补，才为整个马克思主义体系的创立和诞生准备了内部逻辑条件。

二、理论本身的逻辑或内在逻辑

这是关于理论自身内在逻辑的分析，是基于历史整体性研究（"文本事实"和"实践史实"）分析而得出的内在逻辑。①

借鉴理论界"逻辑范畴论"知识，从逻辑范畴体系的一般结构看，逻辑范畴体系是由诸多范畴联结而成的，它们之间通过一定的相互关系形成内在结构。这个内在的结构表现为：逻辑基项、逻辑始项、逻辑中项、逻辑终项。若缺乏这样的内在结构，任何一门科学的概念体系都称不上是真正的科学体系。② 马克思主义学说的逻辑系统是一个"动态"系统。通过判断马克思主义理论内容所包含的若干概念和范畴，以及由此连接在统一体系中的逻辑结构和关系，追溯马克思主义理论的"内在逻辑"和理论旨归，笔者认为马克思主义理论体系的内在逻辑元件可以依据一般逻辑结构划分为：①原始基因；②基本范畴；③初始范畴；④本质范畴；⑤终极范畴；⑥中介范畴。在整个内在逻辑的构架中，"为人类的幸福而奋斗"③ 是原始基因；"实践"是基本范畴；"人"是初始范畴；"社会"是本质范畴；"共产主义"是终极范畴；中介范畴：异化劳动、人本主义、无产阶级革命。

如同《资本论》从揭示商品的本质和内在矛盾而引出货币、资本、剩余价值等一系列内容逐渐具体和丰富的范畴，从而揭示出资本主义社会经济形态的特殊运动规律一样，那么，从现实的人、人的本质及其内在矛盾，亦可以引出劳动实践与劳动异化、社会及其结构（包括生产力、生产关系、社会存在、社会意识等）、社会形态与阶级革命等一系列历史唯物主义的范畴，通过揭示这些范畴之间的内在联系，就能集中而系统地阐明社会历史发展的一般规律。这一思路源于唯物史观所揭示的历史是"现实的、活生生的人"的历史，是"追求着自己目的的人的活动"的历史的思想。社会历史是由人及其活动组成的，离开人及其活动，也就没有所谓的社会历史。所以，研究人的本质及其实践活动发展的规律，同研究社会历史的本质及其发展的规律实质上是一致的。因此，以人为逻辑的起点，实践为基本范畴，社会为本质范畴，共产主义为终极范畴，异化劳动、人本主义和无产阶级革命为中介范畴汇集而成的范畴群，经由各范

---

① 这里的内在逻辑，主要是倾向于马克思主义理论作为成熟体系所展示的理论的内在逻辑。
② 参见彭漪涟：《逻辑范畴论：马克思主义哲学关于逻辑范畴的理论》，华东师范大学出版社 2001 年版。
③ 语出马克思《青年在择业时的思考》。

畴间的规定、联系、整合而出的体系,就能勾勒出马克思主义理论的整体性,这是一条反映马克思主义理论整体性之内在逻辑的链条。

这是在前述"理论形成的逻辑"研究的基础上,结合"文本依据"和"实践史实"总结得出的"理论自身的"内在逻辑,这是一个由外到内逐步成形、再从内向外不断扩充、内外相连的整体性线索和过程。

三、马克思主义理论逻辑的整体性在于内外逻辑的结合与统一,而不在于二者中的任何一者,马克思主义理论完成了内在和外在逻辑上的辩证统一,方才呈现为了一个完整的逻辑结构

通常,研究者将马克思主义理论逻辑指称为其内在逻辑,这在一定程度上凸显了理论本身的逻辑结构和内容,但也有导致逻辑映像模糊的缺点。因此,研究马克思主义理论逻辑整体性(外部和内在),就要尽量避免单线逻辑的思维,一方面要注重研究逻辑的转换关系,一方面又要注重逻辑间的叠加性、交错性和互补性,这包括:外部逻辑和内部逻辑的叠加性、交错性和互补性,外部逻辑(包含思想逻辑、批判逻辑、实践逻辑)中逻辑的叠加性、交错性和互补性,内部逻辑(包含诸逻辑范畴)中逻辑的叠加性、交错性和互补性,甚至包括马克思恩格斯之间思想逻辑的叠加性、交错性和互补性,等等。这种逻辑运动和性态是作为马克思主义体系发展固有的内外部逻辑形态和属性交结粘聚在一起的。比如说,当马克思从批判语境和逻辑走向实践语境和逻辑的时候,他也在从哲学层面的辩证唯心主义走向辩证唯物主义,从政治层面的激进的民主主义走向共产主义,从经济层面的理性法权主义走向现实革命主义,从社会层面的历史唯心主义走向历史唯物主义。因此,马克思主义体系才表现为一种从思维领域跨入实践领域,又从实践领域不断向思维领域输入动力和资源的特殊体系。

由此看来,马克思主义理论并非自始至终就只有一种逻辑,马克思主义从探索发展到最终创立形成,其逻辑是不断变换的。马克思恩格斯并非一开始就发现并创立了成熟的理论体系,并非只遵循或占有单一一个(种)逻辑,而是有一个遵循和占有多种交错逻辑的过程。

因此,我们不能说马克思或恩格斯的思想在每个时期只有一条纯粹的线索,而应当说在一条主线上附着若干条线索,或者几条线索交织在一起。最初,马克思和恩格斯都是从思辨的批判逻辑开始他们的研究和活动的,在积极介入和参与政治实践活动之后,他们并没有丢弃批判逻辑,可以说批判逻辑贯穿马克思恩格斯著作和思想的全部过程,只是在实践逻辑开启之后,马

克思恩格斯就已经开始将批判逻辑导入实践逻辑，此时的批判逻辑不再是单纯的思辨逻辑，而是将思辨逻辑逐渐融入实践逻辑中来了。例如，在经历了"莱茵报"时期的社会批判和对物质利益问题的研究，以及对"黑格尔法哲学"的批判，加上到巴黎接触工人运动和社会主义，马克思的思辨不再是从现实的现象出发，而是从历史和社会的整个条件和趋势出发，理论的研究和阐发不再是个别思想精英针对政治国家的阐发，而是整个无产阶级对整个社会现实生活和条件的阐发，理论不再是单纯的批判，而是转入了工人运动和无产阶级革命活动之中，从思辨转化为整个无产阶级现实的革命活动，马克思和恩格斯本人也积极地投入到这种活动中去了。正是在思想逻辑、批判逻辑、实践逻辑交融演进中，才形成了完整的、科学的，同时又能体现理论本身人本诉求旨归的内在逻辑结构；同时，马克思主义理论作为完成了的内在逻辑结构，从中也能展现出其形成过程的逻辑交错演变轨迹。正是在这个意义上，马克思主义理论的逻辑才是整体性的，这一逻辑的整体性特征不在于二者之中的任何一者，而是在于二者的结合。

第二节 高校思想政治课教师教学转换能力的探讨

思想政治理论课程的担当者是教师，他们在从教材体系——教学体系——学生认知体系的转换过程中，需要具有以下三种能力，才能使思想政治理论课的教学具有理论的阐释、价值的引领与认识的提高。

一、把握力：在教材体系与教学体系转换中，把握统一性与主体性辩证关系之能力

从教材体系向教学体系的转换，是教师实施备课的第一步骤，能否具有合理把握教材体系与教学体系辩证关系的能力，即把握统一性与主体性关系的能力，便成为高校思想政治课教师教学转换能力的第一诉求。

对于一门课程来说，教材体系是整个课程框架与内容的展示，反映编著专家的理论素养和学术水平，具有对课程教学的指导性功能，呈现统一性的特点。而教学体系虽受制于教材体系，但因是教师个体所为，相比较教材体系的统一性而言，则是教师主体性的表达，反映出多样性的特点。教材体系和教学体系的关系应是统一性与主体性的辩证统一，即一方面，教材体系的统一性不能扼杀教学体系的主体性。另一方面，教学体系的多样性不能偏离教材体系的指导

性。但在对高校思想政治课的评估检查中，却发现了从教材体系向教学体系转换过程中两种不当的把握方式：一种是教材体系与教学体系死板机械地合一，即照本宣科式的授课。这其实是用教材的统一性窒息了教师的主体性，虽不违反教材体系的统一性与指导性原则，但作为教学主体的教师却无所作为，只是沦为灌输的工具，整个课堂死气沉沉乏味枯燥，学生的积极性无法调动，学生的思考力无法提高，不但无法达到良好的教学效果，反而易造成学生对思想政治理论课的抵触。另一种则是教材体系与教学体系完全分离，即信马由缰式发挥。教学体系完全撇开教材体系的指导，其典型如一个学生在博客中对一位"概论"课程教师的评价那样："这门课的名字应该叫作：毛泽东秘闻。他上课就是在讲故事，讲得天花乱坠，两节课的话会有一节多是吹水……"虽然教师教学的个性得以发挥，但却是以牺牲了课程的性质为代价的，不但无益于学生思想政治理论素质的提高，反而易造成学生对思想政治理论课的贬低。这两种方式都显示了教师在从教材体系向教学体系转换过程中，把握统一性与主体性辩证关系能力的不足。

而要真正做到对这两种不当方式的克服，需要着重从两个方面入手：一方面，要真正把握教材体系的统一性，就必须要求教师对课程的性质、课程的目的、课程的要求、课程的内容、课程的意义等有清晰的认识，领会其精神，把握其要义，然后融入整个的教学体系中，做到"万变不离其宗"，无论怎么具体授课，课程性质不会改变，教学大纲能够贯彻，课程目的能够达到，教材指导功能得以发挥，即使形不似而神却不散。另一方面，教师也要有恰当发挥主体性的智慧。在把握教材体系的统一性原则的前提下，结合自己的专业背景和知识结构，发挥自己的专长，长袖善舞，在授课中体现自己的特色，形成自己的教学风格。这样，在从教材体系与教学体系的转换中，才能做到统一性与主体性的有机统一。

二、建构力：在教学体系的形成过程中，建构富有思想与逻辑的教学理路之能力

建构教学体系，是教师备课的第二步骤。在教学体系的形成过程中，教师能否在正确把握教材体系与教学体系辩证关系的基础上，建构富有思想与逻辑的教学理路，则是高校思想政治课教师教学转换能力的第二诉求，它是检验教师转换能力水平高低的试金石，也是教师教学能力培养的重中之重。

从思想而言，高校思想政治理论课程的教学体系，应是一个富有思想内涵理论素养的体系，它不是简单讲故事、举事例，而是要向学生讲授马克思

主义的基本理论与思想内核，力求用思想用理论的魅力感染与影响学生，让学生从被动的接受转化为内心自觉的认同。因而，要求教师在教学体系的建构中，思想理论的诠释一是要契合意识形态性与科学性相统一的原则。意识形态性是由思想政治理论课性质所决定的，马克思主义作为无产阶级解放的学说，其学说本身具有鲜明的阶级性，它的产生和宗旨皆是出于无产阶级革命斗争的需要，因此其意识形态性的特点也毋庸置疑。对此，教师无须讳言，如果那样，不仅只是回避问题，也无法把握马克思主义的本质，更是丧失了思想政治理论课与其他课程不同的质的规定性。科学性则是由理论体系的诉求所决定，教师不能因为马克思主义具有意识形态性而否定它所包含的真理内容，或者过分强调意识形态性而遮蔽科学性，马克思主义理论之所以被广大人民群众所接受，除了它代表着无产阶级的根本利益外，更主要地在于它是对人类社会发展规律的正确揭示，是一个符合社会客观存在和指明人类发展方向的科学的理论体系，这才是马克思主义从产生直至今天具有强大生命力的根本所在。因此，在教学体系的建构中，教师应该正确处理其意识形态性与科学性二者的关系，自觉避免将二者对立起来或偏执一端，防止既消解思想政治理论课程性质，又损害马克思主义理论的真理性的错误做法，在意识形态性方面，着重价值引领；在科学性方面，凸显规律揭示，从而使思想表述具有真理与价值的统一。

　　思想理论的诠释二是要契合实践性与创新性的原则。实践性原则是思想政治教育的功能所决定。因为"思想政治教育具有很强的社会实践性的特点。人们政治方向的确立、意识形态的形成、价值观念的确立，不仅与思想政治教育的内容有直接的关系，而且也与社会实践的发展相关联……与社会生活和人们思想实际具有直接相关性，是思想政治教育不同于自然科学，也不同于一般的哲学社会科学的又一特征。因此，思想政治教育必须紧密联系社会生活和人们思想的实际，离开了这一点，思想政治教育就会失去了客观依据。"[①] 而创新性则是与思想政治教育的发展要求相契合，因为"我国社会发展与人的发展的多样、复杂与速变以及发展取向上的全面、协调与可持续性，决定着人们思想的形成与发展、行为的交换与变化，不是过去社会的简单因素所导致，而是现代社会复杂因素综合作用的结果，人们突出的思想问题，也难以由单一的思想政治教育解决。因此思想政治教育学科必须在指导思想、教育原则、教育内容与

---

① 顾钰民：《哲学社会课程与思想政治教育关系研究》，见《思想理论教育研究》第2辑，高等教育出版社2006年版。

教育方法上，根据社会与人的发展需要进行综合化、系统性的改革与发展。"①由此，在教学体系的建构中，教师应该在把握马克思主义理论精髓的基础上，将实践性与创新性结合起来，力求结合当代社会实践的发展，诠释不断丰富与发展的马克思主义理论，体现在实践基础上马克思主义与时俱新的品质，从而使思想理论的诠释不断丰富与发展，也使教学体系不断修正与完善。

　　从逻辑而言，教学体系的建构要注重教学内容的整体性与逻辑性，要求教师具有把握教学体系的整体框架、发展脉络与思想精髓的能力。因为整体框架实际上从横向维度展示着一门课程的整体风貌，只有统观全局，才不会使教学体系限于局部枝叶。而发展脉络则是从纵向维度体现出教材内容的发展理路，只有把握主轴，才能保证教学体系教学内容的连贯发展。理论精髓则是在基于对整体框架和发展脉络的双向把握基础之上对教学内容要义的凝聚，只有把握主旨，才能使教学体系具有思想的灵魂统领。在此基础上，力求做到整个教学内容合理设计、突出重点与条理清晰。以《马克思主义基本原理》课程为例，其课程的整体框架是由内在关联的马克思主义哲学、政治经济学和科学社会主义三大部分相构成，马克思主义哲学是马克思主义理论的基础，提供世界观和方法论；而马克思主义政治经济学是唯物史观的典型运用；科学社会主义则是马克思主义理论的归宿或落脚点，三个构成部分成为不可分割的"一整块钢铁"，表现出马克思主义理论的基本风貌。其课程的发展脉络则是马克思主义追求"人类的解放与人的自由而全面发展"的价值理想，它是贯穿三部分的主轴。在马克思主义哲学的部分表现出在对费尔巴哈的抽象的人的批判上，在现实的人及其现实的活动的基础上建立起新唯物主义的世界观和方法论，其目标就是指向人类的解放；在马克思主义的政治经济学部分，表现为马克思对现实的人在资本主义社会生存的现实境遇的分析，通过剩余价值理论的创立和对人的异化劳动的批判，深刻揭示了无产阶级被压迫与奴役的根源；在科学社会主义部分，则表现为马克思明确指出了人类的解放和人的自由而全面的发展的道路，即通过无产阶级革命与斗争等手段，以新的更高级的社会形态——共产主义社会代替现存的资本主义社会才能实现。而课程的精髓则是马克思主义理论与以往学说最显著不同的实践性的特质，《马克思主义基本原理》可以说是以实践为基础，实践—劳动—斗争分别成为马克思主义哲学、马克思主义政治经济学和科学社会主义三个部分的基石，建构马克思主义关于人的解放包括人的自然的

---

① 郑永廷、张国启：《论思想政治教育学科建设与发展》，载《思想教育研究》，2002年第2期。

解放、人的经济的解放和人的政治的解放的理想与奋斗。这样，整个教学体系就以"人类的解放与人的自由而全面发展"为主轴从纵向厘清了《马克思主义基本原理》课程的中心线索，又以实践—劳动—斗争为基石从横向展开了《马克思主义基本原理》课程的主要内容的授课，通过纵横交错与点面结合，从而实现原有马克思主义三个部分的有机统一，实现《马克思主义基本原理》课程教学的整体性与逻辑性。

三、适应力：在教学体系到学生认知体系转换中，适应认知水平与成长需要的能力

从教学体系到学生认知体系的转换，是教师备课的第三步骤，教师能否具有使教学体系转变为适应学生认知水平、满足学生成长需要的学生认知体系的能力，便成为高校思想政治课教师教学转换能力的第三诉求，这一过程是前面两步骤的落脚之处，直接关乎课程的针对性与实效性。

从认知水平来说，在从教学体系到学生认知体系的转换中，教师要遵循教育发展的规律，自觉认识到作为教学活动对象的学生，他们的知识背景与思维水平的情况，直接影响到教学内容的接受与课堂的效果。因而，教师在了解学生现有能力与水平的基础上，需要智慧地把握教学内容的难易度，低于学生的认知水平，讲述的内容与中学的政治课基本一样，学生听课的兴趣无法调动，不能给予学生学习的挑战，学生的知识与能力当然也无法提高，这样的思想政治课程是无意义或无效果的。高于学生的认知水平太多，讲述的内容太过深奥难懂，给予学生的挑战太强，以他们的能力不足与应对，如把《马克思主义基本原理》上成与哲学系专业课那样，这样的教学也同样是无效果和无意义的。因而，好的教学其难易度应是恰当的，既高于学生现有的认知水平，但又是学生可以应对的挑战，即在教师的引导下，通过激发学生的兴趣，付出努力和思考，使他们从不懂到理解，这样的教学才是有效果和有意义的。

从成长需要来说，在从教学体系到学生认知体系的转换中，高校思想政治理论课程教师应该具有使教学适应学生德性发展需要的能力。因为，思想政治理论课在高校所有的课程中，是最具特殊德育功能要求的，也是直接地担负德育使命与职责的课程。既然培养人、教育人是教育的首要目的，思想政治理论课程的教学活动也就要最能体现"以学生为本"的教育理念，要把尊重学生的生命价值，引导学生思想与生命的成长作为教学的起点和目的。它一方面要求教师必须对教学与其生命存在的意义有正确的认识。如果一个教师仅仅只是把思想理论课教学当作一种职业或一种工作任务的话，那么其行为只是一种谋生

的手段、任务的完成，这何以打动心灵、直抵生命？如果一个连自己的教学都不热爱的教师，课堂又何以具有感动生命、引导意义的力量与实效？另一方面，要求教师必须具有对学生生命存在与价值如何正确引导的认识。一个不了解学生真正需要的教师，又何以成为一个好老师？一个不知道什么是正确的世界观与人生观的教师，又何以传道育人？因而教师必须"同情理解"学生困惑与迷茫之所在，客观了解学生身心发展与教育的规律，关注学生之需要，直面生命之意义的追问。由此，在从教学体系到学生认知体系的转换中，应该包含二点诉求：一是课堂的教学应该在讲授相关内容时自觉渗透对生命本体的关注；二是课堂的教学也应该同时将所学内容与学生的切实需要与利益联系起来。缺乏形而上的角度，生命难于高扬；缺乏形而下的角度，内容难免虚渺，如何将二者有机结合，既是教师智慧的体现，又是教学艺术的要求。如在《思想道德修养与法律基础》课中，教师一方面与同学讨论人我关系、人际交往、人生责任、人生价值、人生理想、人格成长等论题的"本然"（原旨性、知识性层面）和"应然"（道德性、理想性层面），同时又将这些问题置于"实然"的角度分析，即直面学生如何将知转化为行，如何在应该做的向度上，可能遇到的挫折、障碍等进行分析引导，使学生真正在生命成长的意义上有收获，帮助学生"成其为人"。

不仅如此，高校思想政治理论课程教师还应该具有适应学生智性发展的能力，做到"授人以鱼"与"授人以渔"的统一。一方面，授人以"鱼"这是教学计划完成的基本要求，教师应该具有专业知识的相当水准，能够准确把握课程体系，能够清晰梳理教学内容之间的逻辑关联和内在衔接等；具有把握课堂教学的教育规律的能力，可以流畅、清晰地表达所教授的内容；具有对课堂教学进行不断的反思与总结的能力，反思教学内容、过程与方法，总结经验与教训，继续学习与知识充电等，才能做到很好地"授人以鱼"。另一方面，教学如果仅仅做到这点，虽然完成了教学的基本任务，但在一定意义上却把教师当作了知识的传递工具，学生变成了知识的储存器，这样的学习在更高的要求上也是不能适应知识爆炸时代学习的要求的。因为在当今变化发展的时代，知识信息量巨大，知识更新飞快，再好的储存器、再好的记忆力面对知识的飞速更新也是无济于事，学会学习的能力就成为学习的主要目标。由此，思想政治理论课就要走出传统德育的樊篱：给结论、给思想，应转向给批判、选择的武器，培养学生内在的素质和思想行为的能力。这就要求教师能够通过教学活动，着重培养学生掌握知识与领会思想的理解力；培养学生学会辨析是非与判断对错的分辨力；培养学生学会在价值多元与各种机会中找到适合自身特性与发展需要的选择力；培养学生学会在竞争时代调试自身心理健康的平衡力；培养学生在各种人际关系中良好相处的协调力；培养学生不断学习与自我发展的竞争力等，从而使学生自身的可持续发展得以可能。

教材体系、教学体系与学生认知体系，其实对应的就是专家、教师与学生三个主体。在教材体系——教学体系——学生认知体系的转换过程中，教师所应该具有的把握力、建构力与适应力的教学转换能力，归根到底皆服务于如何将教材体系通过教学体系的再加工，并转化为学生认知体系的目的，以实现专家指导、教师发挥与学生需要的有机统一，从而有效提高思想政治理论课程的实效性。

第三节　提高思想政治理论课教学实效性的四种力量

如何把高校思想政治理论课建设成为大学生真心喜爱与终身受益的课程，这是"05"新方案实施的落脚点和目的所在，是检验思想政治理论课是否具有实效性的最佳标尺。而要实现这一目标，思想政治理论课的教学应该具有如下四种力量：

一、真理的力量

高校思想政治理论课为什么在相当长的时间，甚至到现在都被很多人当作仅是意识形态宣传的工具，其根本原因，就是课堂教学缺乏真理的力量而变成了政治的说教，从而导致学生本能的拒斥与远离。

客观而言，思想政治理论课具有不容否认的意识形态的特性，这是因为马克思主义作为无产阶级解放的学说，其学说本身具有鲜明的阶级性。作为一种观念上层建筑，"它是一定经济和政治的反映。这种对客观现实的反映，不能不受一定的经济和政治利益的制约，同时也不能不受反映者主观素质的影响。哲学社会科学从总体上、本质上是属于一定的意识形态，在阶级存在的条件下，它直接或间接地受着阶级利益的影响。这是一个普遍性的社会规律。"① 对此，教师无须讳言，如果那样，不仅只是回避问题，也无法把握马克思主义的本质，更是丧失了思想政治理论课与其他课程不同的质的规定性。但教师却不能因为马克思主义具有意识形态性而否定它所包含的真理性，或者只强调其意识形态

---

① 靳辉明："锲而不舍孜孜以求"，载《中国社会科学院院报》，2005年。

性而遮蔽科学性，因为马克思主义理论除了它代表着无产阶级的根本利益外，更主要地在于它是对人类社会发展规律的正确揭示，这才是马克思主义从产生直至今天具有强大生命力的根本所在。

　　思想政治理论课要想具有真理的力量，一是要求教师辩证处理思想政治理论课意识形态性与科学性的统一，在意识形态性方面，着重价值引领；在科学性方面，凸显规律揭示；而在教学过程中，教师应自觉依据"真理是主观对客观的正确反映"的定义，着重阐述马克思主义理论为何是一个符合社会客观存在和指明人类发展方向的科学的理论体系，才能有效消除学生认为马克思主义只具有意识形态性的偏见，从而自觉接受马克思主义理论。

　　二是要求教师辩证处理真理的绝对性与相对性的统一。在阐述马克思主义理论是一个科学的理论体系的过程中，教师应自觉避免两种错误：一是夸大真理的绝对性，将马克思主义当作绝对真理，得出"唯有马克思"的结论。二是夸大真理的相对性，将马克思主义当作相对真理，得出"马克思主义已经过时"的结论，这两种错误的原因皆在于割裂了真理的绝对性与相对性的辩证统一，或用绝对性封闭与窒息了马克思主义理论的发展，或用相对性消解了马克思主义的当代价值，皆背离了马克思主义与时俱进的品格，使得马克思主义变成无法解释当今现实的僵死的教条，从而降低了学生对马克思主义的认同感。

　　三是要求教师辩证处理灌输与内化的辩证统一。思想政治理论课的教学离不开灌输，但灌输却不是强制接受，而是重在说服、启发与引导。因为真理是不惧任何权威的，因而要求教师在传递真理时，不能以强制方式让学生接受，而是"以理服人"，必须摆事实讲道理，"要充分运用真理的力量，把道理讲清楚、说明白，讲得让学生信服，从而让大学生从内心相信并接受真理。"① 如在《史纲》课程中在讲为什么中国选择了马克思主义问题时，就要把它放到当时中国社会的历史境遇中，用分析与事实说明中国选择马克思主义，走社会主义道路，是契合历史发展需要与中国人民自觉选择的辩证统一。

二、逻辑的力量

　　高校思想政治理论课为什么有些学生认为没有什么价值，学不到什么东西，其根本原因就是课堂教学内容与水平没有超越中学政治课的高度，没有具有逻

---

① 周济："努力使高校思想政治理论课成为大学生真心喜爱、终身受益的优秀课程"报告。

辑的力量,只给了学生现成的结论,而没有给学生以批判的武器。

不可否认,目前高校思想政治理论课的教材的确存在着与中学政治课某些内容相重合的部分,但大学教师却要自觉认识到高校思想政治理论课,应是一个富有思想内涵理论素养的体系,它即使与中学内容有所重复,也应在相同问题上讲出新意与深度;它不是简单讲故事、举事例,而是要向学生讲授马克思主义的基本理论与思想内核;它不能只授人以"鱼",而是追求授人以"渔"。因为在当今变化发展的时代,知识信息量巨大,知识更新飞快,再好的储存器、再好的记忆力面对知识的飞速更新也是无济于事,把握逻辑、学会思考、拥有解决问题的能力才能让学生终身受益。因而课堂教学必须呈现思想的内在魅力,引导学生从接受结论到学会思考。

思想政治理论课要想具有逻辑的力量,一是要求教师具有把握教学体系的整体框架、发展脉络与思想精髓的能力。因为整体框架实际上从横向维度展示着一门课程的整体风貌,只有统观全局,才不会使教学体系限于局部枝叶。而发展脉络则是从纵向维度体现出教材内容的发展理路,只有把握主轴,才能保证教学体系教学内容的连贯发展。理论精髓则是在基于对整体框架和发展脉络的双向把握基础之上对教学内容要义的凝聚,只有把握主旨,才能使教学体系具有思想的灵魂统领。在此基础上,整个教学内容才能富有逻辑、突出重点与条理清晰。以《马克思主义基本原理》课程为例,其课程的整体框架是由内在关联的马克思主义哲学、政治经济学和科学社会主义三大部分相构成,马克思主义哲学是马克思主义理论的基础,提供世界观和方法论;而马克思主义政治经济学是唯物史观的典型运用;科学社会主义则是马克思主义理论的归宿或落脚点,三个构成部分成为不可分割的"一整块钢铁",表现出马克思主义理论的基本风貌。其课程的发展脉络则是马克思主义追求"人类的解放与人的自由而全面发展"的价值理想,它是贯穿三部分的主轴。而课程的精髓则是马克思主义理论与以往学说最显著不同的实践性的特质,《马克思主义基本原理》可以说是以实践为基础,实践—劳动—斗争分别成为马克思主义哲学、马克思主义政治经济学和科学社会主义三个部分的基石,建构马克思主义关于人的解放包括人的自然的解放、人的经济的解放和人的政治的解放的理想与奋斗。这样,整个教学体系就以"人类的解放与人的自由而全面发展"为主轴从纵向厘清了《马克思主义基本原理》课程的中心线索,又以实践—劳动—斗争为基石从横向展开了《马克思主义基本原理》课程的主要内容的授课,通过纵横交错与点面结合,从而实现原有的马克思主义三个部分的有机统一,实现《马克思主义基本原理》课程教学的整体性与逻辑性二是要求教师在具体教学过程中，要引导学生养成追问、反思与批判的精神。如在教授哲学基本问题时，就可以采用问题层层追问和思考逐渐递进的方式：问题一：哲学的基本问题是什么？马恩经典著作是如何表述的？问题二：哲学基本问题能够简单地、直接地归结为或等同于"精神和物质"的关系问题吗？问题三：思维和存在的关系在远古时代是以什么方式开始萌芽？为什么恩格斯说灵魂不死的观念在那个阶段是一种真正的不幸？你如何看待灵魂不死？问题四：思维和存在的关系问题在中世纪是以什么样的方式表现出来？什么叫唯名论和唯实论？问题五：为什么说哲学基本问题只是在近代哲学中才被十分清楚地提出来了？问题六：马克思主义哲学是如何克服近代哲学在"思维和存在的关系问题"探讨上的局限性的？这样，既帮助学生逐步深入对哲学基本原理的认识与理解，又使学生在课堂上不得不跟老师一起思考问题，从而帮助学生学会追问、学会反思、学会探求。

三是要求教师着重训练学生从前提到结论发现内在关联与逻辑演绎的能力。在思想政治理论课的教学过程中，教师要自觉培养学生严谨的逻辑推理能力，找出连接前提到结论的关键中介点，展示演绎的过程，如在讲述资本主义发展何以到全球化的过程中，就可以从资本主义追逐利润出发，通过地方市场——世界市场——世界历史——全球化的内在关联，解释全球化形成的原因与机制。课堂教学只有在这样的思考和训练过程中，才能改变学生忽略过程、只记结论，不求甚解、死记硬背的学习方式，既能够知其所以然，又能培养思考的内功，实现授人以"鱼"与授人以"渔"的统一，使学生终身受益。

三、艺术的力量

高校思想政治理论课为什么有些同学认为老师讲的道理没错，但就是听不下去，其根本原因就是课堂授课缺乏教学的艺术，讲课味同嚼蜡，了无生机，激发不了学生听课的热情与兴趣，从而大大降低了思想政治理论课的实效性。

坦率地说，思想政治理论课和和专业课程相比，大多数学生在走进课堂前对课程的偏见抵触的心理普遍存在，他们往往抱着先入为主的看法，带着听听看，好听就听，不好听就看事先已带的其他书的想法来上课的。所以，对于担任思想政治理论课程的教师而言，他要面对的挑战在一定意义上远甚于专业课的教师，因为一个专业课的教师即使课上得不好，学生至多怀疑其教师没有水平，但却不会怀疑这门课的存在价值和学术性质，而思想政治理论课程却不然，如果教师上不好课程，学生不仅质疑教师的能力与水平，而且常常否定这门课的存在价值。因此，思想政治理论课的教学在一定意义上，更需要教学的艺术，"思想政治理论课的教学是一门科学，也是一门艺术，讲得准确是科学，讲出吸引力是艺术。要使大学生愿意听并且相信我们讲的道理，就要求教师在吃准吃透教材的基础上深入钻研讲课艺术，以高超的讲课艺术吸引学生、感染学生、教育学生。"①

思想政治理论课要想具有艺术的力量，一是教学的开端要引人入胜。课程的第一堂课要讲得精彩，它往往是改变学生对这门课的抵触心态，激发学生对课程兴趣的关键一步，因为"好的开始就是成功的一半"。就《马克思主义基本原理》来说，很多学生在没有上课之前，就对这门课的学习抱着无奈的心态和错误的看法，认为哲学的学习是与他们无关的、马克思主义就是空洞的说教等。所以，在第一堂课可以有意识地围绕着"哲学只是少数人才能学习""哲学家不是天才就是疯子""马克思主义已经过时""思想政治理论课就是说教"等来自学生的偏见或误解，"有的放矢"展开教学，因为这些偏见，许多学生或多或少都有，所以，他们听得非常认真，并且往往自我对照，听课的热情与兴趣就被有效地激发起来了。接着再用学生喜欢的方式，如运用哲学家的名言说明哲学的魅力，运用"没有马克思会怎么样的假设"思考马克思主义的价值等，消除他们对哲学、对马克思主义哲学的误解，也让他们明白偏见比无知离真理更远，从而带着无偏见的心灵和积极的心态走进课堂。而在其后每一专题的教学中，也要力求课堂开端便吸引眼球和注意力，调动学生听课的好奇心和积极性。如在讲否定之否定原理时，便借用当时报纸上登载的"奥巴马登长城叹历史沧桑"的报道，引出对传统文化问题的思考。

二是教学的深浅要把握恰当，符合学生的认知水平。教师要遵循教育发展的规律，自觉认识到作为教学活动对象的学生，他们的知识背景与思维水平的情况，直接影响到教学内容的接受与课堂的效果。因而，教师在了解学生现有能力与水平的基础上，需要智慧地把握教学内容的难易度，低于学生的认知水平，不能给予学生学习以挑战，学生听课的兴趣也就无法调动。高于学生的认知水平太多，讲述的内容太过深奥难懂，给予学生的挑战太强，以他们的能力不足与应对，如把《马克思主义基本原理》上成与哲学系专业课那样，这样的教学也同样是无效果和无意义的。同时，教学的表达也要深入浅出，"鲜活而不

---

① 周济："努力使高校思想政治理论课成为大学生真心喜爱、终身受益的优秀课程"报告。

苍白,生动而不呆板,亲切而不生硬,从而引发深入思考。"①

三是教学的方式要灵活多变。教师的教学方式不能一成不变,需要根据教学内容进行恰当转换。如在讲授比较深奥的理论问题时,则以老师循循善诱的授课为主;而在讲到和学生生活比较贴近的问题时,则以学生讨论方式为主,发挥他们的主体性,让他们参与到教学过程中,形成教学互动与思想碰撞。在抽象的内容可以运用图片时,不妨适应当今传媒表达具象化的特点,化抽象为形象,帮助学生理解;在历史与现实问题的讲述中,也可以通过与之相关的视频,配合教学,通过画面,加深印象。只有这样,思想政治理论课的教学因其恰当与灵便的教学艺术,才具有了吸引力。

四、情感的力量

高校思想政治理论课为什么有的教师上完课后,学生给予课堂的评价是"心灵的洗礼",这是因为课堂教学具有情感的力量,直抵学生心灵深处,引发了学生情感的认同,从而使他们从内心真正喜欢上了思想政治理论课。

这是因为,高校思想政治理论课的教学活动既是知识传递与能力培养的过程,也是一个人际交往的过程。学生不是简单的储存知识的容器,教师也不是传递知识的工具,教育从最本真的的意义而言,是生命与生命的碰撞,是心灵与心灵的交流。正如劳凯声教授所言"教育的任务首先不在于教会受教育者多少知识和本领,它最基本的任务是教他们如何去发现生活世界中的真诚、善良和魅力,教他们用一颗真诚的心去融入社会、理解他人、关爱生命。"② 因此,思想政治理论课的教学除了要用理论的深刻去引导学生外,还需要用情感的力量去感动心灵,充分发挥在知到行的转化过程中情感所承担的"催化剂"与"调节器"的重要作用。

高校思想政治理论课要想具有情感的力量,一是要求教师把关爱学生、引导学生思想与生命的成长作为教学的起点和目的。大学阶段是青年人生成长非常关键的时期,而思想政治理论课在大学课程中担负着形塑学生正确的世界观和人生观的使命,教师的职责就是帮助学生完善自己的人格,促进学生德性与智性的成长。因而,教师既要对教学与其生命存在的意义有正确的认识,如果一个教师仅仅只是把思想理论课教学当作一种职业或一种工作任务的话,那么

---

① 周济:"努力使高校思想政治理论课成为大学生真心喜爱、终身受益的优秀课程"报告。
② 劳凯声教授为肖川《教育的理想与信念》所做的序,岳麓书社2002版。

其行为只是一种谋生的手段、任务的完成，何以打动心灵、直抵生命？如果一个连自己的教学都不热爱的教师，课堂又何以具有感动生命、引导意义的力量与实效？教师也要具有对学生生命存在与价值如何正确引导的认识。一个不了解学生真正需要的教师，又何以成为一个好老师？一个不知道什么是正确的世界观与人生观的教师，又何以传道育人？只有理解学生的困惑，了解学生身心发展的规律，契合学生的真正需要，教师才能帮助学生"成其为人"。

二是要求教师除了拥有良好的理论功底外，还需具有人格的魅力，言传身教，要让学生觉得可以信任，做到真正的教书育人。教师具有关爱之心，关爱每一个生命；具有信任之心，信任每一个心灵；具有平等之心，善待每一个学生；教师要发掘出学生内心深处的感觉；要引导学生向善而行；要教会学生认识自己、他人与社会；教师要学会宽容，允许学生犯错与改正；要学会耐心，认真解答问题与困惑；要学会分享，分担痛苦与喜悦；要学会感恩，感谢生活与他人；要学会奉献，服务社会与国家；要学会等待，等待生命的成长与绽放。只有这样，教师才能真正走进学生的生命中，使思想政治课成为心灵的洗礼与思想的享受。

高校思想政治理论课的教学只有真正具有了真理的力量、逻辑的力量、艺术的力量与情感的力量，且四种力量共为一体，相得益彰，形成合力，高校思想政治理论课成为大学生真心喜爱、终身受益、毕生难忘的优秀课程的日子才会为期不远。为此，高校思想政治理论课教师任重而道远。

参考文献：

[1] 彭漪涟：《逻辑范畴论：马克思主义哲学关于逻辑范畴的理论》，华东师范大学出版社2001年版。

第三章

知识原点与内功养成*

经典、文献的阅读,既是让知识回到原点的路径,也是提高理论涵养的方法。在高校思想政治理论课教学中,对于提高学生理论水平与学术底蕴,发挥着重要作用。

第一节 传统典故与大学传统文化教育

"引导大学生深入学习中国古代思想文化的重要典籍,理解中华优秀传统文化的精髓",是高校德育不可或缺的重要内容,对于提高大学生的文化自觉意识、文化自信精神和文化自强能力,具有特别突出的价值。大学优秀传统文化教育有不同的路径。通过传统典故的知识性考据、义理性发微、观念史还原和伦理学想象,实现以文育人和以文化人的教育使命,是大学优秀传统文化教育理论和实践中极其重要而易被忽视的维度。

一、传统典故在大学传统文化教育中的定位

寄寓于具体的生活场景,通过对常人知识、常人境遇或者常人经验的点明,言简意赅而又深刻形象地传达出高明的意旨,是中华古代先贤们表达思想的重要方式。这些知识、境遇或者经验通过后世的诠释和流传而积淀成中华优秀传统文化中的重要典故,成为民族文化的精华、民族智慧的象征和民族精神的结晶。"三年之丧""亲亲相隐""曾点气象""嫂溺叔援""孺子入井""窃父而逃""以羊易牛""庄周梦蝶""濠梁问答"等都是脍炙人口且直抵心灵的传统典故。它们通过特定情景的描述,让观念形象化或者情景化,使"意义植根在

---

* 本章作者童建军、柳媛、李文珍。

经验的土壤中"。传统典故类似于西方学术中的"思想实验",虽未必在生活中真实发生,但读者能够凭借自身的间接经验理解其意义。[①] 这些故事既是古代施展道德教化的经典文本,又是当代完善中华优秀传统文化教育的重要资源。

以传统典故完善大学传统文化教育,遵循了教育的接受性规律。教育是化育人心的伟大事业,是塑造灵魂的复杂工程。人心之纤细精微决定着教育必然是布满艰辛的精耕细作。中华传统文化教育的本真是价值教育,它力求通过中华传统文化知识的载体,培养受教育者以天下兴亡、匹夫有责为重点的国家情怀,以仁爱共济、立己达人为重点的社会关爱,以正心笃志、崇德弘毅为重点的人格修养。这些宏伟的教育目标的本质是价值的传导。价值揭示的是客体满足主体需要的一种关系。如果仅有主体和客体,而缺乏客体满足主体需要的属性,那么,客体对于主体就没有价值。只有客体满足主体需要,才能为主体所接受,才对主体具有价值。这反映在中华传统文化教育上就是,教育的内容和方法必须满足受教育者的需要,为受教育者所接受,才能取得理想的教育效果。大学生的知识基础和认知心理决定了他们对中华传统文化教育的接受,不会驻足于中小学阶段古代诗词艺术的诵读欣赏,而是要更深刻地思考感性材料之后的形上理念,但也不会满足于对中华优秀传统文化虽精当而枯燥的抽离式凝练,而是要更完整地还原枯涩概括之后的丰富信息。因此,既超越单纯的感性材料的诵读,又避免过度的抽象结论的灌输,就成为大学阶段中华传统文化教育非常重要的方向。传统典故是一个个案例,是一则则叙事,它虽虚设,但学生凭其间接经验可以感知;传统典故又是中华优秀传统文化的浓缩,是一段段深刻思想的载体。大学生从传统典故的形象化故事中,读出的是深刻的思想。因此,以传统典故完善中华传统文化教育,就比较好地将形象材料和抽象思考结合起来,遵循了大学生的认知特点和接受规律。《完善中华优秀传统文化教育指导纲要》要求,要以推进大中小学中华优秀传统文化教育一体化为重点,整体规划、分层设计、有机衔接、系统推进。它揭示的正是接受性规律在中华优秀传统文化教育中的反映。

以传统典故完善大学传统文化教育,实现了学术向教学的转化。"教学相长"的本意不仅是指教师和学生在教学活动中共同成长,而且包含着教育和学术相互促进的深意。教育实践中的难题和困惑引起了学术上的思考,促进了学术上的进步;同时,学术上的探索可以转换成积极的教育资源,推动教育实践的革新。学术研究特别是人文研究的重要使命是要触发人类灵魂深处的价值革

---

① 陈少明:《想象的逻辑:来自中国哲学的经典例证》,载《哲学动态》,2012年第3期。

命。但是，它往往不是自然生成的结果，而是通常需要借助教育的终结。因此，正是教育对学术的创造性利用，人类社会普遍的思想变迁才可能变成现实。中华优秀传统文化的当代学术研究，在观点、内容、视角和方法上，都取得了长足的进展，积累了丰硕的成果。特别是通过对传统典故的多维挖掘，使中华优秀传统文化的形象呈现日益丰富化和日渐立体化而更加鲜活生动，避免了对中华优秀传统文化的单调化剥离和平面化展示。刘清平从孟子有关舜的两个传统典故的辨析中，提出了儒家伦理与政治腐败之间具有暗合性的学术命题，引发了"亲亲相隐"与儒家伦理持续近十年的思想争论。其间既有"立场"之争，又不乏"学理"之辩；既复活了知识性考据的汉学传统，又重燃了义理性发微的宋学精华。持久的学术争论不仅使"直"和"隐"等关键词在具体文本中的确切含义得以详加辨析，儒家义理的真精神与孔孟的个别论述得以合理区分，儒家经典的完整内涵得以创造性诠释，而且它使人们意识到，传统典故不仅仅是故纸堆，而是连接了古今且横跨了中西。它们不仅是经典世界的生活经验的直接反映，需要在具体的历史背景中去理解，发掘未经明言而隐含其中的思想观念，而且要在文化的比较中，对它们的当代含义与实践价值进行有深度的哲学反思。如果热闹纷呈的传统典故的学术研究能够转换成积极有效的教育资源，那么，更多的人会受益于重大的学术探索，更加鲜活地感受中华优秀传统文化的魅力。

以传统典故完善大学传统文化教育，回归了中华优秀教育传统。中华优秀文化传统不仅是指其具体的内容，如以天下兴亡、匹夫有责为重点的国家情怀，以仁爱共济、立己达人为重点的社会关爱，以正心笃志、崇德弘毅为重点的人格修养，而且包含着那些承载或者传达具体内容的形式。内容和形式具有辩证性，没有内容的形式，易流于空洞；没有形式的内容，则行之不远；特定的内容要求相应的形式。继承中华优秀文化传统应该是内容与形式的统一。中华民族对核心价值观念的教育传统不以形而上学的思辨为重点，而是以叙事为中心，在对具体的人、事甚至物的阐述中，表达其观念、思想和智慧。《论语》既是孔子及其弟子的对话录，也是后儒用作教育的文本。但是，黑格尔批评《论语》"里面所讲的是一种常识道德，这种常识道德我们在哪里都找得到，在哪一个民族里都找得到，可能还要好些，这是毫无出色之处的东西"。他批评"孔子只是一个实际的世间智者，在他那里思辨的哲学是一点也没有的——至于一些善良的、老练的、道德的教训，从里面我们不能获得什么特殊的东西。"[①] 黑格尔立

---

① [德]黑格尔：《哲学史讲演录》（第一卷），商务印书馆1959年版。

足于思辨哲学立场的批评确实有其道理。但是，他忘记了中西方思想家理解教育上的一个重要差别。这就是中国思想家所追求的教育目标，不是为知识而知识，不追求抽象的、宏大的且缜密的理论体系，而是强调教育所传导的知识对人伦日用和工商耕稼的解忧和满足。因此，在教育方式上，中国思想家就不会太玄远以致远离了人们的日常生活，而是要扎根在百姓可见可感的生活实践中，通过"故"事或者"活"例，体现知识或者思想的实用性价值。传统民间教育的主体基本是叙事教育，是故事在民间的世代流传。人们在讲述、复述和聆听故事的教育实践中，接受文化的熏陶。《三字经》则将经典的故事凝练成琅琅上口、易读易记的话语表达。以叙事为中心的中华优秀教育传统将核心价值观念内隐在经典的故事中，在潜移默化中改变受教育者的价值观念，是一场温柔的心灵革命。传统典故的实质就是一则则充满了思想或者智慧的故事。以传统典故完善传统文化教育，是对中华优秀叙事教育传统的回归。

  以传统典故完善大学传统文化教育，体现了现代先进教育理念。现代教育强调回归生活，重视从受教育者的生活实践中生成教育内容和实现教育理想。同时，由于不同的人有着不同的生活境遇和生活预期，客观的生活世界就具有了千差万别的主观呈现，使得人际之间既共享着生活，又分离着生活。但不管哪种生活，都可能有其借鉴处，也有其批判点。生活主体之间的交流和互动就成为差异化生活世界中必然的选择。因此，现代教育回归生活的主张，必然催生出教育主客二元的视野，反之亦然。传统典故是一则则案例，它们是想象的产物，但有着生活的基础。因此，无论是古人还是今人，面对着传统典故中的人、事或者物，都不会感到很陌生，而是有一种由衷的亲切感和熟悉感。即使它们未必在读者的日常生活中实际发生，但是，它们都是可以凭借间接经验或者想象而感知。在"孺子将入于井"的典故中，虽然目击过小孩坠井的人非常罕见，但不妨碍我们想象自己（或者他人）置身于这种情景时的心理反应；而在"庄周梦蝶"的典故中，虽然绝大部分人不曾有过在梦中变成蝴蝶的经验，但只要做过梦，对日常经验在梦幻中变形的形象，就不会不可思议。① 这些传统典故有着深厚的生活气息和生活底色，且带着深刻的文化内涵。因此，传统典故不是简单地回归生活，而是承载着文化观念、文化思想和文化智慧。传统典故是古典思想家用作表达思想的工具，是精心设计的思想实验。但这并不表明它只蕴含着一维的理解。恰恰相反，无论是传统典故诞生之初，还是其流变之中，都隐含着多维的诠释空间。因为既然是思想实验，它们就需要不断被再

---

① 陈少明：《想象的逻辑：来自中国哲学的经典例证》，载《哲学动态》，2012年第3期。

反思甚至反复设计。这种思想属性决定了,以传统典故完善中华优秀传统文化教育时的教学立场不是"独白式"——无论是古典思想家之"独白",还是现代教育家之"独白",而必定是对话式,是师生交流和互动的过程。

二、传统典故在大学传统文化教育中的实施

传统典故虽经常被用作当代教育实践,但教育者往往以之为既定结论的例证或者注脚,而疏于或者弱于更完整地呈现它们所隐含的文化信息、文化观念或者文化智慧,使得传统典故所蕴藏的教育价值难以澄明,使得活泼生动的经典教育故事沦为呆板单调的道德说教。实现以传统典故完善大学传统文化教育,离不开传统典故的知识性考据、义理性发微、观念史考察和伦理学想象。

传统典故的知识性考据。一字多意是古代汉语的显著特色。思想家使用的字词相同,但是,在不同的语境下,表达的意思可能存在微妙的甚至重大的差异。因此,细致甄别传统典故中关键字词的具体内涵,就成为成功运用传统典故的基本前提。如在由刘清平挑起的关于儒家"亲亲相隐"的学术争论中,控辩双方着力的一个焦点就是对于"直"和"隐"的理解。在《论语》中,"直"共出现二十二次,是孔子话语中一个极为重要的概念。叶公和孔子对话的寥寥数语中,"直"出现三次,分别是"吾党有直躬者""吾党之直者"和"直在其中矣",但是,它们的具体内涵有所区别。如有学者提出,"吾党有直躬者"之"直"主要是公正、正直,但"直躬"只讲理不讲情,故为孔子所不满;"吾党之直者"之"直"代表了孔子的理想,兼及情与理,其"直"是指"直道";"直在其中矣"之"直"是率真、率直,是"直道"的具体表现。① 这种对"直"的分类和理解是否合理得当,姑且不论,但它揭示了传统典故中核心用语之隐晦复杂的事实,确是显见的结论。同样,学者们对于"隐"的聚讼纷争自古至今鲜有停歇,或将之解为"隐讳""讳匿";或将之释作"代为受过";或将之视为"洁身自好";或以之为"檃"的假借,表达"矫正"之意;或注之为"沉默""回避"。② 不同的注解和诠释,使得相同的"亲亲相隐"的传统典故,呈现出迥然有别的基本内涵和精神境界。以传统典故完善大学优秀传统文化教育,并不苛求教育者对传统典故中的每一个关键字词都要亲躬考据,这既不可能,又不必要。其不可能源于每个人知识背景的有限性,难以完整地且合理地穷尽古典世界中的字词;其不必要来自于历经中华民族千百年的学术考据,

---

① 梁涛:《"亲亲相隐"与"隐而任之"》,载《哲学研究》,2012年第10期。
② 裴植:《"父为子隐子为父隐"新解》,载《孔子研究》,2009年第3期。

传统典故中歧义的字词所隐含的多维指向，已经基本开掘。但是，无需教育者亲躬考据的事实，并不排斥教育者面对传统典故时的考据的态度。这就是客观地呈现围绕传统典故所展开的知识性考据论争，为受教育者提供选择的路径，而不是代替选择。

传统典故的义理性发微。古典思想家讲述故事的目的，不是为了娱乐而是旨在传达思想。故事看似轻描淡写或者漫不经心地托出，但其实总是经过精心设计和巧妙安排。人们从这些故事中直接感受的思想冲击正是思想家渴求传导的思想观点。结论其实早已预先被安置在故事之中。后世学人围绕传统典故的孜孜不倦的知识性考据，根本追求是要尽可能逼真地还原这些故事背后的思想或者义理。它们才是典故得以成为传统的真谛。"孺子将入于井"的传统典故之所以精彩，是因为孟子将人之善良本心的义理，放置在作为弱者象征的"孺子"身上，呈现在突如其来的"将入于井"的危险处境中。客观的不幸遭遇和主观的弱小生命形成强烈的反差，使"路人"萌生出"不忍人之心"。孟子并没有详细刻画出"不忍"的道德情感状态，这不仅是源于语言苍白和情感丰富之间的强烈反差，而且是因为它是行动者的常识性情感体验，无须刻画而只需反观。如果行动者无睹于他者特别是幼弱者的痛苦而体泰心安，就是麻木不仁。这不仅是生理病，而且是伦理病。以传统典故完善大学优秀传统文化教育，必然要求教育者能够将这些传统典故所力求表达的思想或者义理展现出来。这并不是特别艰难的重负，因为传统典故的诱人之处，恰是其以简约的形式表达深刻而不远人的思想。义理跃然于文字表述之上。教育者对传统典故的运用应充分尊重所出文献的整体思想，而不能过度以现代化或者西方化的概念、逻辑或者理论，去解释古典的思想世界。解释过度或者解释不足，都是面对传统典故不负责任的体现。在"以羊易牛"的典故中，齐宣王利用其地位可以"舍牛"，而牵牛者没有这个权力，尽管他可能比齐宣王更加充满了"不忍"。因此，由于地位等外在因素的差异，使得一个人成为圣人或者好人充满了偶然性。这就点出了道德运气的问题。但这种现代式的挖掘显然不是"以羊易牛"所属《孟子·梁惠王上》的显在或潜在要表达的主题。教育者就不宜随意做出扩大化解释。

传统典故的观念史考察。思想的诞生和流传总有其生活世界的背景。传统典故所传达的思想或者义理，即使被后世证明为具有超越性的普遍价值，但它们首先必然同其所处的古典生活世界有关，是彼时世界模式特有的秩序、规则、经验和智慧的反映。传统典故的观念史考察的实质，就是从古典生活世界出发，同情地理解传统典故所传达的思想或者义理，而不是以现代世界的观念曲解古典世界的思想。在孟子"窃父而逃"的传统典故中，舜父因杀人而被皋陶抓捕入狱；舜放弃王位而将父亲窃负到海边，享受着乐以忘天下的生活。如果按照现代世界的观点，那么，舜是徇情枉法，是把父子亲情摆在至高无上的位置，将它凌驾于社会生活的法律规范之上，为了营救自己的亲生父亲，不惜牺牲正义守法的普遍准则，放弃"为民父母"的天子使命。① 但是，这种解释混淆了舜的生活世界与当代生活世界的差异及其引发的社会观念的区别。解释者在不自觉地以当代生活世界中"法律""天子""正义"和"父子"的观念去诠释舜的生活世界中的同类概念所隐含的观念，而不是在舜的生活世界去理解"法律""天子""正义"和"父子"的所指。以"法律"为例，无论是中国古典时代，还是古希腊时代，它不仅指制成条文或者刻成文字的实在法，而且泛指一切有效的社会规范。当亚里士多德在最广泛的意义上说一个正义的人是守法者时，他所使用的古希腊语中的"法"（nomos）不是实在法，而是泛指协调人类交往的社会规范。因此，正义不只是同一个社群的立法者颁布的成文法有关，而是同更广泛的社会规范有关。这些规范治理着所处社群的成员。一个正义的人已经将基本社会规范内化，成为守法者。同样，无论是古典的还是现代的生活世界，总是具有多维性。虽同为"亲亲相隐"的故事情节，但在《论语·子路》《庄子·盗跖》《韩非子·五蠹》《吕氏春秋·当务》和《淮南子·泛论》等不同的文本中，具有了不同的命运。而"亲亲相隐"受到肯定的生活世界中，"大义灭亲"也成为受推崇的道德观念。在任何生活世界类型中，社会观念都具有多元性。因此，教育者不仅要考察特定传统典故所传达的社会观念，而且要兼及其变异者与反对者。这些传统典故的变异者与反对者的当代理解，会增进对彼时社会观念整体且更真实的把握。

传统典故的伦理学想象。中华传统文化总体上以伦理为本位，直接反映的是中华民族古典生活世界特有的道德秩序和伦理规则，但是，它之所以被后世不断地诠释，在于它们具有了一种超越性的思想力量，揭示了一种伦理现象、一则伦理冲突和一则伦理智慧。因此，后世对待传统典故的态度和立场就不能仅仅是传统古典式的，而且必须借助人类思想发展的力量，特别是伦理学的思考力量，展开伦理学想象。在齐宣王"以羊易牛"的典故中，人们的解读往往集中于牛被释放的仁慈结果，而忽视了整个仁慈过程。从齐宣王的角度来看，他是先看到了"觳觫"之牛从他眼前经过，"王见之"；随之产生了不忍之情，"吾不忍其觳觫"；并最终做出了"以羊易牛"的选择，"舍之"。这种在时间和逻辑上自有其序的三段论，行动者对他者痛苦的认识（同情），行动者对他者痛

---

① 刘清平：《美德还是腐败?》，载《哲学研究》，2002年第2期。

苦的拒斥（不忍），行动者减缓他者痛苦的尝试（行善），构成仁慈的基本结构。随之而来的问题是，同情作为行动者对他者痛苦的感受，与他者经历的痛苦具有什么关系；我们借助休谟、斯密、叔本华和泰勒的思想遗产，如何刻画出同情的意向体验；行动者未能由同情之感发展出不忍之情、由不忍之情外化出不忍之行的制约性因素是什么；齐宣王"以羊易牛"的仁慈本质是他爱还是自爱；他爱和自爱在中国传统文化中的地位是什么。此外，"衅钟"是当时的社会祭祀仪式，代表着社会规范，隐喻社会公正。"以羊易牛"完成"衅钟"，体现了齐宣王对社会规范或者社会公正的优先性。尽管牛和羊同为人之外的生命，原则上有着同等的道德地位，但是，牛之独特之处在于它为齐宣王所见，而羊则为齐宣王所未见。这种视觉上的差异产生的重要的道德事件是，牛转变为特定生命形式的牛，而羊依然是一般的生命存在。齐宣王对牛的仁慈代表着特殊主义，而对羊的仁慈则是普遍主义。因此，齐宣王"以羊易牛"不仅有着仁慈与公正之间的冲突，而且潜藏着特殊仁慈与普遍仁慈之间的矛盾。[①]

三、传统典故在大学传统文化教育中的价值

《完善中华优秀传统文化教育指导纲要》对我国小学、初中、高中和大学的优秀传统文化教育提出了不同的要求。大学阶段要"增强学生传承弘扬中华优秀传统文化的责任感和使命感""辩证看待中华优秀传统文化的当代价值"。传承和弘扬中华优秀传统文化的实质是要在新的历史条件下批判性继承中华优秀传统文化，其前提是对中华优秀传统文化的同情的理解。而只有落实到中华民族的文化实践和世界文明发展的土壤中，才能够更清晰地理解中华优秀传统文化的当代价值。因此，大学阶段的中华优秀传统文化教育，内在地要求培养学生对中华优秀传统文化同情的理解能力、批判的继承能力、文化的历史眼光和文明的全球视野。以知识性考据、义理性发微、观念史考察和伦理学想象为内容的传统典故教育，可以有效地实现这些教育目标。

同情的理解能力。根据梁漱溟的观点，"同情的理解"就是人们首先必须对中华传统文化怀有"敬意"，把它看成是"天理"的载体，世界上最优秀的文化形态，尽管它存在这样或那样的问题，譬如没有发展出西方式的民主与科学，物质文明也很落后，但是本源上它不存在任何的不足。然后，遵循"六经注我"的路子，依据自己对中华传统文化所怀的"敬意"，来解释中国历史文化，体认

---

① 请参阅童建军、马丽：《"以羊易牛"与仁慈美德》，载《道德与文明》，2013 年第 4 期。

它的根本精神及其价值。"同情的理解"中华传统文化，是否就要视之为世界上最优秀的文化形态，暂且不论。但是，不以今人的眼光遑论古人的视野，而是强调历史地审视传统文化的优劣，却是一个基本的学术立场。传统典故首先反映的是中华古典世界社会生活的特有规则，自有其产生的土壤和适应的时空。沧海桑田，时代在变。创设规则的人已经远去，适用规则的社会已经不再。今人面对的只是古人遗留的一堆既成的文字材料。且严格来讲，每一个社会都有其特定的用语规则，相同的字词在不同的社会所表达的含义可能都不同。因此，经由静止的文字进入古人流动的社会生活，设身处地般去理解古人的生活规则与社会秩序，艰难而重要。西方社会有重要的解释学流派，中国有历史悠长的注经传统。文本或者经传之所以需要解释，是因为前人的文字所表达的含义有其待阐明之处，且社会生活的实践本质决定了社会的变动性，必然会对旧规则有新的阐发，以适应新的实践。无论是解释，抑或注经，虽然后人的创见是否高远决定了经典诠释的深浅，但是，根本的前提是对前人所创造文化或者思想的同情的理解能力。这种能力不仅表明后人的一种品质，更是为了逼真地走进古典的生活世界。

批判的继承能力。在一般语义上，"批判"主要包含三层意思：批示判断；评论、评断；对所认为错误的思想、言行进行批驳否定。① 经过"文化大革命"后，"批判"成为日常生活用语中不太美好的词语，成了你死我活的斗争或者无情彻底打击的代名词，这纯粹是历史的误会和扭曲。如果从哲学的层面对"批判"的要旨做出概括，其主要是方法论意义上的反思、扬弃和超越的思维方式。我们对传统典故的同情理解，不是为了理解而理解，不是脑海中的思想体操，而是为了更好地在更完整地呈现传统典故真意的基础上，挖掘其价值，寻找其普遍的精神力量。批判的继承反对全盘接受和全盘否定，而是主张在理性辨明真伪的基础上的扬弃。传统典故所隐含的社会生活的规则或者文化智慧或者人生经验，即使在当时的古典社会有其适用性，但是随着时代的变迁和社会的更替，也会显示出其合理性、非理性或者反理性。这就需要时刻保持理性的反思和批判的态度。只有在同情的理解基础上，运用理性的力量，加以批判的继承，才能做到真正取其精华，去其糟粕。"亲亲相隐"的传统典故，在《论语》中的表述是，面对"攘羊"的不道德行为，"父为子隐，子为父隐"（"直躬证父"）；但在《孟子》中不同的版本是，舜王窃父逃到海边（"窃父而逃"）。这两个不同版本的"亲亲相隐"揭示的一个共通的思想主题是古典社会对血缘亲

---

① 《汉语大词典》第6卷，汉语大词典出版社1990年版。

情的推崇。但是，这两个版本的传统典故之间的差异在于，孔子处理的是日常生活中屑小的道德难题，本质上是"家"的伦理；而孟子遭遇的是政治生活中重大的道德困境，根本上是"国"的伦理。在"直躬证父"的典故中，"子"只是"子"，对父子亲情负有责任。而在"窃父而逃"的典故中，舜不仅是"子"，而且是"王"，其责任对象不仅有父子，更有天下。现代社会应该心平气和地接受孔子似的"直躬证父"，而理直气壮地反对孟子似的"窃父而逃"。既在私人生活领域维系亲情，又不能以公共权力干扰司法公正。

  文化的历史眼光。文化人类学者E.泰勒提出，"文化是包括知识、信仰、艺术、法律、道德、习俗以及其他作为一个社会成员所必须具有的能力和习惯的总和。"[①] 文化既是有形的，也是无形的，它可以通过物质实体、社会范型来表达，亦可通过思想意识、制度理念来体现。因此，文化尤其是文化传统对人的影响方式，才具有渗透到每个人的毛孔、流淌到每个人的血液中之功能。文化同人类生活的内在关系极为紧密。梁漱溟把文化直接定义为"人类生活的样法"。因此，人们为不同的文化所萦绕着，彼此就会有不同的生活样法。钱穆说到，"文化是一个民族生活的总体，……不是指每个人的生活，也不是指学术生活，或经济生活、物质生活、精神生活等。它是一切生活的总体。英国人有英国人的生活，德国人有德国人的生活，印度人有印度人的生活，……这个生活就是它的生命，这个生命的表现就成为它的文化"。[②] 传统典故不仅是经典的故事，更重要的是它在历史的流变中已经成为民族传统。而只要是传统，就会对当下的实践产生历史的预制。反言之，每个民族即使共享着共通的原则，其实践也会自有其特殊性。这种特殊性就来自于每个民族在进入社会实践时面对的不同的前提。这些前提既有自然地理的，也有历史人文的。因此，传统就构成了每个民族当下实践的前提。只有澄清前提，才能理解每个民族的实践特色。西方社会以"分粥"原则例证社会正义实现的前景。据此，当分粥者是最后取粥者时，就能够实现分配的公平正义。这种将人从各种社会关系中抽象化和剥离化的思维方法，不是中国传统文化中主导性的方向。中国文化对人的理解不是原子式，而是基于关系。人一生下来就生活在关系的网络之中，成为网络上的结点，自有其职分。在这种关系本文的文化传统中，受到崇尚的不是"分粥"，而是"让梨"。孔融是分梨者，也是最后一个取梨者。他将大的梨给了兄弟，而唯独给自己留了最小的梨。这个结果显然不公正，但是充满了道德温馨。

---

  ① 周大鸣：《现代人类学》，重庆出版社1990年版。
  ② 钱穆：《从中国历史来看中国民族性及中国文化》，香港中文大学出版社1979年版。

无论是否愿意，我们生而浸润在传统的熏陶中，生活在传统的"掌心"中，经受着传统惯性的推拉。这是无法逃脱的"命定"。它使得人类文化的发展主要地不是表征为普遍的和制造的进程，而是呈现出经由历史延续而培育的特征。

文明的全球视野。传统典故虽诞生于中华民族的历史文化土壤之中，但是，它所包含的故事情节或者隐藏的思想观念可能具有普遍性。"直躬证父"的典故无疑始出于孔子，并在庄子、韩非子和孟子那里得到了不同版本的流传。即使是中国传统文化内部，不同的思想家对于"直躬者"具有不同的态度和立场。但是，跳出中华民族文明之外，西方文化传统中也有着类似的"直躬证父"的例子。柏拉图的《游叙弗伦篇》记载，游叙弗伦告诉苏格拉底，他要起诉自己的父亲犯了杀人罪，苏格拉底称之为只有那些拥有极高智慧的人才会这样想。这就给出了不同于孔子和孟子的答案。或许传统典故的情节中西互异，但是，如果中华民族传统典故蕴含的思想观念，放置在更加宽泛的世界文明框架内去解释，那么，会显示出更加充分的思想力量。"孺子将入于井"点明人皆有恻隐之心。但是，由于中国古典思想家不着力于理论思辨，因此，这则典故虽具有顿悟人心的冲击，但是，缺乏逻辑的力度，例如它尚未刻画出恻隐的意向体验。而西方的情感现象学却提供了有益的思想资源。休谟将同情理解为"将他们的感受注入"我们自己之中，斯密把同情在根本上视为是"与受苦者设身处地"，胡塞尔将同情刻画成"为他在受苦而苦，因他在受苦而苦"。耿宁则提出，"我们这样担惊受怕，不是因为这个处境被体验为对我们是危险的，而是因为它是对另外一个人而言是危险的，我们是为他者担惊受怕，我们倾向于做某事不是针对自己，而是针对对那另外一个人而言的危险处境。"① 因此，"孺子将入于井"所激发的"恻隐"，根源于"将入于井"的危险处境，而不是源于"孺子"的苦难。事实上，懵懂未知的"孺子"可能从"将入于井"的危险处境中，体验的不是苦难，而是新奇与快乐。因此，聚焦中华民族的传统典故，不必然摒弃与世界文明谱系中传统典故的对话。恰恰相反，只有在世界文明的比较中，才能更清晰地理解特有的故事情节或者思想观念的深远价值。

完善中华优秀传统文化教育是一项长期的、复杂的和艰巨的系统工程。它不仅需要文学诗歌的熏陶，也需要美学艺术的提升，更需要哲学思想的启迪。中国古典思想家经由观人、说事和论物而传达思想智慧，通过日常生活经验言简意赅的点化而开悟道德心灵的教育传统，对于当前完善大学阶段的中华优秀

---

① [瑞士] 耿宁：《孟子、斯密与胡塞尔论同情与良知》，陈立胜译，载《世界哲学》，2011年第1期。

传统文化教育具有极其重要的理论价值和实践意义。

第二节 文献阅读与"中国近现代史纲要"研究型教学的探索

阅读文献是探索性的学习过程，是学生成长过程中培养起来的新型学习方法，也是老师教学理念、教学方法和手段更新的体现，是研究型教学探索中具有可操作性的教学方法，不仅有利于学生通过自主学习和积极思考，更是一种指向，一种境界，是思考的力量，是精神的沐浴，是人生的涵养、丰富和提升。

一、文献的选择

"中国近现代史纲要"是全体大学生必修的公共思想政治理论课，它的主要任务是通过讲授中国近现代的历史，帮助大学生了解国史、国情，确立并增强对于共产党、对于马克思主义、对于社会主义的信念。"纲要"虽然不是专业的历史教学，但仍然要用事实去阐明中国近现代历史的基本问题和相关的理论观点，做到"于序（叙）事中寓论断"。所以，教材在每一章列出阅读文献，文献阅读使课程内容得到丰富和加强，有利于学生开阔视野，培养学习兴趣。在"纲要"研究型教学的探索中，文献阅读是重要的教学安排，是教师在自由、开放的氛围中以学术的思维和态度开展教学工作的重要依托，是学生开阔眼界，增强认识和分析历史的能力，将中国近现代史的学习提升到更高的层次，在思考和探究中学习、受益的前提和基础。

近现代史的文献浩如烟海，教材在每一章都列出了阅读文献，任课教师可在教材每一章所列阅读文献的基础上就研究型教学的课程安排和实际需要再做取舍和增减。对于研究型教学而言，阅读文献的选择在于阐述历史事实，用历史事实阐明中国近现代历史的基本问题和理论观点，加强"纲要"课程的理论思辨性。也就是说，"纲要"课的理论阐述是建立在叙述史实的基础上的，文献阅读的作用在于按照历史学的逻辑方法来达到"纲要"课程的教学目的。对于阅读文献的选择，首先，研究型教学要求文献的宽广视野，注意选择联系时代特征、国际格局和世界大势论说中国问题的文献；其次，研究型教学要求文献的内容丰富，不能仅限于政治史，要注意选择对各个时期的经济、文化发展有所反映的文献；再次，研究型教学要求文献的比照意义，注意选择能够提供比较（包括各种社会力量的政治主张、建国方案的比较，各种社会思潮的比较等）的文献；最后，选择文字表达准确、鲜明、生动，既具有可读性，又具思想性的文献。比如第一章"反对外国侵略的斗争"的阅读文献包括：①马克思：《英人在华的残暴行动》（1857年3月）②列宁：《对华战争》（1900年9~10月）③毛泽东：《把我国建设成为社会主义的现代化强国》（一）（1963年9月）④孙中山：《檀香山兴中会章程》（节选）（1894年11月24日）⑤《辛丑条约》（1901年9月），可以根据教学型教学的要求从中选出必读文献《英人在华的残暴行动》《对华战争》《辛丑条约》。这些文献视野广、涉及面宽，很好地将历史人物、历史事件、历史发展的"点、线、面"相结合，将关乎全局性的核心问题和历史的细节相融合，培养学生辩证唯物主义和历史唯物主义的思维方法，条分缕析，在对历史事件做纵向和横向的比较中，发现问题，分析问题，辨明史实，学习理论，消除疑惑，思考意义。可以说，文献阅读以最翔实的资料教会和引导学生理解历史的逻辑，理解中国近现代历史发展的进程及其规律，调动学生自主学习的积极性，赢得学生对课程的兴趣，提升学习的水平。

　　需要注意的是，研究型教学要围绕课程主题和主线选择文献。"纲要"课是以历史课的形式出现的思想政治理论课。虽然研究型教学一定程度强化了"纲要"课程的历史学学科特征，但"纲要"课属于思想政治理论课而不是专业历史课，它所承担的不是单纯的历史教育功能，而是鲜明的、突出的思想政治教育功能，理论性是它的根本属性。所以，研究型教学中的文献选择也要根据思想政治课的要求进行，不同于一般的专业历史课程，教学中的政治导向非常重要。近代以来，中华民族面临着两大历史任务：一是求得民族独立和人民解放；二是实现国家繁荣富强和人民共同富裕。为实现这两项根本性的任务而斗争，就是中国近现代历史的主题和主线。突出、把握这个主题主线，认识历史发展的规律，深刻领会历史和人民的"三个选择"，这是《中国近现代史纲要》教学中最根本的要求，也是文献阅读这一教学安排不可偏离的主旨。所以，相关历史文献的选择和阅读以还原历史的本来面貌，"求真"为基础，以"求信"为根本要求，注重文献对价值观念的引导，树立正确的历史观，坚定大学生的政治信仰，凸显思想政治理论课的特征。文献选择必须恰如其分地处理好历史性和理论性二者的关系，不能以学术研究的名义，以还原所谓"历史真相"误导学生。选择文献要将历史学科的特性与思想政治理论课的价值导向性有机结合，引导学生做到"两个了解"（了解国史、了解国情），深刻认识"三个选择"（历史和人民怎样选择了马克思主义，怎样选择了中国共产党，怎样选择了社会主义道路）的必要性和正确性。

二、文献阅读与教学专题

由于"纲要"课程内容的高度概括性,在实际教学中进行专题式讲授是必然的选择。一般而言,教学专题的构建体现教材体系向教学体系的有效转化,是教学工作的重要起点。研究型教学对教学专题的设计提出更高要求,既要符合教学大纲和教材的要求,也要具有历史的深度和进一步思考、探究的价值,还要和学生的知识基础、思维方式、心理特点相接轨,尊重学生自由思考的权利,培养学生的理论兴趣。研究型教学的教学专题设计既要以课程的主题主线为核心,还要兼顾近现代史上的经济、文化、社会等一些重要问题,着眼于课程内容的延伸与拓展,注重讲授学术动态、更新历史观念,引导学生对历史规律和逻辑的把握。所以,研究型教学的教学专题设计首先是体现问题意识,具体问题贯穿教学专题,教学专题具有一定的研究意义和讨论价值。通过研讨,能对学生提出的各种意见、想法、观点做到积极反应、细致分析、高度归纳。其次,教学专题的设计不再只是传统的教师教学工作的一部分,而是有学生的参与,让学生发现问题,解决问题。鉴于此,文献阅读对于研究型教学的意义在于其成为有针对性的、更专业的、能够解决具体问题的教学专题设计的一部分。研究型教学首先要求学生在阅读文献的基础上梳理历史、提出问题,教学专题的设计必须贯穿问题、解疑释惑;其次,问题的解决立足于求真,以历史学的基本方法和逻辑,通过第一手的文献资料把真实的历史呈现给学生,依靠确凿的史实得出基本结论;最后,文献阅读让学生真正近距离地触摸历史,以学术为依托,避免空洞说教,有效地提升"纲要"课的教学品质。如前所列第一章"反对外国侵略的斗争"的阅读文献,这些文献的阅读围绕着"为什么说鸦片战争是中国近代史的开端?""资本—帝国主义的入侵给中国带来了什么?""近代中国进行的反侵略战争具有什么意义?"等核心问题,回答列强带给近代中国的是"军事侵略、政治控制、经济掠夺和文化渗透",有力驳斥"侵略有功论",将问题意识带进文献阅读中,将问题的解决融入专题讲授中,以文献回答问题,以问题构建专题,形成对近代以来中国历史发展的内在规律的正确认识和判断。通过文献阅读,教师不仅围绕中国近现代历史的主题和主线设置教学专题,同时教学专题涵盖文献涉及的具体问题,有针对性地澄清学生在学习中遇到的难点和疑点,引导学生进一步思考;另一方面,学生通过文献阅读,可以更有效地开展讨论交流,培养科学的学习方法,也以文献阅读辐射到学生所关心和关注的热点问题以及在学习中遇到的难点问题。比如通过《英人在华的残暴行动》的阅读,获知马克思对英国侵略者肆意屠杀中国无辜平民、抢掠财富的野蛮行径的严厉谴责，对中国人民反抗列强侵略英勇斗争的支持和赞扬，就能够有理有据地对"侵略有功论"进行有力驳斥，思考反侵略战争的意义，在研讨中形成真正有说服力的结论。

所以，虽然教材高度浓缩，但以文献阅读作为有效的切入，加强了课程内容与学生自主学习的联系，关注学生的学习兴趣和经验，可以有针对性地解除疑惑、解决问题。引导学生回到历史中去学习、去思考，不泛泛而谈，将问题讲深、讲透；拒绝说教，让学生在了解历史"是什么"的基础上，学会思考"为什么""怎么办"，特别是对一些有争议的历史问题、历史人物，在各种出版物、网络信息的大量重评、解读中，学生往往受到所谓新观点的强烈冲击，固执地认为自己很有想法。通过文献阅读，学生发现问题，解决问题，事实上和老师一起完成了一个教学专题的设计和学习，以探索、求实的研究态度，真正回到历史的场域中学习历史、思考历史、感悟历史。

三、文献阅读与讨论课

研究型教学是将研究的意识与讨论的方法贯穿于课程始终的研讨式教学，有利于培养和锻炼学生分析问题与解决问题的能力，创新自我教育机制。当代大学生最大的特点是自我选择性极强，很少对某种理论、观点盲目认同，不愿人云亦云，乐于展示自己的思想，接受通过争论和碰撞形成的观点。事实上，人文学科、社会科学最基本的学习方法就是自由讨论，讨论课是最能引起学生共鸣和兴趣的教学方式。

作为研究型教学的最重要教学方式，讨论课是一个认知过程，一个知识重建过程。讨论课有助于创设自由开放的研究情境，成为表达观点、碰撞思想的有效途径，让学生在自我学习和相互交流中实现自我教育，自我提高，培养思考问题和解决问题的能力。讨论课摒弃的是教师全程灌输、"一言堂"，提倡的是群言式的研讨，尊重学习者的主体地位，发挥学习者的主体作用，充分调动其主体性、积极性和创造性。一堂深入、积极、有效的讨论课的功夫远在讨论开始之前，文献阅读是一堂成功的讨论课的关键。成功的讨论课一是让学生开口，谈自己的看法，从思想上、行动中打破标准答案的束缚；二是老师的引导，老师绝不能表现出对知识的优越感和居高临下的姿态，也不能任学生信马由缰。事实上，学生能否开口和老师引导讨论是否成功都取决于通过文献阅读打下的基础和文献阅读后形成的思想碰撞达到的高度。现代大学生生活在信息化、网络化时代，他们接受知识和信息的途径非常广泛，但往往是片断的、零碎的、不系统的。他们以一种快餐式的或影像式的，甚至娱乐式的方式了解历史、认识历史，获取速成的历史知识，浅尝辄止地吸收多元的观点。文献阅读是让学生回到历史中去探究、学习的最好途径，引导学生以历史唯物主义的方法分析历史事件、评价历史人物。在阅读文献的基础上，讨论课很好地将教学目标与学生的身心特点和实际要求结合起来，强化学生的主动性、参与性与创新性，课堂讨论能够让学生较全面、系统地认识近代中国，在深入思考中、在不同观点的碰撞中获得对近现代历史的全新认识，从课程中真正受益。讨论课一般包括选题、发表个人观点、小组交流、课堂讨论、讲评总结等步骤。课堂讨论的开展，论题择定至关重要，这是学生能够与教师交流、互动的基础和平台。教师要给学生设定大致研究的范围和关注问题的方向，或者明确提出若干个选题，但教师制定选题主要以教材和教学目的为依据，可以比较宽泛，目的是为学生留下研究、思考、关注问题的足够空间，学生可以人物、历史事件、历史文化、思想、评传等方面作为研究的逻辑视角。论题大致选定后，教师将围绕论题的文献、研究中的各派观点提供给学生，学生还可分组、分任务查找资料、提炼观点、比较系统地梳理历史事实的基础上进行评论，阐述自己的观点。一系列阅读、思考，小范围交流后再组织课堂讨论。比如第三章"辛亥革命与君主专制制度的终结"，我们在讨论课前布置的阅读文献是：①列宁：《中国的民主主义与民粹主义》（1912年7月）；②毛泽东：《纪念孙中山先生》（1956年11月12日）；③孙中山：《〈民报〉发刊词》（1905年10月20日）；④《〈民报〉与〈新民丛报〉辩驳之纲领》1906年4月28日；⑤孙中山：《建国大纲》（1924年4月），其中必读文献是《〈民报〉发刊词》《中华民国临时约法》《建国大纲》。围绕这些阅读文献，讨论选题可以为"近代中国可以'告别革命'吗？""为什么辛亥革命是20世纪中国的第一次历史性巨变？""辛亥革命失败了吗？"文献阅读的广度构筑了学生思考的空间，通过文献阅读寻找答案，同时在文献阅读的基础上，介绍学术观点，在讨论交流中"迸发思想火花"，梳理历史脉络、总结历史规律。比如列宁的《中国的民主主义和民粹主义》一文，涉及对辛亥革命的评价、孙中山制订的革命纲领是否有民粹主义色彩；讨论了孙中山"平均地权"的民生主义思想；对袁世凯为首的守旧势力的警惕性、对资产阶级软弱性的担心等问题，这一系列问题涉及多方面的史实和理论，通过文献阅读，师生在对话的语境中进行思想碰撞和交流，拓展了视野和思考空间，对于为什么会出现"告别革命论"，近代中国为什么告别不了革命，辛亥革命到底是成功还是失败了，对孙中山的评价说明了什么，民国初年军阀混战的原因何在等问题，学生们既能做出有说服力的回答，也能更好地认识、理解新观点、新的研究成果。文献阅读，提高了讨论课的针对性、实效性和吸引力，训练学生自己寻求解答的思路、科学的思维方法，启发学生对近现代历史的多角度认识，避免直接接受现成结论，充分发挥学生的主体作用和教师的主导作用，变单向注入为双向互动，很好地实现了研究型教学的目的。

再者，"纲要"教学的一个难题是课程与中学历史某些内容相重合的痼疾，如果说深入、有效的讨论课正是"纲要"真正和中学的历史课相区别的重要教学形式，那么文献阅读就是关键所在。讨论课能够让学生积极参与到中国近现代历史进程中一些历史事件和历史人物的研究探索中，能够让学生超越课本视野，历史不再是平铺直叙，而是有如此多的我们未知的历史真实，那么多的可能性、不确定性让我们去追问、去质疑、去求索。文献阅读在实践中培养学生多方面的能力，自学能力、思维能力、写作能力、口头表达能力、研究与创新能力，尊重学生的个性和创造性使学生真正"学会学习""学会研究""学会创造"，不断提高运用科学的历史观和方法论分析和评价历史问题、辨别历史是非和社会发展方向的能力，提高综合素质。依托文献阅读，研究性教学以讨论课为主要形式，通过大量阅读、小组交流、课堂讨论引导学生有效完成知识认知和重建的过程。

四、文献阅读与课后阅读及作业

研究型教学是一个师生互动、共同参与的过程，是带着问题寻找答案的探索和研究过程。通过交流探讨，化解困惑和疑问，学生主动地接受知识，开阔视野、锻炼能力，增强学习实效。文献阅读还能实现研究型教学的有效延伸，将课堂教学延伸至课外，从教师动口转为学生动手，培养学生课后进一步自主学习、广泛阅读、深入思考的习惯；同时尝试规范化的学术论文写作，培养学生解决问题的能力，提升学习能力和课程学习的水平。

研究型教学中，教师对文献阅读的指导影响着学生的思维和阅读习惯。对于一篇文献，教师一般可以从以下方面指导学生阅读。首先，文献关键的背景信息是什么？其次，文献的主要观点是什么？再次，文献关键的论点或提出的理论与其他观点或理论相比较的异同。同时，还要从文献中获得更多信息，例如文献所持观点或支持论点的证据或原因是什么？文献论点的有力之处在哪里？文献论点的弱点又在哪里？与我所掌握的其他信息进行比较等。在阅读的过程中，学生的逻辑思维能力得到锻炼，借助于概念、判断、推理等思维形式能动地、理性认识近现代史，实现从"历史发展过程"的认识到"历史发展原因与规律"探究的提升。

提交阅读报告是对学生进行文献阅读指导和检查的重要方式。研究型教学要根据课程内容的推进，围绕教学中关注、讨论、存疑的问题进行研究性的文献阅读，同时注意根据学生不同的专业背景设置思考的问题，布置有关文献阅读，撰写阅读报告。阅读报告提倡原创性和创新性，鼓励学生独立阅读和思考，建议手写完成。阅读报告一般不要求长篇大论，关键在于对文献内容的把握、阅读的心得、思考的问题、进一步阅读和关注的方向。阅读报告撰写的基本内容可包括以下几部分：①概述文献的基本内容；②就文献提及的某一个或几个问题发表自己的看法；③文献历史意义和对现实的启示进行阐述。阅读报告一般要求篇幅短小，观点精练，但同时也应着眼于学术规范的训练和培养，引导学生始终带着问题去阅读、去思考，尝试规范化的论文写作。在教学实践中，还特别需要注意文科与理科学生的区别，文科学生对有关的历史事实、重大事件和重要人物的认识和把握比较全面，研究和思考的问题涉及面比较广，写作中可以有比较高的要求，而且可以和专业学习相结合，培养学术视野、重视理论分析。但理科学生历史知识和理论的储备比较薄弱，论文撰写应该关注比较具体的问题，在对具体问题的研究和思考中把握历史发展的脉络与规律。

文献阅读，在于培养一种视野和眼光，通过对历史发展脉络的把握，学会运用科学的历史观和方法论分析和评价历史问题、辨别历史是非和社会发展方向；文献阅读，在于培养一种素质和能力，通过对历史事件、历史人物的多角度分析提高学生的综合分析能力，让学生学会全面地分析问题、辩证地思考；文献阅读，在于培养一种态度和习惯，虽然许多历史问题已有定论，但是历史学习不是死记硬背，而是引导学生学会提出和解决问题，培养善于质疑、独立思考的态度和习惯。

第三节 "问题拓展"教学法在"概论"课教学中的运用及探讨

把经典著作纳入高校思想政治理论课的教学内容中，是让理论回到原点的有效路径。而将"问题拓展"教学法在教学过程中积极运用，则是力求培养学生分析问题、解决问题的"内功"，将"授人以渔"与"授人以鱼"统一起来，鼓励学生独立思考、引导学生正确思考。

一、"问题拓展"教学法理论依据及其作用

"问题"教学法是思想政治理论课教学常用的方法。该方法是将教材中的理论以"提出问题、讨论问题、解决问题"的方法,改变教师单向的说教、学生被动参与为师生双向交流、相互促进的教学方式。① 这种教学方法提高了学生的课堂教学参与率,但它忽略了在课内、外教学中对学生理论创新能力的培养。在知识经济社会,人的最重要能力是创新。作为培养人才主渠道的大学教育,就要求大学生不仅有渊博的学识,而且应具备很强的创新能力。

"问题拓展"教学法就是适应这种需要,锻炼、培养大学生创新能力、合作能力的一种教学方法。"问题拓展"教学法是以一个问题为中心的发散式的教学方法,它是适应形势的需要对"问题"教学法的发展。其以调动学生的积极性去解决问题为宗旨,融入了发挥学生开拓性思维的要素,使学生团队在多学科之间形成交流、冲撞、融会贯通,锻炼学生的创新能力和协调能力、团队合作能力。

"问题拓展"教学法的运用是建立在"认知建构主义"的教育理论基础上的。瑞士心理学家皮亚杰(J. Piaget)最早在认知发展领域提出了建构主义思想。他认为,儿童是在与周围环境的"同化"与"顺应"的相互作用的过程中,逐步建构起关于外部世界的知识,并在"平衡——不平衡——新的平衡"的循环中不断地丰富、提高和发展认知。在皮亚杰的这一理论的基础上,科尔伯格、斯腾伯格、卡茨、维果斯基等人对建构主义理论进行了丰富和完善,为建构主义理论应用于教学过程创造了条件。建构主义的教学观认为:教育过程不是把外部存在的知识生硬地灌输到头脑中,而是一个在教师和学生对已存认知、世界的意义进行互动性的建构过程;是在已有知识、经验的基础上,通过与外部环境、社会互动而做出新的理解的过程。② 学生的知识建构以情境为基本条件,通过教师与学生之间、学生与学生之间、学生与社会之间的协作和会话的具体过程,最终达到最大限度地促进学生与情境的交互作用,主动地建构世界意义的目的。

"问题拓展"教学法与常规"问题"教学法相比,其特点在于:第一,以

---

① 黄广宇:《"问题教学法"在"两课"教学中的意义及运用》,载《思想教育研究》,2003年第7期。
② 杨秀玉:《教育实习的认识论分析:基于建构主义理论》,载《外国教育研究》,2010年第11期。

问题为主线，多学科联系教学。以一个具体问题为中心，向外拓展延伸到各学科领域，做到各学科之间相互交叉、融会贯通。第二，学生的创新能力在发散式思维中得到锻炼。在问题拓展的过程中，触类旁通，培养了学生的创新意识。第三，可以在教师之间、学生之间团队合作。当代，团队意识在人类的学习、工作中起着越来越重要的影响作用。这对多数为独生子女的大学生的团队合作能力的培养就显得尤为迫切。"问题拓展"教学法可以做到在传播知识、文化的过程中明显提高学生多方面的实践能力。

"问题拓展"教学法的运用，也与我国在高校教育中正在铺开的通识教育相吻合。通识教育是大学教育应对时代变化和社会变迁的一种反映。时代和社会在变，大学教育的理念也要随时而变、应地而变。通识教育打破常规的教育专业性较强的局限，跨越学科界限，注重提高学生的思维能力、培养学生的学习技能，这正是坚持了培养健全的全面发展的人的教育宗旨。"问题拓展"教学法在"两课"中的运用，适应了通识教育的发展趋势，进而在一定程度上促进通识教育目的达到。

二、"问题拓展"教学法在"概论"教学中的运用

在高校《毛泽东思想与中国特色社会主义理论体系概论》课的教学中，笔者尝试应用建构主义教育理论，实施了"问题拓展"教学法。具体来讲，"问题拓展"教学法操作步骤为：首先，教师根据教材和时势相结合或根据学生的兴趣点的原则设置问题。其次，学生分成合作团队，进行一段时期的多学科研究、调查、采访。再次，形成研究报告并作汇报，接受老师和同学的质询。最后，老师做出理论的提炼梳理，高度的概括。在这种师生、生生、学生与社会的互动中，大学生们做到了学习知识并运用知识。这种教学方式有助于调动学生的学习积极性，有利于培养学生的灵活性思维能力及辩证思维能力，有利于培养学生的创新能力，进而提升学生的成就感。

"问题拓展"教学法在《概论》课教学中的应用有着得天独厚的条件。首先，这门课程本身就是一个包括历史学、社会学、经济学、人类学、政治学等多学科的公共课。在《概论》教材共十五章的大篇幅中，涉及的内容非常广泛，其以马克思主义中国化为主线，包括了历史、政治、经济、文化、党建、国际关系等内容，跨学科性特点突出。其次，在共同课授课时，多数高等学校采用的是全校学生自选教师的方式。因此，基本上每个授课班的生源都是来自不同的学科专业的，经常会出现文、理科搭配的格局，这便于学生在多学科间的交流。最后，高校《概论》课教师的理论背景多样化，这与其他专业课院系教师

之间研究领域较为集中不同。《概论》课的授课教师的研究领域多分布于政治学、社会学、哲学、经济学、马克思主义、历史学等专业，其学术背景既有不同又有交叉。这使教师之间的多学科讨论、交流、借鉴成为可能。所以，在"概论"课教学中采用"问题拓展"教学法既有条件又有优势。

《概论》课程具有理论性、现实性、时效性等特点。它的教育目标是帮助学生从整体上把握马克思主义中国化的理论成果，了解马克思主义中国化的理论成果之间既一脉相承又与时俱进的关系。通过对马克思主义中国化理论成果怎样解决中国革命、建设、改革各个阶段问题的分析，帮助学生了解中国特色社会主义事业怎样在继往开来中不断向前发展，马克思主义中国化怎样在承前启后中持续向前推进。其重在培养和提高大学生的理论联系实际的能力，能够自觉地运用马克思主义的理论和方法，有目的地分析和解决实际问题。能够运用马克思主义的理论知识来分析和解决社会主义现代化建设过程中出现的新问题；提高大学生的分析社会现象、解释社会问题的理论素养和理论思维能力。

"问题拓展"教学法在《概论》课教学中的运用，正与这一教育目标相吻合。这一方法旨在教学中提高大学生运用马克思主义观点和方法分析、解释现实社会问题的理论和实践能力。例如，在讲授"中国特色社会主义文化"这一章时，笔者为了让学生更好地理解中国特色社会主义文化在经济领域中的反映及其出现的问题，设计了"中国消费文化的表现及其建构"问题。学生团队在研究文献的基础上，根据需要又分成专家采访组、网络调查组、商场调研组，经过一段时间的研究与思考、深入社会，形成了总的报告并做出演讲，在汇报时接受老师和同学的追问。在报告中他们多方位、多角度阐述了中国消费文化的问题，对消费文化做出了经济学、哲学、心理学、行为学、道德意识层面的理解，得出应该以价值观引领人们的理性消费、以社会主义荣辱观引领人们的文明消费、以民族精神引领人类的和谐消费的结论。在这一章的教学中，通过"问题拓展"的方法，做到了学科间的"拓展"、学校教育到社会教育的"拓展"、研究方法的"拓展"、知识来源的"拓展"。使学生在积极主动的参与过程中，达到了正确认识中国特色社会主义文化的战略地位和重要意义的教学目的。再如，在进行"中国特色社会主义政治"的讲授中，为了使学生摆脱掉政治性灌输的思想抵触，对中国政治体制改革、中国民主政治的特色、政府的角色定位建立起理性及直观的认知，我们设计了"建设服务型政府研究"这一拓展问题。有意愿对这一问题进行研究的小组同学采访咨询了来自本校的政治学、经济学专家，聆听了大师的教诲。同时，又对珠海市税务局进行了采访调研，最后学生们从理论上意识到：马克思的"社会共和国"人民政府的构想是建设服务型政府的直接理论指导,其根本理论落脚点是为人民服务理论,而新公共管理理论及后现代公共行政理论为服务型政府提供了治理、互动的理论依据。从实践上感受到:政府服务意识淡薄、政府与社会和公民互动性不足、公民的主体参与意识不强、政府与社会组织在利益和文化上的分歧,导致了我国在建设服务型政府时出现了瓶颈。

可见,在"问题拓展"教学法的运用中,老师、学生的功夫下在课堂外,真正地体现了"台上一分钟,台下十年功"的精神。在这一过程中,传统的教学法所忽视和浪费掉的学生之间、学生与专家之间、学校与社会的横向联系、相互对话、相互影响被体现并被重视。"问题拓展"教学法十分重视主体间的互动关系,通过学生个体之间、学生个体与群体之间思维的碰撞和交融,使教学到处闪烁着智慧的火花,许多独到的见解在由独立思考拓宽到集体思考的过程中产生,学生在共享知识、共享经验、共享智慧、共享情感中得到知识的提炼和升华。而且,团队在调研、访问的过程不仅加深了对知识的感性和理性的认识,而且提高了处理社会问题的能力、提高处理人际关系的能力。

三、"问题拓展法"在实施中要注意的问题

在实施"问题拓展"教学法的过程中必须注意下列几点:

(一)科学合理地设置问题

这是整个"问题拓展"教学中最重要的一个步骤。教师对问题的设置要精心安排,因为它事关着整个教学的成败。问题的设置要难易相当,同时既不能离开教材但又不能局限于教材,既要有理论性又要与中国的实践相结合,能引发学生研究的兴趣。如在《概论》课中的"中国特色社会主义经济"这一章的授课中,我们设置了"我国新农村建设问题",这个问题针对大一、大二的学生来讲,难度适宜,又是学生关心的热点问题。同学们带着问题深入到大学城附近的几个村镇中去,走访农民、采访村干部。这一过程既是学习的过程也是深入实践的过程。学生们对我国的新农村建设有了更深一步的了解,也加深了他们的社会责任感。

教师的问题设置是这一教学方法的成功的关键。这要求教师应不断扩大自己的知识面,努力提高自身素质。同时要具有问题意识,要在创设问题情景上多下功夫①。

---

① 刘淑兰:《"概论"课中民生热点问题专题式教学的设计与运用》,载《思想理论教育导刊》,2010年第2期。

(二) 组织有效率的团队

"问题拓展"教学法重在发挥学生之间的互动、学生与老师之间的互动、发挥学生与社会资源的互动。这一互动是否有效率,就与学生团队是否是一个有效率的组织有关。它决定着学生学习过程是否有效率。根据笔者的经验,一个有效率的学生团队最好是学生来自不同的专业,同时人数既不能太多也不能太少,从管理学角度看,一般小团队在10人左右才相当。另外,团队要有一个组织管理能力较强的队长,在团队内部做到有效的协调、沟通,做好老师的助手。笔者在《概论》课授课的过程中,曾出现本来应该做得很好的问题,但团队做出来结论却不尽人意的情况。在总结经验教训时,发现是团队内部的合作出现了问题。后来通过重新竞选的方式选了队长,效果就与前一次不可同日而语。

要组织一个有效率的团队,要求教师对学生能细致地观察、跟踪,及时发现团队问题,及时解决。也可辅助学生通过自我推荐、竞选的方式选好组长。

(三) 教师要做到高度的梳理、总结

教师要大胆放手,但不能放任自流。如果说学生的拓展、调研等是一个"放"的话,那么教师的综合梳理、分析,归纳总结出权威的答案或结论,就是一个"收"。这本身也是传授知识的精华之所在。学生拓展的过程可以说是一个课堂外的互动,而课堂的总结汇报就是一个课堂上的互动。如果缺少这一环节,这个"问题拓展"教学法的应用就毫无意义了。

教师对问题的高度梳理和总结要求教师自身提高专业素质能力和概括能力。"问题教学法"的实施效果受着教师的知识范围、工作经验、教学艺术、积极性和对问题的提升与管理等因素的影响。要善于多角度多层次地分析问题,同时还要善于发挥学生的潜力,引导学生从畅所欲言和相互辩驳中获得正确的认识。

"问题拓展"教学法是对传统的"问题"教学法的发展。其建立在建构主义教育理论基础之上,在学校与社会、教师与学生、学生与学生、学生与专家的互动中,在知识建构中认识世界。这一教学方法能更好地令学生发挥学习主动性,真正理解马克思主义中国化的理论成果。

参考文献:

[1]《汉语大词典》第6卷,汉语大词典出版社1990年版。

[2] [德] 黑格尔:《哲学史讲演录》(第一卷),商务印书馆1959年版。

[3] 周大鸣:《现代人类学》,重庆出版社1990年版。

[4] 钱穆:《从中国历史来看中国民族性及中国文化》,香港中文大学出版社1979年版。

第二篇 02
价值篇

　　价值教育是教育实践中的重要内容，也是引导高校大学生思想观念向健康方向发展的核心教育。然而，随着世界现代化的潮流、全球一体化的发展，价值教育的内容受到中西文化冲突、古今文化传承发展等多方面的影响而复杂化。本篇重点讨论价值教育与人的发展的关系、个体道德与价值共识的现代培育，以及价值教育实现的方式和可能，目的乃是将共识的价值融入现代人的全面发展当中，提升全社会道德水准和价值理念。具体的做法乃是以提升人的主体性来进行价值教育，在正视并尊重多种价值观存在的同时加强价值引导，施教者需从"传道者"转变为"同路人"。

第一章

价值教育与人的发展[*]

价值教育是基于价值理性为基础的理念教育，它的终极目标是促进人之个性自由而全面的发展。本章重点讨论价值教育在人的发展过程中的引导作用和将会达成的目标。

第一节 高校德育"回归人"的可能性与实现路径

"回归人"是改革开放以来高校德育追求的重要理念之一。"回归人"是对历史上影响过高校德育的神本、物本理念反思的结果；是中国共产党的以人为本执政理念在高等教育人才培养实践中的体现。"回归人"不是简单地回归人的经济属性、政治属性、道德属性，而是回归每个人个性自由的全面发展。"回归人"的高校德育一方面需要确立理解人、关怀人、服务人的实践理路，另一方面更需要把发展人作为高校德育目标归属。

新中国成立60多年来，实现了从半殖民地半封建社会到民族独立、人民当家作主新社会的历史性转变，从新民主主义革命到社会主义革命和建设的历史性转变；改革开放30多年来，实现了从高度集中的计划经济体制到充满活力的社会主义市场经济体制、从封闭半封闭到全方位开放的历史性转变。两个重要的历史时期、三个历史性转变的重要收获之一是人本观念的确立。在高等教育发展中，主要表现就是以人为本的德育理念的确立。该理念在教育实践中的主要表现就是满足大学生精神生活需要、关怀大学生学习和生活中的难题和矛盾、服务于大学生的成长成才。近年来，在党和政府的积极组织和推动下，人本价值已经细化到大学生学习、生活等具体的领域之中，并开始固化到相应的制度

---

* 本章作者 李辉、叶启绩、詹小美。

层。但是，在市场功利规则被泛化、跨文化互动中的主导价值受到冲击、网络空间多质信息和虚拟交往不断生成的过程中，人本价值指向的是传统的政治人、道德人，还是时下流行的经济人？是单向度的人，还是整体的人？依然值得探讨。问题追问的结果就是"回归人"的话题并没有因为以人为本的教育理念的提出和实践而终结。忽视对该问题的继续追问，势必产生如下两个结果：一是把人本抽象化，走回到抽象人性论支撑下的人论观；一是把人本片面化，走回到人的异化的现实怪圈中。

高校德育"回归人"这个命题，内涵了两个子命题。一是高校德育的价值指向是人本身，进一步而言，就是当代青年大学生。因而，以人为本的判断也就是以生为本。在这个层面上，人本观和生本观是一致的。二是高校德育的实践路径从发展器物向发展人的整体素质转变。在这个层面上，"回归人"不仅是一个观念问题，更是一个实践难题。

从理论视角而言，高校德育"回归人"之所以必要，之所以值得继续探讨，更多的是来自于生本德育观与高等教育现实之间的矛盾，是新的教育价值观与传统教育价值观指导下的教育实践之间的矛盾。

其一，高等教育执着于学术量化指标的发展思路阻碍了高校德育人本目标的实施。近年来，高等教育一直在争论自身的使命是什么这个元问题。初步的共识是高等教育的使命是培养人。然而，在市场化和国际化的背景下，高校的价值目标走向了泛功利化的误区。一些高校把能赚多少钱的经济目标作为发展目标，一些高校把科研成果的产出量作为衡量教育成就的主要指标，一些学校甚至把评比排位作为体现业绩的依据，等等。有学者这样描述到："二十世纪九十年代后期开始，中国的大学陷入到了因扩招而导致的盲目扩张的泥潭中，外延式的发展取代了本应有的内涵的建设，逐利的目标轻易地遮蔽了大学教育本应有的教书育人的功能，流水线式的人才生产成为高等教育最主要的人才培养方式。更为要命的是，在这样的背景下，大学逐渐地与'市场'自觉接轨，沦落为整个全球化格局下人才生产链上的组成部分，而不再对这样的现实产生反省、质疑，更谈不上超越。"[1] 大学三个职能中的教育、科研和社会服务没有在高等教育体制内得到平衡发展。高等教育产业化、高等教育行政化等倾向都是泛功利化的集中表现。而学术的量化和指标化的影响要比前二者更深刻更严重。学校把学术产量作为目标的导向下，学术成果中的造假、浮夸等现象自然屡禁不止。表面上，高校增加了学术产量，但是，其负面影响不仅是在教师这个群

---

[1] 刘亚军：《大学精神的失落与大学的误区》，载《云梦学刊》，2007年第4期。

体，还有大学生。学术量化在体制上弱化了德育首位教育观的现实化，在教育上片面化了教育者的责任，在学习过程中误导了大学生的自我价值观的确立。根本的影响是阻碍了人本目标的实施。

其二，大学生自我发展中重视技能素质忽视非技能素质的价值取向，导致高校德育人本目标缺少内在认同基础。早年，马克思在分析资本主义制度负面影响的时候，谈及资本对资本家和工人的双重异化。资本不仅异化了工人，也异化了资本家。异化的动力源是商品拜物教和金钱拜物教。借鉴马克思的思维逻辑，我们也可以把人们对高校德育的态度理解为双重片面化。一方面，如前所述，是对教育者的片面化；另一方面是对当代青年大学生的片面化。一部分青年大学生把工具性知识的学习放在第一位，然后是理性知识，最后才是价值知识。如果没有考试和分数的制衡，那么，世界观、价值观和人生观的修养就很容易被边缘化。"教育在向现代化的转型中发生了变异。它从指向人自身的存在，指向人的发展和完善，走向了对于外部世界的征服和占有。"① 具体表现在"教育要使人成为现代体制庞大机器上的零部件，要把人塑造成为物的手段。教育所关注的人之发展，也只能是局限于一部分'有用'知识的获得和相应的认知的发展，凡是无助于人去占有、征服对象性世界的知识经验、人格素质在当代教育中都会被边缘化，甚至被驱逐出教育领域。"② 由此，出现了一个矛盾：从物本反思中确立的人本教育观与物本惯性中的自我发展观之间难以契合，"回归人"的高校德育难以获得学习的主体的认同。

无论是教育主体还是学习主体存在的问题，其根源是社会。市场化进程的一个结果就是社会规则的市场化。市场是商品交换的场所，也是交换规则的生成空间。支撑这个空间和规则物质利益机制。市场规则与教育本性碰撞后，教育的超越性被市场弱化甚至消解了，人的回归遇到阻碍，因此，也愈显迫切和必要。经历了经济市场化进程的完善、政治民主化诉求的增强、科技信息化影响的深化，以及高等教育对教育本质理解的深入，高校德育"回归人"的可能性在增强。

第一，科学发展观是高校德育"回归人"的宏观前提。"回归人"的诉求与科学发展的价值契合是当代高校德育价值重构的重要支点。我国经历了以政

---

① 鲁洁：《边缘化、外在化、知识化——道德教育的现代综合症》，载《教育研究》，2005年第12期。
② 鲁洁：《边缘化、外在化、知识化——道德教育的现代综合症》，载《教育研究》，2005年第12期。

治为中心到以经济建设为中心的重点发展，奠定了中国特色社会主义的政治基础和经济基础。不过，在重点发展的过程中，出现的人与自然、人与人关系的矛盾也成为进一步发展的掣肘，更成为社会主义价值指向的障碍。从片面发展到协调发展，从重眼前发展到可持续发展，一方面是对现实社会发展过程中出现的问题的理性反思，另一方面也是基于经济全球化过程中对资本扩张本性的再反思。马克思提出资本具有价值增值和扩张两个基本属性。前者为资本家获得财富提供了可能，后者则产生了人与人的关系、人与环境关系的紧张。人的价值在这个过程中被异化了。马克思之后的许多学者延续马克思的思维，从不同的视角和立场探讨了人的价值被异化的表现。如卢卡奇的物化和物化意识，马克斯·韦伯的工具理性和价值理性等。

科学发展观切合现实地回答了如何发展和怎样发展等问题，但是核心问题是发展"为了谁"。这个问题的答案就是以人为本发展目标的确立。科学发展观以社会主义意识形态的影响力将在相当一段时间内成为中国社会发展的价值导向，也必然对高校德育产生影响。因为社会价值是高等教育价值的基础，也是高等教育价值现实化的有力保障。科学发展观是在反思物本和器本价值的基础上提出了人本目标的，从社会视角回答发展的价值归宿是人不是物。同样，高校德育也在服务于人还是服务于物的选择中寻找自身的价值定位。服务于人的高校德育一直受到服务于物的高校德育理念的现实制衡，无法得到现实的支持。这些年来，高等教育在集中讨论大学是什么，大学的使命何在等问题。大学不是知识的复制机器，而是培育人的创造能力的场所；大学不是职业训练场，而是学习、生活和精神养成的场所；大学不是与世隔绝的象牙塔，而是社会结构中的组成部分，等等。所有这些共识都集中到了人本身。高校德育"回归人"已具备了良好的社会基础。

第二，人才战略工程的实施是高校德育"回归人"的政策基础。社会发展的资源依赖大致经历了自然资源依赖、资本依赖、人力资源依赖等几个阶段。自然资源为农业文明和工业文明提供了重要的发展条件；资本则成为主导着工业文明的主要力量；人力资源是知识经济发展过程中被提出和被重视的新的资源形态。这种资源直接来源于人本身，来源于人的主观能动性的外化程度。正是在这个发展的认识中，21世纪的竞争被定位为人才的竞争。人才战略成为国家发展战略的重要组成部分。高校是人才培养的主要基地，人才战略工程自然也使得社会发展的聚焦点集中到了高校。

人才战略工程的实施不可回避的一个问题是：什么是人才的要素？换言之，对人才的理解应该是什么样的？人的素质存在着不同的细化方式，大致包括要素说、系统说等几种观点。要素说突出德智体美等要素的相对独立性；系统说突出各要素之间的互动关系，如情商与智商的区分，突出了情商的价值；文化的硬实力与软实力的划分，突出了软实力的现实功能。无论是要素说还是关系说，都把人作为一个整体来看待的。在这个整体中，"德"的地位一直在选择中得到提升。在要素说中，德育被定位为首位；在关系说中，德育（或非智力因素）被定位为主导力量。从这些理论的发展中，我们可以明晰这样一个结论：人才战略工程将人的要素从社会发展系统中突出出来；在人力资源的再认识中，人的非智力因素从人的整体素质中被突出出来。这种为高校德育"回归人"提供了有力的政策支持。

第三，个体的协调发展的价值取向是高校德育"回归人"心理条件。社会发展取向必然影响到人的自我选择取向。社会的重点发展产生了片面发展的自我取向。片面发展的个人取向在不同时期有不同的表现。在政治为中心的时代，表现为单一的政治人取向，在红与专的选择中侧重于红；在经济为中心的时代，表现为单一的经济人的取向，财富和获得财富成为典型的价值目标；在和谐发展目标指向下，单一的发展目标受到了质疑，产生了人的整体的和谐的发展的需要。

整体的和谐的发展需要表现在学习目标中，当代大学生一方面受着应试教育惯性的影响，受到市场中资源向最佳处配置规则的影响，而延续着功利性选择；另一方面在这些外部挤压下，当代青年大学生也滋生了渴望崇高、自觉担当社会责任、呼唤理解和宽容等人生追求。人的精神需要和精神生活的全面发展获得了较高的认同，需要的强度也在增强。个体从片面重视技能、手段，到与心理、精神并重；从片面地追求个人荣誉或物质财富，到价值、信仰和心理并重，迫切要求高校德育"回归人"的精神世界，关心人、关怀人。

高校德育"回归人"的基本路径是从人的需要出发，建构大学生全面发展的教育路径；从人的发展出发，建构大学生精神成长的引导路径；从人的心路历程，建构大学生健康人格培育的关怀路径。

路径之一：从人的需要出发，建构大学生全面发展的教育路径。马克思认为需要是人的本性。高校德育"回归人"的第一个面对就是人的需要。大学生处于人生发展的重要时期，学习、生活、成长等方面的需要不断增强。大学生自我独立性日益增强的过程也就是需要不断丰富的过程。在中小学阶段，他们的需要还处于受制于父母、老师影响的相对依赖期；在大学阶段，这种依赖性不断弱化，自我相对独立性逐渐增强，反映自我需要的内容在丰富。其中，既有基本的生活需要，也有自我发挥的需要；既有物质满足的需要，也有精神追求的需要；既有朋辈群体交往的需要，也有恋爱婚姻的情感需要；既有专业技能学习的需要，也有德智体平衡协调发展的需要。同时，从大学生成长的社会环境来看，学习竞争、发展竞争、就业竞争等压力日益增大，导致大学生对自我发展的关注度不断提高，自我需要与社会需要的关系发生了一定的变化。历史上，高校德育在众多需要中重点关注大学生的政治需要；在自我需要与社会需要之间侧重于关注社会需要。从而形成了以为社会培养人的政治教育路径。现实中，一些人基于竞争压力和社会影响，侧重于关心技能、金钱等手段价值，轻视理想信念、德性养育等精神价值。出现了重智轻德、重现实轻长远、重手段轻价值等现象。历史出现的价值选择的单一性和现实存在的价值选择的片面性都是片面发展的表现，不同的是前者形成的基础是政治中心决定的，后者是市场化负面影响所致，其实质都是一样的。"回归人"的高校德育，从满足人的需要出发，不是简单地适应人的所有需要，而是把大学生自我发展与其社会化的基本要求结合起来，从大学生的综合需要出发，拓宽高校德育的教育路径。理论教育、生活教育、心理教育、社会教育、环境教育等。

路径之二：从人的发展出发，建构大学生精神成长的引导路径。追求自由个性的全面发展是马克思对未来人的发展的理想预言，也是一定时代的人在反思中发展的基础。人的发展不仅有物质生活的，也有精神生活的。精神生活包括理想信念、价值选择、情感丰富等。现时代，人的发展已经从单向度的物质需要转向了物质与精神的综合发展。人的理想信念、心理素质、情感归属、意志品质等需要日益强烈。这些需要得不到满足，一些人就会陷入价值困惑和情感困扰之中。现代社会的快速发展、矛盾多重、开放竞争等环境因素强化了这些矛盾。而这些矛盾通过家庭生活、校园生活和社会生活的变化对大学生的思想、心理等方面产生影响；通过网络等现代信息传播平台，深化影响的力度。这些影响产生的结果就是一方面大学生自我设计、自我规划更务实了；另一方面焦虑、躁动、迷茫也在增强。存在着精神需求不断增加、精神发展日益迫切的新特征。

其一，培养大学生道德自觉。道德既是社会规范，也是内心秩序。道德自觉是二者的统一。党的教育方针把可靠接班人和合格建设者作为高等教育的任务，这为大学生的道德素质提出了更高的要求。其中既有公民责任的一般要求，也有政治使命的特殊要求。无论是哪个层面的要求都可以归结为道德自觉。道德教育是高校德育的重要内容。大学生道德自觉的养成离不开高校思想政治理论课，这是保证道德认知的主渠道。但是更重要的是通过道德参与和道德实践生成自我的道德自觉意识，现有的志愿者服务、勤工助学、关爱关怀活动等都是很有效的方式。

其二，丰富大学生的人文情感和人文精神。人文是相对于科技而言的现代人发展的重要向度。人文素质是大学生自身素质的重要组成部分。"回归人"的高校德育需要培养大学生的人文精神、人文情感。重技能轻人文是当代大学生价值选择的突出特点，一些大学生把专业技能的学习作为今后职业选择的基础，安身立命的本钱，而把非专业的知识作为可有可无的附属品。这种取向与科技时代的人文诉求的大趋势形成矛盾。科技时代导致了器物主导的产生，也导致了器物主导下人类生存观的变化。科技进步支撑了人类的进步，佐证了人是万物尺度的古老预言。同时，科技成果在使用上的滥觞带来了能源危机、生态失衡等难题，人文主义在反思中倡导人文价值对科技主义的制衡。当代大学生人文情感和人文精神的培养，一靠教育，二靠修养。而教育的目的也是为了修养。

其三，加强大学生的理想信念教育。理想信念教育是大学生思想政治教育的核心内容。在现代社会，作为人的生活方式的理想信念成为一定社会发展的共同理想和个体发展的精神动力。大学生学习动力、价值选择等问题都程度不同地与理想信念有关。理想信念教育实质上是进行人作为一个什么样的人的教育，是"回归人"的核心问题。现有的理想信念教育除了要重视政治理想信念教育之外，还要重视生活理想、职业理想、道德理想等内容；除了重视理性的信念教育，还要重视日常生活中的信念教育。

路径之三：从人的心路历程出发，建构大学生健康人格培育的关怀路径。高校德育关怀个体的最有效途径就是从人的心路历程出发，关心大学生个体的困扰和问题。当代大学生情感丰富、个性突出、心理压力大，需要更多的心理关怀和心理指导。2004年，《中共中央国务院关于进一步加强和改进大学生思想政治教育的意见》指出：思想政治教育"坚持解决思想问题与解决实际问题相结合。既要讲道理又要办实事，既以理服人又以情感人"。① 党的十七大明确指出，加强和改进思想政治工作，注重人文关怀和心理疏导。心理疏导主要包括压力疏导、矛盾疏导、情感疏导等。

压力大是当代大学生的普遍问题，学业竞争、职业竞争正在改变着大学生的人生态度和价值选择。在竞争中，不论胜者还是败者，都处于高压之下。由此引发了情感的抑郁、个别的自杀现象等。压力疏导的重心是改变大学生生存

---

① 教育部社科司：《普通高校思想政治理论课文献选编》，中国人民大学出版社2008年第3版。

的外部条件和增强自我的内在适应力。

矛盾凸显是现代社会的新问题。改革开放以来，我国社会变迁中的贫富差距、教育公平、政治公正、地区平衡等利益关系问题日渐突出；不同意识形态的竞争也在加剧。这些社会矛盾以不同的方式影响到大学生的价值观念。如果不客观应对、及时疏导，必将引发更大的矛盾，不利于人的心灵和谐和社会稳定。

大学生正处于情感丰富期。各种情感相互交错，相互影响，构成了当代大学生的情感世界。这些情感既有个体的也有群体的，而个体情感和群体情感经常相互作用。压力增大、社会矛盾凸显都可以通过情感反映出来。情感教育和情感疏导就成为一个现实的教育任务。

总之，以人为本的执政理念为高校德育"回归人"提供了政治保证，人的自身发展为高校德育"回归人"提供了心理基础，"回归人"的高校德育才是真正的人的德育。

第二节　中国人的现代化发展特点分析

现代化是当今中国社会发展和变革的重大课题，而人是社会现代化的主体，又是社会现代化建设的实际承担者，因此随着中国现代化进程的发展，中国人的各方面也在发生着深刻的变化，这正是人的现代化发展过程。各国人的现代化发展除了具有一般的共性外，也会有不同的个性。因为人的现代化发展一方面有赖于各国现代化的发展水平，同时也必然会打上各国现代化的主体——本国人的印记。从这个意义上讲，中国特色的社会主义现代化与中国特色的人的现代化发展是相互影响、相互促进、共同进步的。

一、文化传统影响的深厚性与人的现代化发展的艰巨性

人的现代化发展是历史的、具体的，任何国家和民族的人的现代化发展，离不开那里的国情、历史、精神，有着那里的社会与时代的激发动因。人们都在一定时代中生活，必然要受到时代的局限，而历史又无法割断，人们又都受到文化传统的滋润。中国人的文明基因是中华文化传统，现代化中国人的孕育、成长，离不开中国的历史和现实，因而中国人的现代化发展必将具有鲜明的民族性特征。

中国的现代化进程与西方国家不同，属于"外发次生型"现代化，所以中

国的现代化进程，并非西方现代化的简单位移，而是呈现出西方文明的强劲影响与本土文明对此既排斥又吸纳所构成的错综复杂图景，它不仅要完成现代文明的时代性转换，还要面对文化传统的民族性传承问题。中国人血液里浸润的中华文化传统与现代化这两者之间虽然不乏存在统一性，毋庸置疑，根深叶茂的中华文化传统中也有许多西方发达国家现代化中缺乏的并是现代化中必需的东西，这些为中国的现代化提供了大量的可资借鉴的文化和精神资源。但是在继承和弘扬中华文化传统的精华时，一定要着眼于时代来对它进行创造性的价值转化，而不是简单地照搬，甚至是断章取义地对其进行取舍，由此在中华文化传统与现代化这两者之间，又存在着矛盾甚至冲突。因此在研究中国人的现代化发展问题时，把这种相互矛盾与冲突分析得充分与细致一些，这本身就显示出中国人的现代化发展的艰巨性。

中国人的现代化发展必须面对中华民族五千年的文明史，文化传统可以说是在今天之前的、已经具有相当历史作用的，并且已经形成为相对稳定的文化力量。但是文化传统也不是永恒的、凝固不变的，它是随着社会历史的不断发展变化而相应地发生变化的。中华文化传统从历史看，有古代的、近代的，还有现代的，以及当代正在形成中的传统。从性质看，不只有封建时代的、近代资产阶级革命时代的，还有现代无产阶级革命时代的、社会主义建设时期的，以及新时期以来的正在形成中的市场经济条件下的准传统等。从本质看，所谓中华文化传统，就是指中国文化在自身发展过程中的内在动力或基本指导思想，也是维系中华民族生存与发展的基本价值观和终极关怀。从对中国人的现代化改造的过程看，近代开始从魏源到康有为、从孙中山到鲁迅、从毛泽东到邓小平等志士能人，无不在上下求索。

中国人的现代化发展必然涉及到经济、政治、观念、思维方式等不同的层面。

首先，西方发达国家现代化过程中，市场经济与民主政治是其基础。市场经济以效用原则、效益原则、效率原则将主体尺度与客体属性紧密结合在一起。民主政治与市场经济相适应，民主政治的博弈主体与市场经济的竞争主体一样，都具有独立性、主体性。它在政治机制的设计、权力运作形式的制定等方面，也要按照市场经济奉行的平等、自由、人权、等值交换的原则，以使利益的调整与权力的制衡顺利进行。市场经济与民主政治又以法制来保障，法律面前人人平等的观念使每个人都是权利与义务的统一体，法律的制定与执行又使个人与他人、与社会保持一种动态的平衡。而中国传统经济长期是以自然经济为主导的农业经济，这使得人对自然的改造能力低下，表现为自给自足。道德至上、重义轻利、重农抑商观念，影响了商业的发达，也无益于社会生活和生产的发展，并滋长了人们保守的小农意识，抑制了商业竞争所需的冒险进取精神。隔绝的、同质的乡村社会，只有用礼俗或身份来调整相互的关系，并由此演化出等级森严的专制制度，和严格的等级尊卑制度。

其次，西方发达国家的现代化是内发自生型的，这种形式与西方的宗教传统直接相关。表面上看宗教与科学对立，但是从深层看，它们内在的思维形式与机制是同构的。当自然压倒人时，文化呈现宗教色彩，培养了人对自然的敬畏态度，由此自然哲学、本体论等成为西方古代文化的核心，这是自然科学发展的基础。当人压倒自然时，文化呈现科学的色彩，造就了人对自然的乐观精神，由此科学技术发展了。而以科学精神为基础的人文精神是现代化精神的典型与必备的形式，对上帝的完满性预设给人以广阔的发展空间，使现实世界成为不断向理想迈进的开放系统，也使西方由传统社会向现代社会的转型的剧变中秩序未曾断裂，这种内发自生型的现代化的代价较少。① 中华文化传统中，儒家思想成为它的主流，道、佛等家只不过是它的补充。虽然在儒家历史嬗变过程中不断地变换理论形态，产生了不同的派别，但它的基本思想特质则是始终如一的。外向的探求停留在感性的经验层面，内向的探求因难以传达而不断重复。中国本土的宗教与外来的宗教在中国的发展主要表现在实用性的层面，从而使得人的观念不能超越，精神的殿堂终于没能建立起来。

再次，西方发达国家现代化闪烁着理性原则与科学精神，它们在探索世界是什么、为什么、怎么办的过程中发挥着巨大的作用。理性原则使人的社会活动成为沟通人的理想与现实的捷径，培植与强化了人的求真务实、开拓创新的科学精神，促使人本位、实证方法、实用取向的相互结合，这些是人的现代化的基本精神。中华文化传统把握世界的方式表现在天人合一的宇宙观，强调人与自然的和谐与人的顺应性，由此缺乏按照自然的本来面目客观认识自然的动机，阻碍了自然科学的发展。以伦理的眼光研究人与社会的关系，重视天人关系以和谐人间秩序，由此以价值理性代替工具理性；知行合一的实用态度导致认识论和伦理学同构，由此形成了中庸这种既有极高的道德价值，也是极具代表性的认识方法；重直觉与整体、轻逻辑推理与具体的思维方式，导致对事物的认识难免含混、笼统，不利于人主动探索意识的培养。

最后，西方发达国家现代化中的个人本位的价值取向是其核心，宗教提出"上帝面前人人平等"的观念，培植了个人主义的精神内核。社会是作为个人生

---

① 杨岚，张维真：《中国当代人文精神的构建》，人民出版社2002年版。

存的环境、条件而存在，独立的个人、多样的个性是社会的目的与生机的根本，如果压制个人、抹杀个性就是社会僵化的开始。中华文化传统以儒家的社会伦理本位观为核心，以忠、孝为最高道德标准，造成主体精神的缺失，个性受到禁锢，缺乏创造性。"仁"的实现，不仅在于个人的自我完善，主体修养的升华，更是要个体超越自身而指向群体的认同，维护群体的利益，这又扼杀了个人的独立意识和独立个性。

中国从现代开始，虽然由于马克思主义的传入，形成了革命传统与适应社会主义计划经济的传统，这些为中华文化传统注入了新鲜的内容。但是从本质上看，中华文化传统的内涵并没有得到更大的改变。五四运动批判的锋芒直指孔家店和专制主义，以清除现代化的障碍，但是又没有对科学与民主等现代化的基本价值做出深入的理解。而在中国现实中扎根与发展的马克思主义，又在政治斗争中被当成了教条。在跑步进入"共产主义"的"集体无意识"的行动中，在一切以阶级斗争为纲的喧嚣中，经济崩溃、政治动乱、无法无天、道德沦丧、经学迷信、崇尚权威、人性泯灭等，简直是由现代向传统的大倒退。为什么会导致如此惨不忍睹的状况？中国现代化前进的路在何方？中国人就是在这样的文化传统影响下开始了艰难的现代化历程。

西方发达国家现代化的进程是与他们的人的现代化发展密不可分的，并造就了一代代适应市场经济、工业革命所需要的资本主义新人，从而找到了一条从思想到政治、经济的相对快速发展的现代化道路。中国的改革开放，迎来了走向现代化的新时代，这为中国人的现代化发展打下了基础，但是这绝不意味着中国人的现代化就能自然而然地实现。中国人必须超越与弘扬前一历史阶段的文化传统与精华，并创造和建立新的与当前的历史阶段相适应的文化。历史因其连续性，才有传统的继承，因其跳跃性，才有传统的超越。继承要有超越，弘扬中要有创新。所以中国人的现代化发展，不仅要完成中华文化传统的时代性跃迁，还要处理好它与西方现代文明的关系，大胆吸纳西方现代文明中符合中国人的现代化发展的合理成分。要达到这个目标，每一个中国人还有漫长与艰难的路要走。

二、社会发展的不平衡性与人的现代化的差异性

平衡意味事物之间关系的协调，社会历史有着与自然界相似的一面，那就是其客观实在性和规律性，这也就揭示出社会协调发展的可能性。换言之，如果社会本来就无规律、平衡可言，那么人无论如何也不可能达到协调社会发展的目的。但是，社会的平衡、协调的发展，又是在一系列的不平衡、失调中前进的。可见，社会规律的存在，是人类社会协调发展的客观前提。同时社会平衡、协调的发展的动力在于不平衡、失调的不断产生与解决，这又是社会发展的内在要求。

所谓社会发展的不平衡性，是指社会内部各领域或各要素在发展上不一致或不均衡的状态。社会发展的不平衡包括两种类型：一种是社会发展的结构性不平衡，是指社会作为一个有机系统，各领域由于其地位和作用不同，以及它们内部各要素自身的变化，使各领域、各要素之间不能相互适应或相互协调，出现了一种在发展上不一致，甚至相互矛盾的非稳定状态。另一种是社会发展的区域性不平衡，这是指不同国家或同一国家的不同地区之间，在经济、政治、文化发展等方面存在着较大的差距或不同步性，从而使社会总体在发展上呈现出一种非均衡的状态。

随着改革开放和现代化建设的不断深入，中国社会也出现了一些不平衡状况。

地区发展很不平衡。在市场力量的作用下，东部比西部、南部比北部、东南沿海比西北内陆的发展明显要快；日益加剧的人才、资金和资源的"孔雀东南飞"趋势对那些地区的社会经济发展无疑是釜底抽薪。

一、二、三产业增长的结构性失衡，加剧了生产力布局和结构分化的"马太效应"；在市场发育不健全的时候，市场经济的趋利性常常使短期的微观利益遮蔽长远的社会整体效益；政府和市场的关系被扭曲，市场秩序常由于市场和政府职能发生错位而使"政府失灵"和"市场失灵"往往同时发生。

城乡"二元经济结构"没有明显改观，城乡发展的差距还有所扩大；城市化水平不断提高，广大农民的生活水平没有明显的改善；农村劳动力大量涌向城市，部分农村甚至形成了日渐萧条的"空壳化"现象。

居民贫富差距有所拉大，改革开放以来人们"共同贫困"的局面虽然已经消失，但"共同富裕"尚未实现，两极分化现象日趋严重，出现了为数不小的弱势群体，这正成为威胁社会稳定的重要因素。

社会贪污腐败现象严重，民主和法制建设任务繁重；在物质文明建设取得成就的同时，精神文明建设出现了一些不协调的音符，社会伦理道德出现了局部的滑坡，社会风气受到了一定程度的污染。

在各方面取得发展的同时，却忽视了社会与自然的协调发展，造成了环境的恶化与生态的失衡，这种只顾一时一地的经济利益，而不顾长远整体的社会利益的情况，不仅给人民群众的生活带来程度不同的危害，还将直接影响我国社会的可持续性发展。

中国社会发展的不平衡性加大了中国人的现代化发展的差异性。西方发达国家在其几百年的现代化发展进程中，逐步实现了社会成员由传统性到现代性发展的根本转变。英格尔斯曾对人的现代化问题作过深入的研究，并且在《走向现代化》《人的现代化》等著作中，提出了人的现代化应具备的基本品质和特征，他提出的标准不一定全面与正确，但可以给我们以借鉴与参考。

与西方人的比较中，这种差异性有多种表现。

人的思想观念方面：西方人普遍树立了发展个体的价值，努力实现自我的现代价值观念；确立了竞争、创新、敢于冒险的积极进取的现代处世观念；确立了平等、民主、法制的现代政治观念；确立了以契约观念为主的现代人际观念。中国人更多崇奉压抑个体的价值、维护整体价值的传统观念；主张中庸、知足常乐、温良恭俭让的中庸处世之道；习惯于依附、专制、人治的观念；迷信身份、熟人的人际观念。

人的思维方式方面：西方人确立了适应现代化社会的系统思维、开放式思维、创新思维、辩证思维等现代化思维方式。中国人的局部思维、封闭式思维、模式思维、形而上学思维等传统思维方式还有很大的市场。

人的人格品质方面：西方人逐步形成传统中的人道主义、诚实守信、吃苦耐劳和坚韧不拔等，与现代的开拓、对新事物持欢迎态度、把握未来的意识等相结合的人格品质。中国人在走向现代化的过程中，人格品质的缺陷又是明显的，对传统的无聊与对现代的无奈奇特结合；对权威崇拜的幻灭而怀疑一切；对新事物、对变革持观望、等待的态度而循旧守成；对理想和抱负的泯灭而跟着感觉走；对生命与他人的漠视而多事不如少事；对权力与金钱的膜拜而伦理高悬；对强者的嫉妒、对竞争的恐惧而心理偏狭等。

人的生活方式：西方人追求物质生活方式的高质量和多样化；普遍参与不同层次的文化生活，努力学习各类科学文化知识，广泛参与艺术、音乐、科技发明等文化生活；在生活和交往观念方面，有高度的民主意识和法制观念，有强烈的时间观念和效率观念。中国人还处于脱贫与小康的过渡期，解决生存问题还是不少人的大事，谈不上生活的质量与多样；文化生活贫乏、受教育的程度还很低；在生活和交往中民主与法制观念不强；时间与效率观念有待提高等。从上面的比较中，可以看到中国人的现代化还处于"初级阶段"。

与当代中国人自己的比较中，这种差异性也有多种表现。

虽然还不能说不同的个人具有种种不同的特殊素质，但人所具有的同一性素质在不同的个人身上会有着不同的表现；不同的素质因素和它们之间的不同组合也构成了人的素质差异性，这些构成了个人发展的内部差异。这种差异可以是水平差异，也可以是强度差异，各种因素之间的层次、结构差异等。这些差异不仅表现在认识能力系统上，如表现在一般的能力、智力上，也表现在意向性格系统上，如表现在独立性、依赖性、主动性、被动性等方面①。

人的内部差异性是形成人个体差异的自然基础，它使个体在人的自然属性上与他人不同。这种内部差异性对作用于他的客观环境中的许多因素有所选择，这就使不同个体虽然生活在基本相同的客观社会环境中，但在个体发展上却表现出不同特点。这说明个体的自然发展和社会发展两方面不是各自独立的，而是交织融合在一起的，并且个人的社会性对自然性发展始终起着决定作用，个人发展既离不开个人内部生理的成熟程度，更离不开社会的影响。

中国人的现代化发展的差异性具体表现在，利益分配的差异性：在建立社会主义市场经济体制以后，情况发生了根本的变化，在以按劳分配为主体的前提下，还辅以资本要素、管理要素、知识要素的分配等多种形式，这使利益分配出现较大的差异，社会上的贫富差距逐渐拉大。

劳动方式的差异性：由过去以体力劳动方式为主逐步转变为以脑力劳动方式为主，从事体力劳动的人逐步减少，从事脑力劳动的人不断增多，这是劳动方式发展的必然趋势。

不同阶层人自身素质的差异性：在社会主义市场经济条件下，有的人能够站在市场经济的前沿，具有极强的风险意识、竞争意识，较强的社会责任感。

身份地位的差异性：在社会主义市场经济条件下，逐步建立的社会保障体系，使个人择业的独立性大大增强，由于利益分配、劳动方式、职业分工、自身素质等不同，使每个人的社会地位也出现明显不同。

人口社会结构的差异性：在现代化过程中，人口产业结构由第一产业向第二产业、第三产业的转移；人口就业结构由农业向工业、其他非农职业的转移；人口由农村向城市的转移，由环境恶劣地区向良好生态环境的转移；在家庭结构上，传统的大家庭、复合家庭向小家庭、核心家庭转变。这种变化也将使每个人的差异性表现出来。

中国社会发展不平衡性与人的现代化发展的差异性相互联系、相互作用，它们之间有一致也有不一致的地方。但是不管如何，人永远应该是社会发展的

---

① 刘爱云：《潜能差异性与环境层次性在个体发展中的交互作用》，载《信阳师院学报》，2001年第3期。

出发点、中心和归宿。人既是社会发展的主体和动力，又是发展的目的，它的素质的高低是社会能否快速向前发展的重要因素。因此解决以上问题应该坚持的原则是：社会中人与人的协调发展是效率与公平的统一，社会与环境协调发展是合规律性与合目的性的统一，社会与人的协调发展是物质文明、政治文明和精神文明的统一。简言之，中国现代化的协调发展应当是社会发展、自然发展、人的全面发展的统一。

三、国外现代化的威胁性与人的现代化的紧迫性

中国的现代化面临的任务是交叉与多重的，西方人用数百年时间解决的问题，中国人要在一个世纪间解决。一方面，要完成西方人在18、19世纪完成的以工业化为核心的现代化过程，实现从传统农业向现代工业化的转换，这是当代中国现代化的基本内容；另一方面，西方发达国家已步入后工业时代，中国工业化任务尚未完成，这使中国既可以从后工业文明借鉴最新成就，从而获得"超前效应"，同时也难以避免西方发达国家的种种"现代病"，而不得不寻觅救治之策。此外由于中国社会主义建设前几十年是按照苏联模式建立起来的，为适应现代化建设的需要，还面临一个从计划经济向社会主义市场经济转型的崭新课题，这又为中国的现代化增加了复杂性。从上可以看到，中国的现代化发展所面临的问题是一种"中西古今"的层累式积淀，呈现"多重"状态。在完成这些任务的同时，还要面对国外的现代化发展的威胁性。

当代经济全球化是与世界现代化相伴相生而相互促进的。在当今时代，要实现国家的现代化，而又想不融入经济全球化中，简直是天方夜谭，所以从某种意义上说，现代化过程就是全球化进程。经济全球化是以经济发展为主体，以信息化、网络化为手段，以经济、政治、文化等的全球化为内容的客观发展的过程。这个过程正在对当代社会生活的众多方面产生巨大影响，一方面产生现实层面无可回避的许多实践问题，另一方面又引发理论领域新问题的探讨与研究，这一切又标志着经济全球化时代的人类社会进入了一个"风险社会"。在英国学者吉登斯看来，"风险"是全球化时代的一个显著特征，"不管我们生活在哪，也不管我们是如何有权有势或者一无所有，许多新危险和不确定性无不对我们产生影响，它们是与全球化紧密联系在一起的"①。在中国更深入融合进全球化进程中，必将承担更多的风险。这说明，融入经济全球化对中国的经济、政治、文化等方面的顺利发展具有一定的威胁性。

---

① ［英］安东尼·吉登斯：《失控的世界》，周红云译，江西人民出版社2001年版。

首先，经济全球化使中国主权的行使受到了制约，会造成国家主权的弱化。国际行为主体即政府间国际组织、非政府国际组织、跨国公司和一些民间机构等的数量增多和功能强化，限制或替代了国家权力的发挥。国家主权的削弱、让渡和分配的同时，各主权国家同时又得到了新的主权、利益和发展机遇，这意味着民族国家权力利益的全球再分配。

其次，市场经济运作的普遍化削弱了国家存在与发展的基础。各种类型的贸易在数量上不断增加。最突出的还是资本市场的发展，不仅资本流量、流速增大，资本结构转向以私人资本为主，而且对国家形成了强大的制约作用，使国家无法控制和管理资本流动。一旦政策出现失误，国家就会蒙受巨大的经济损失，出现政治动荡。

再次，经济全球化使中国的经济安全系数大大降低，增加了政治动荡的风险，从而影响政治和社会稳定。中国与世界的联系越来越紧密，可以促进中国经济发展，但是也不可避免地带来了经济风险和国家的经济安全问题。它包括生态环境安全、生产安全、市场安全、金融安全、就业安全等方面，因而也增加了对中国社会安全的威胁性。

最后，经济全球化增大了西方民主观念和模式传播蔓延的机会，"西化"的威胁性增大。在经济全球化背景下，西方发达国家推行文化霸权主义，依仗自己政治、经济、文化方面的优势，为其文化理念的传播提供强大的物质后盾和技术支持，向中国渗透其价值观念、意识形态、政治模式和制度理念。这些正逐渐影响中国人的价值观念和生活方式，消蚀人们的意识形态、文化归属感、民族的价值吸引力，进而影响我国政治发展的走向，使政治规范的认同性受到挑战，增加了政治整合的难度，给社会政治稳定带来更多的隐患。

国外现代化对中国社会安全威胁性的增强，使加快中国人的现代化发展显得尤其紧迫。

当今时代的现代化，最突出的特点是知识经济的发展，它成了现代化发展中最强大的动力。在知识经济时代，知识总量迅速膨胀，引发了知识革命。它的传输、变换、互通的速度、规模、范围和效能都在不断升级。它对社会经济发展、政治结构的科学规划与合理运作、文化产业建设与文化生产力发展等方面所起的作用越来越大。创新性是知识经济的首要特征，是知识经济的灵魂，只有不断创新，才能生产出更新颖的、富有独创性的知识产品。这种经济又是一种高素质的经济，它的生产过程是一种充分尊重人格与尊严的经济过程，其产品是不断完善生产者和消费者需要的高质量产品。知识经济的发展又是一种可持续发展。

知识经济既是现代人实践产生的直接后果,也是现代人素质和能力高度发展的产物。因此在知识经济发展中,人的地位是主导的,作用是巨大的。它要求作为现代化主体的人必须是现代化的、高素质的,否则知识经济就无从谈起。所以说中国要发展知识经济,呼唤着现代化的中国人。

中国人的现代化发展,应该包括几个方面。能力的现代化:现代人的能力不是"专门化",而是"非专门化"、多元化。现实人的能力结构是一个多层面的复杂系统,其中既包括人的体力要素,又包括人的智力要素;既包括理性要素,又包括非理性要素;既包括人的科学求实能力,又包括人的自觉感悟精神。而智慧和价值评价能力日益显得突出而具有丝毫不容被忽视的重要作用。

关系的现代化:人的关系包括人与自然界的关系和人与他人及社会的关系。人与自然界关系的现代化表现,在于追求人类社会、人类自身和自然界的关系和谐与可持续发展,从而把人的尺度与物的尺度不断地统一于自己的活动与价值追求之中。这又有赖于人们相互间的社会关系的规定,人的关系的现代化内在地包含着人与人之间的交往方式、交往手段、交往态势和交往范围的现代化,这包括开放的心态、相互的尊重、民主的作风、法制的意识、道德的精神等。

需要的现代化:人的需要是一个历史过程,"已经得到满足的第一个需要本身、满足需要的活动和已经获得的为满足需要用的工具又引起新的需要。这种新的需要的产生是第一个历史活动。"① 基于现代人的能力结构与关系结构的全面更新,现代人的需要结构也必然相应地得以更新和全面化,当人们的物质生活需要得到了基本保障之后,其价值取向便向精神生活的需要倾斜。而且现代化社会不只依靠市场,而且依靠政治、文化等调节人的多方面需要。

价值取向的现代化:人不光是从社会中获得需要的满足,更重要的是在对社会贡献中体现其价值。虽然现代化社会中人们的选择呈现多元化的价值取向,但是在现实中坚持社会本位观与个体本位观的统一,乃是其价值核心。这是一个健康合理的价值观,以自觉、能动地创造自己的新的生存方式,符合社会需要与个人的需要,从而实现个人价值尺度与公众价值尺度的统一。因此这时的个人又被赋予了经济人、政治人、道德人、法律人、文化人统一的角色。

思维模式的现代化:人的创造性首先总是从思维开始,人是在一定意识指引下进行各种活动的。现代化的发展对于现代人的要求越来越高,不管是哪一

---

① 《马克思恩格斯选集》第 1 卷,人民出版社 1972 年版。

种活动或哪一门科学技术总是在一定的思维模式的操纵下完成的，现代化的人在这点上表现更为明显。所以，现代化的人应具备开放性、创造性、反思性、超越性的思维方式。

就中国目前的状况来说，中国人的现代化发展的实现与以上几个方面比较，还有很大的距离，这说明了它的艰巨性，又更说明它的紧迫性。

中国人的现代化发展，在很大程度上取决于教育的发展，通过教育向中国人灌输、传播、培养与现代文明标准和现代化事业相适应的文明观念、国民意识、能力素质、思想品德等就成为必须。但是中国当前的教育状况是"近乎空白的人格教育、乏力的精神教育、被功利熏染的道德教育、偏废的文化教育、倾斜的科学教育、落后的健康教育、薄弱的职业教育、狭隘的审美教育。"[1] 这与现代化的教育相距甚远。因此，要培养适应中国特色社会主义现代化的中国人，就要使中国的教育从观念到目标、从形式到内容、从方法到途径等实行现代化转型，这样才能完成现代化的教育任务。因此，"教育面向现代化，面向世界，面向未来""科教兴国""科学发展观"无疑是促进中国人的现代化发展的重要指南。

第三节 从文化软实力到文化竞争力的发展

软实力是一个国家维护和实现国家利益的基本能力，包括政府的决策力和民众的行动力。文化软实力正如约瑟夫·S.奈在《软实力——国际政治的制胜之道》一书中所指出的那样：是基于该国在国际社会的文化认同感而产生的亲和力、吸引力、凝聚力和影响力。简而言之，特指一个国家或地区文化的影响力、凝聚力和感召力。民族文化认同是国家软实力的重要组成部分，是文化软实力发生和发展的基础，在国际竞争中，它是吸引力、创造力和控制力产生的前提。文化软实力与文化认同力息息相关，文化软实力的改进，有助于文化认同力的提高，有助于国家影响力的增强，有助于民族文化物质转换力的固基。因而，它意味着"某种政治秩序被认可的价值"。[2]

---

[1] 解思忠：《国民素质忧思录》，作家出版社1997年版，第10篇。
[2] ［德］哈贝马斯：《交往与社会进化》，张博树译，重庆出版社1989年版。

一、软实力的文化形态

"软实力"出自于"软权力"(soft power)的概念转译,最早由美国政治学家、哈佛大学教授约瑟夫·S.奈在《注定领导》(bound to lead)一书中提出。"软实力"的概念问世之后,立即引起了国际社会极大的关注,得到了学者和政治家们的反复使用和多重阐发,提高民族文化的软实力更成为许多国家综合实力提高的基本国策和奋斗目标。正如约瑟夫·S.奈本人所说的那样,软实力的概念一经提出,"这一术语成为公共话语,被美国国务卿、英国外交大臣、亚欧的政治领袖和专栏作家等广泛使用"。① 软实力概念盛行本身,代表着国际政治的新特点和国际交往的新要求,即朝着文化形态发展的综合国力演变的新趋势。软实力不是空穴来风,在社会结构中,它离不开经济、科技、军事等硬实力的支撑。然而,经济、科技和军事力量的强大,并不一定带来国家软实力的发展,更不等同于民族文化影响力的提升,离开了以软实力为后盾的经济、科技、军事力的发展亦不可能长久。正是基于这一思想,约瑟夫·S.奈等研究软实力的学者们一再强调,美国国力和影响力以往的强大来源于其软、硬实力的遥相呼应和相辅相成,而近年来的衰退则是其软实力不断消减的结果。

在软实力概念问世和强调之前,人们习惯于用硬实力尤其是经济实力展示和规划一个民族和一个国家的力量与未来。以硬实力为主导的经济价值观,视财富的最大增长为社会发展的总体目标,强调的是民族成员生活领域广泛存在的物质需要和物质满足。围绕着这个中心,世界各国纷纷以它们的国内生产总值、经济增长率和人均国民收入为综合国力的代表,强调的是生产、消费、投资等经济指标的增长。经济作为整个社会运行的核心,推动着国家、社会、个人的前行和发展,成为国与国交流和国际竞争的基础。然而,随着全球化时代的到来,硬碰硬的冲突,尤其是凭借自身强大的军事力威逼他者的臣服,日益显示出更高的社会成本和代价。与此形成对比的是,以往被西方国际关系学者所忽视的软实力则表现出强大的全球塑造力,以文化为代表的政治影响力有可能以较低的政治成本和社会代价赢得"文明冲突"中的胜出和国家利益的获取。在新的国际秩序中,软实力的消解、渗透和影响,可以诱使他国在自愿仿效的基础上接受不同的意识形态和价值导向,以达到政治、经济和文化的互效。在这样的情况下,软实力时代的文化定义日益成为社会发展的终极要求,文化立国战略的制订和实施,将在很大程度上改变和决定着民族国家在世界民族之林

---

① [美]约瑟夫·S.奈:《硬权力与软权力》,门洪华译,北京大学出版社2005年版。

中的地位和作用。因此，任何一个国家要想满足自身利益，实现其长远的政治和经济目标，均离不开"软实力"的保证和运用。

软实力的实践具有鲜明的文化色彩，是文化功能的进一步发展和文化价值的深层表达。文化是人类经过自然选择而异于其他动物的特性，是人类文明的灵魂和缩影，是人类创造世界的主观方式和民族存在的现实图景。文化代表着人类适应环境的过程，意味着人类心灵相通的抽象，演绎着人类发展和进化的轨迹。文化的因素编织着"直接的或间接的满足人类的需要"① 互相联系的网，这是一个经过整合、有序的、相互援引的网。无论是针对人类整体，还是针对特定的人群，文化都充当了生存维系、慰藉获取、凝聚人心的策略系统和精神担当。作为一种社会现象，文化同组成社会的民族息息相关，是民族群体深层的历史记忆和精神积累。客观的文化成果，通过遗传、继承和教化决定了个体成员精神的一致，进而决定了民族成员共同的社会意识、价值观念和心理素质。在现实形态上，文化是一个不可分割的整体，尽管文化产品的精神具有物化的痕迹，而物质文化的过程则体现了主体性的意旨。当文化的价值注脚为民族群体提供了行为准则和社会规范时，个体成员对文化模式的承认、认可和遵从决定了社会秩序的形成和政治制度的构建。历史上经代际相承的文化成果，通过社会成员精神结构的内化，转化为常识、常理和常情的积淀与默化，是现代社会制度运行的基础和保证。在人类文化学新进化派的学术观点看来，文化不仅是人类改造世界的方式和结果，而且是人类能量利用的一种机制，文化机制越发达，人类正向能量的开发和利用就越充分。受此影响，不同的人类共同体在发展程度上的差别，不仅反映了文化发展不同脉络的差异，而且决定了他们在世界政治和经济体系中所扮演的角色。随着全球化进程的扩展，经济的发展与文化的进步紧密地联系在一起，经济的文化化和文化的经济化已然成为潮流和趋势，且日益增大不可分离。作为人类正向能量利用的一种机制，民族国家对文化的发展和驾驭，将在很大程度上改变人类的生存方式和社会生活。

软实力的文化形态同时表现在国家意志的精神需要和群体准绳的文化指引。软实力的文化支撑来源于民族文化所诠释的情感、规范和目标共同构建起来的民族自主意识。民族自主意识不仅是维护民族独立和自由的思想前提，而且是民族国家软实力发生和发展的思想源泉。不同的民族文化具有相异的价值追求，支撑着民族成员独特的心籍和相通，维系着民族国家的历史和进步。丧失了文

---

① [英] 马林诺夫斯基：《文化论》，费孝通等译，中国民间文艺出版社1987年版。

化认同产生的民族支撑,被其他民族同化是必然的结果,文化独特性的丧失,民族的振兴无以为继,民族国家的存在也将逻辑地被取消。现实性上,文化认同的民族意涵和精神支撑,不仅塑造了民族成员最基本的人格,而且形成了他们最本质的存在。生活在一定社会里的民族成员,其思想和欲望、要求和动机、对事物的选择和判断,不仅与民族群体的生活息息相关,而且与整体价值意识紧密相连。民族文化的情感、规范和目标所诠释的共同信仰和精神支柱,容纳了民族国家所推崇的情感、知识、意志和观念,在得到民族成员的了解和认同之后,规范化乃至神圣化的心理因素便会产生,民族自尊心和民族自信心将得到进一步激发。民族文化认同,使民族个体认识和归依自己的群体,从中获得群体的认同和归属,有助于民族凝聚力的提高。正是从这个意义上来说,民族成员个体精神的支撑和民族群体价值观的确立,从顺应、认同到同构的过程,反映的是个体精神与社会信仰,从相撞、互渗、相融到升华的实质,其结果必然带来民族国家软实力的强化。

软实力的文化抽象有赖于民族成员自觉状态下的发展。人类区别于其他动物的本质特征,是人的主观能动性,或曰自觉能动性,这种能动性决定了民族成员个体和民族国家整体永不停顿的发展,而这个发展恰恰是软实力文化构成的重要因素。局限于落后的、经验的和自发的思想意识,进行自然和自发状态下的发展,还是以先进的、科学的思想理论为指导,进行自为和自觉状态下的发展,将很大程度上制约民族文化自身的发展和民族文化认同力的提高,进而影响民族国家软实力的发挥。"世界不会满足人,人决心以自己的行动来改变世界"。① 民族文化是一个民族之所以成为民族的深层积淀,民族文化认同代表了民族价值体系的方向,反映了共同体的本质、愿望和信念,它的形成不是一朝一夕,更不是主观任意的产物,它对民族成员精神和理念的渗透、行动指南的转化,对民族国家吸引力和创造力的奠基意义深远。任何一个前进中的民族,总在不断地总结新的实践、创造新的精神,以达到与时俱进的发展。在民族成员的社会实践中,民族文化对个体成员自由选择的作用和影响,作用于世界观、人生观和价值观的科学认识和主体确立,将自身的发展置于民族目标总体需要的平台,是个体与社会互动良性协调的明证,同时也是软实力提升的证明。

另外,软实力的文化形态还表现在民族国家的文化导向,这个导向来源于民族成员对国家政治目标和社会价值的承认和认可,植根于民族文化对个体成员符合目标的引导和偏离目标的纠正。在实际过程中,文化认同对软实力发展

---

① 《列宁全集》(第55卷),人民出版社1990年版。

的导向不仅趋向于抽象的目标，而且面对充实的未来；不仅带有政治性和方向性的意旨，而且是各种因素综合协调的呈现；不仅表现为确认和选择的过程，而且是抽象、探索和遵循规律的结果。我们看到，"历史进程是受内在的一般规律支配的。因为在这一领域内，尽管各个人都有自觉预期的目的，总的说来在表面上好像也是偶然性在支配着。""历史事件似乎总的说来同样是由偶然性支配着的。但是，在表面上是偶然性在起作用的地方，这种偶然性始终是受内部的隐蔽着的规律支配的，而问题只是在于发现这些规律"。[①] 有鉴于此，文化认同的吸引和创造，在于民族文化对规律的发现和合力的形成，在于民族成员获得主体性、完成社会化的过程与结果。正如马克思主义经典作家指出的那样，"历史是这样创造的：最终的结果总是从许多单个的意志的相互冲突中产生出来的，而其中每一个意志，又是由于许多特殊的生活条件，才成为它所成为的那样。这样就有无数互相交错的力量，有无数个力的平行四边形，由此就产生出一个合力，即历史结果，而这个结果又可以看作一个作为整体的、不自觉地和不自主地起着作用的力量的产物"。[②]

在软实力的文化创造中，民族成员对所属文化的承认、认可和赞同居于非常重要的地位。在现实性上，主体价值要求和主体行为之间的互动并不是一种简单的互补。认同本身受制于理智形式的外在逻辑，同时又受制于自身条件非自足性的内在规定，这两种制约之间的关系表现为工具理性与价值理性的对立和统一。一方面，客观的逻辑规定未必能够满足民族成员全部之所需，为完成自身目标，民族成员必须对客观的逻辑规定进行创造性的操作。另一方面，民族成员的个体需要一旦上升为固定的价值目标，便会演变为相对稳定的价值观念和价值行为，对客观条件的变化、理智活动的拓展以及理性知识的规定难免有所忽视。在这个过程中，社会发展催生出来的理性活动、目标和取向并不是一成不变的固化，变化、分解、组合的现象时有发生。当民族成员进行价值目标的新旧转换时，民族文化的导向便显得格外重要。通过情感的激发、规范的提供和整体目标的确定，民族文化对个体成员的目标系统和行为偏颇进行揭示和阐发，提出新要求、进行新操作，促成个体目标自我修正的完成，以适应价值理性对工具理性的约束，使理智活动和理性知识回到逻辑需要的轨迹上来，在遵循客观规律的基础上，朝着正确的方向发展。所有这些，都有助于软实力文化作用的结果。

---

① 《马克思恩格斯选集》（第4卷），人民出版社1995年版。
② 同上。

二、软实力的现实物化

"软实力"概念的提出与"民族文化认同"命题的强调，凸显了全球化时代文化交融与文化交锋的历史脉络和现实要求。作为软实力的重要组成部分，民族文化是意志力、凝聚力和协同力的集中体现和民族表达，是民族国家经济实力、科技实力和国防实力得以发挥的重要资源，同时也是一定条件下进行物质转化的重要力量。由此出发，民族成员对所属文化的承认、认可和赞同促发了民族国家文化软实力的现实物化，是民族国家吸引力、影响力和对外竞争力不可或缺的内生因子。软实力的现实物化与民族文化认同力的切实提升紧密相连，软实力的文化构成是民族成员承认、认可的依据，文化软实力的现实进步是民族成员认同力增强的保证。因此，以民族文化认同为基点，激发和促进民族文化的对外影响力和物质转化力，发展和完善多民族国家的文化竞争机制，不仅是民族国家软实力提高的趣旨和愿景，而且是民族文化软实力现实物化的路径和举措。

软实力的文化竞争力，主要指民族文化的对外影响力、对内导向力、激励力以及形成物质转化的能力，它构成了软实力现实物化的基础。民族文化的竞争力不仅包括现实和潜在的能力，而且包括潜力转化为现实的机制与能力。按照历史唯物主义的观点，在社会结构的整体性上，文化不可能脱离民族的经济和政治实力独善其身，民族文化的对外影响力天然地包括民族共同体的经济生活和政治制度的基本内容。不同民族在经济结构和社会生活中的特色，在一定程度上决定了他们在世界政治经济体系中的分工，制约了他们在世界市场份额中的比重，影响了他们在世界交换活动中的角色，并且在很大意义上决定了民族国家面对激烈的国际竞争所表现出来的政治决断与政治行为。与此同时，民族国家在世界政治经济体系中的作为、选择和表现，民族文化在世界民族结构中所处的地位和影响力反过来又将演变为民族文化的历史、积淀为民族国家的经验，通过认同内化为民族文化定式的新资源和新要素，最终发展成为民族文化的新内涵与新特征，并以此制约着民族文化对外竞争的结果和影响。正因为文化竞争与文化认同都是民族国家综合实力的重要部分，两者互为依托、互为基础、互为条件、相辅相成。综合国力的提高，往往是民族文化对外影响力的扩大；综合国力的较量，常常是文化认同与文化竞争同步消长的结果。

软实力与具体民族的物质利益和经济要求的个性化息息相关。不同的民族利益、不同的观念形态、不同的价值认同，构成了软实力交锋的本源，同时指向国际竞争的本质。就文化竞争而言，在空间维度的矛盾主要是"内与外"的冲突,即本土文化与异质文化的对立;在时间维度的矛盾主要是"前与后"的冲突,即前后相继的文明所具特色的对立。随着经济全球化的深入发展,国际竞争所聚集的高容量的资源配置和高密度的社会关系,一再越出民族与国家的界限,渗透到人类生活的各个方面。多样性的思想与文化,以交融和渗透的方式不断地更改主权国家的文化标界,在跨国家认同和民族主义两种极端中徘徊。"全球化的动力产生于人们扩大他们自己创造的秩序的范围,以便为他们的福祉增加货物、服务和观念的需要……本土化的动力来自人们在实现心灵慰藉时对于身边的可依赖的支持的需要,即对家庭、邻里,对文化习俗,对把'我们'与'他们'分开的意识的需要"[1]。反观当今世界政治经济结构下各民族国家的权利与地位,不难发现民族群体的事实不平等与民族矛盾冲撞的历史演变与现实源起,极端民族主义产生的土壤与条件,并没有因为所谓的"天下大同"得到本质性的改变。在这个过程中,西方国家往往以"普世"的面目自居,以经济和科技的强大为由,强制进行"西式文明"的输出,在分解民族国家的文化要素、瓦解民族国家的文化传承、冲击民族国家文化认同的同时,迫使弱势国家放弃文化传统、消解文化自信,借此实现西方主导的文化霸权,力图构建以资本为中心的高度同质化的世界。正因为"本土的文化传统"可以"唤起力量和意志去驱逐入侵者"[2]。这就不难理解,面对世界范围内生产要素的全球流动以及生产过程全球分布的深入,各个国家纷纷以提高市场准入条件、进行双边贸易谈判、标榜知识产权保护、提供产品补贴、巩固国家文化安全等多种形式,以国家利益为原点,以提高综合国力为口号,以文化竞争为旗帜的应对措施。

较之于文化内涵和特质的本质规定,作为硬实力基本表征的经济、军事力反映的是文明状态的表层和非本质现象活动的背向。较之经济和物质等硬实力,作为无形而潜在的精神力量,文化软实力反映的是一个民族、一个国家的精神风貌,这既是人类社会存在的既有前提,也是未来社会发展必不可少的条件,它与国际竞争的整合、与软实力物化的互动,所要面对的是经济决定论与精神动力论的统一。正是从这个意义上来说,民族文化是推动一国经济、政治和科技发展的人文动因,是具有本质意义的精神旨趣。在经济全球化时代,民族文化的实践价值更加凸显,文化竞争向物质转化的要求更加迫切和直接。国际层面,民族文化对外扩散和影响力的提高,有助于吸收与其接触的异质文明,有

---

[1] 王列:《全球化与世界》,杨雪冬编译,中央编译出版社1998版。
[2] 王宁:《全球化与文化》,《西方与中国》,北京大学出版社2002年版。

利于国民意识的凝聚；民族文化立足于本土、面向世界的发展，有助于民族国家内部排他界标的突破，有利于对地域关系和经济模式狭隘性制约的超越，在彰显民族文化特质的同时，促进文化竞争的物质转化。环顾当今经济竞争在全球拓展之时，文化热也在世界各国普遍兴起，正是这种转化不断提速的结果。随着国际竞争的日趋激烈，各种民族主义的诉求一再越过界限领土，已然渗入到国际市场和国际空间。包括美国和西欧发达国家在内的现代民族国家，在全方位展开民族竞争的同时，越来越把民族文化视为保护其生活方式及国家安全的重要防线，其原因亦在于此。

现实性上，民族成员对本民族文化的承认、认可和赞同不仅是民族文化对外影响力的源起，同时也是国际竞争的基石。民族文化是民族精神与民族风貌的集合体，既是共同体内部各族人民共同创造并为他们所共享的精神财富，同时也是共同体内部各族人民创造物质财富、发展科学技术的动力之源。在民族成员的现实生活中，获取物质利益与追求精神价值总是密不可分，不仅相互联系，而且相互转化。对于民族成员个体而言，"满足他们的需要的遥远的经济进程是非人格化的，它们几乎不可能促进与一个集体交往中的其他人共同分享的需要"①。从这个意义上来说，文化认同不仅关系着民族成员的利益维系，而且关系着从精神到物质飞跃的根本，关系到软实力的现实物化。当今世界，通过民族成员的文化认同提升民族文化的对外影响力本身就是一种资源，它是民族国家经济和科技发展不可或缺的渠道和手段，它在政治上的作用亦在不断地强化之中。

在碰撞、融合、互渗和互补的交流中，文化认同促进了从区域性资源向人类共享资源方式的转化，为民族国家面向世界的竞争，提供了动力、导向和影响力的支持，进而促进了软实力的现实物化。就民族国家内部而言，社会福利保障制度、资源分配方式、经济干预职能和社会财富的再分配，内部族际关系的融合与冲突、凝聚与离散的纠结与反复，所有这些影响文化认同的要素，同时也影响了文化软实力向现实转化的方式与结果。各民族族体与个体成员在共同体内部利益关系的观感，他们对自己所处地位和享有权利的悟判，融汇了民族意识与民族诉求的内容与来源，所有这些制约了文化认同的可能，同时也制约了民族文化现实物化的速度与方向。民族与国家内部整合与公共权力的互相依赖，民族与国家双向利益的统筹兼顾，国家与民族互补的铸就与基石，在提升民族文化认同的同时，于国家软实力的现实物化具有十分重要的意义。就民

---

① 王列：《全球化与世界》，杨雪冬编译，中央编译出版社1998年版。

族国家外部而言，建立在民族肌体之上的国家政权，必须以民族文化认同为手段，在不断强化民族文化认同的基础上提高国民意识，充分促进、保护和发展多民族国家的经济利益，扩大民族文化的对外影响力，提高综合国力，所有这些国家行为的文化举措，同样有利于软实力的现实物化，有利于民族文化认同的现实固基。

具体而言：文化认同的精神动力构成了软实力物化的前提。思想动机是民族成员行为的直接动因，内在需要的产生与促进需要的刺激相结合，满足的是民族成员主观能动性的不可或缺，同时也是软实力物化的不可或缺。在民族成员的社会实践中，未满足的需要通常是动力激发的起点，而需要的满足往往是激励过程的实现。每一个民族成员在其生存和发展的过程中，产生需要是必然的现实。为满足需要，思想的愿景必须上升为动力的拓展，以情感和规范的提供搭建满足需要的舞台，进而引发满足需要的行为。在软实力物化的实践中，为达到民族成员思想和行为的一致，通过奖与惩的方式，民族文化可以对民族成员的思想和行为进行深层开发和有效刺激，满足他们的心理需要和情感要求，调动民族成员思想和行为的主动性与积极性。当一种需要满足之后，不断诱发新的需要，采取新的行为，实施新的激励，产生新的动力，在推动软实力从精神到物质转换的过程中，提升文化认同的层次和质量。

文化认同的情感激励构成了软实力物化的依托。马克思主义者从不否认情感激励在精神向物质转换中的力量，于特定对象产生的认同感和亲切感，激情和热情在情感追求对象的反映中，对民族成员的思想和行为影响重大。在他们看来，"激情、热情是人强烈追求自己的对象的本质力量"。[①] 民族成员的人生追求和民族目标的整体凝聚，本身就是一个充满理性的价值选择，同时也是一种充满激情的心灵提升。黑格尔指出："冲动和激情不是别的，而只是主体自己据以确立其目的和实现这个目的的活力。"[②] 情绪高涨、行动有力与事业成功，存在着某种天然的联系。"没有一件伟大的事情是没有热情而被完成的，它也不能没有热情而被完成"。[③] 离开了激情和冲动，离开了积极性、主动性和创造性的发挥，就没有人类行动的自我。文化认同是民族情感激发的重要介体，或言之，民族成员的行动往往由自己的情绪和情感所推动，而他们对民族文化的承认、认可和赞同，与主观心态的情绪感应和自觉内化，在激发和促进的过程中

---

① 《马克思恩格斯全集》（第42卷），人民出版社1979年版。
② ［德］黑格尔：《精神哲学》，杨祖陶译，人民出版社2006年版。
③ 同上。

达到软实力物化的目的。

　　文化认同的规范赋予构成了软实力物化的凭借。民族文化所提供的规则和意义称之为民族规范，这是民族成员在社会领域的一切关系必须遵循的原则。民族成员的活动与价值规范的精神是不可分割的整体，离开了文化规范的活动决非人的活动。民族规范表达的是民族共同体根本利益的一致和总体要求的协调，它从整体上规定了民族成员个人利益和社会整体利益之间的关系，引导着民族成员个体行为和社会行为的基本方向。从民族情感出发，在民族成员可选择的活动空间内，民族规范给予他们价值的肯定和意义的诠释，对范围以外的活动则加以否定和排斥，在实践层面上提供了较之其他规范更直接的指导力和约束力，同时亦提供了某种程度的观念变通，最终将民族成员的行为引入民族共同体所推崇的秩序范围内。与群体目标和整体利益相关的规则和意义，通过文化认同转化为民族成员的行为与自觉，不仅是文化竞争力物化的现实需要，而且是认同力强化的结果反映。

　　文化认同的价值归旨构成了软实力物化的目标。软实力物化的目标源于民族成员自主性、能动性和创造性的内在规定，这个规定是共同体经验、价值、思想和意志的民族体现，包含着文化认同的价值意义和标的指引。民族文化的价值目标代表着该民族的生活理想和终极关怀，是特定历史时期具体民族有别于其他民族的文化表征和意义归属。一方面，它是不同民族在特定生活环境中所形成的对外部世界的一种思维和肯定；另一方面，它是民族群体特殊意义和价值倾向的文化理念与精神世界。在软实力物化的过程中，文化认同的价值诠释不仅表现在民族成员自然、社会和自身主客体关系的凝聚，而且表现在物质活动过程中主体地位和能动价值的发挥，表现在共同体历史使命和社会责任感民族外化的行为。民族文化的目标导向、民族成员主体意识的唤起、内在需求和精神动力的激发、调动积极性、振奋主体性，所有这些促进软实力现实转换的举措，同时也是物质和精神双重领域里促进民族文化认同的作为。

参考文献：

[1]《马克思恩格斯选集》第1卷，人民出版社1972年版。

[2]《马克思恩格斯选集》（第4卷），人民出版社1995年版。

[3]《列宁全集》（第55卷），人民出版社1990年版。

[4] 教育部社科司：《普通高校思想政治理论课文献选编》，中国人民大学出版社2008年第3版。

[5] 杨岚，张维真：《中国当代人文精神的构建》，人民出版社2002年版。

［6］［英］安东尼·吉登斯：《失控的世界》，周红云译，江西人民出版社2001年版。
［7］解思忠：《国民素质忧思录》，作家出版社1997年版。
［8］［德］哈贝马斯：《交往与社会进化》，张博树译，重庆出版社1989年版。
［9］［美］约瑟夫·S·奈：《硬权力与软权力》，门洪华译，北京大学出版社2005年版。
［10］［英］马林诺夫斯基：《文化论》，费孝通等译，中国民间文艺出版社1987年版。
［11］王列，杨雪冬编译：《全球化与世界》，中央编译出版社1998版。
［12］［德］黑格尔：《精神哲学》，杨祖陶译，人民出版社2006年版。

第二章

个体道德与价值共识的现代性培育*

个体道德是价值共识达成的基点,价值共识的形成有待于个人道德的充分发展和提升。从个体道德到价值共识实现的过程需要社会信任的重建,和谐社会即是从危机社会到信任社会,进而到互助社会发展的必然结果。本章重点探讨个体道德和价值共识之间的关系,尤其是价值共识的现代性养成。

第一节 重建社会信任:从道德危机到存在危机的思考

诚信问题并非新鲜话题,但不诚信行为从点、线、面向诸多领域扩展,致使当下中国人存在空间整体堪忧。密集爆发的食品安全问题使人们认识到诚信问题不仅是道德危机,更是存在危机,它使人的生存与社会的发展面临巨大风险。本节从人的存在视域出发,以生活空间、制度空间与交往空间为三个维度,力图透析诚信危机,发现问题症结,探求重建社会信任之道。

一、生活空间的安危:消费的焦虑与保护性的茧壳

人的生存和发展,正如马克思所言:"我们首先应当确定一切人类生存的第一个前提,也就是一切历史的第一个前提,这个前提是:人们为了能够'创造历史',必须能够生活。但是为了生活,首先就需要吃喝住穿以及其他一些东西。因此第一个历史活动就是生产满足这些需要的资料,即生产物质生活本身,而且这是这样的历史活动,一切历史的一种基本条件,人们单是

---

* 本章作者林滨、葛桦、李萍。

为了能够生活就必须每日每时去完成它，现在和几千年前都是这样。"① "物质生活的生产"与"日常生活"共同构成历史的现实基础和真实内容，任何时代任何个体的存在和发展的前提条件是物质生活需要的满足，且"当人们还不能使自己的吃喝住穿在质和量方面得到充分保证的时候，人们就根本不能获得解放。"②

以此观照当下中国社会，我们不难发现构成人的存在和发展前提的物质生活空间，"尽管改革开放以来消费品短缺现象从根本上得到克服，产品极大丰富了，消费者也获得了前所未有的选择权和权威，但是，与此同时，消费者也陷入了前所未有的对产品质量及其风险的焦虑之中。市场为消费者提供了更多的选择，提升了消费者权威，但市场失灵导致市场所提供的产品并不能完全保障消费者的健康与安全。在此意义上，市场既提供了消费者权力，同时也置消费者于消费风险之中。"③ 物质产品的种类和数量越来越丰富，但产品的质量和安全却越来越让人不放心，甚至发展到本是满足人的存在需要和改善生活质量的产品却变成伤害人的身体甚至威胁人的生命的"凶器"。近年来"毒奶粉""瘦肉精""地沟油""染色馒头"的食品安全事件的层出不穷，正不断摧毁着中国人生存安全的保护屏障和社会信任。对此，温家宝同志于2011年4月18日在同国务院参事和中央文史馆馆员座谈时指出："近年来相继发生'毒奶粉''瘦肉精''地沟油''彩色馒头'等事件，这些恶性的食品安全事件足以表明，诚信的缺失、道德的滑坡已经到了何等严重的地步。"④ 它昭示着诚信问题已经由道德危机衍生到人的存在危机：

它破坏着人的存在和发展的基础。经济基础是人的存在和发展的前提条件。市场经济是竞争经济，逐利性使利益最大化成为经济人的诉求。但市场经济又是合作经济，诚信守法是市场经济发展的基石。"信任是合作的前提条件，也是成功合作的产物。"⑤ 信任在经济领域作为信用原则的诉求，"不是从道德诚信开始的，也不是从竞争中产生的，而是从商品交换活动中产生的，是商品交换活动和商品流通得以实现的必要条件。"⑥ 成熟的市场经济必定是信用经济。"现代市场经济是一种信用发达的市场经济。诚信作为一种经济活动规范，对现

---

① 《马克思恩格斯选集》第1卷，人民出版社1995年版。
② 《马克思恩格斯选集》第1卷，人民出版社1995年版。
③ 李强：《中国社会变迁30年》，社会科学文献出版社2008年版。
④ 《温总理谈食品安全》，载《羊城晚报》，2011年4月29日。
⑤ ［波兰］彼德·什托姆普卡：《信任：一种社会学理论》，中华书局2005年版。
⑥ 宋希仁：《论信用与诚信》，载《湘潭大学社会科学学报》，2002年第5期。

代市场经济的存在、发展及其健康运转有着不可替代的重要作用。诚信是市场经济存在的内在要求和发展的前提条件，是市场经济的基础和市场经济秩序的稳定器；是市场中各行为主体实现自身经济利益的有力保障和参与市场竞争的永远可靠的资本；是市场经济成熟与否的标志。"① 在社会主义市场经济初始阶段，法制、法规的不健全，使一些丧失了道德的经济理性人，通过假冒伪劣产品，力图用最低的成本获取最大化的利益，而当一个不成熟的市场监管体制和制度使得这样的谋利有可趁之机和可以达成，且不诚信行为所付出的成本过于低下之时，造假盛行，食品安全的堤坝被冲毁也就是时日可待的事情。从长远的角度看，貌似个体以不道德的手段通过低成本获得较大的利润是符合经济理性人的追求，但事实上这样的算计无论对个体或是社会都是致命的伤害，皆为短视和狭隘。"商务部的统计，我国企业每年因信用缺失导致的直接和间接经济损失高达 6000 亿元。在诚信成本太高，而失信又几乎没什么成本的情况下，违约、造假、欺诈的故事几乎每天都在上演。巨额的信用成本，如同扼住企业喉咙的那只手，在残酷地剥夺着中国企业尤其是中小企业本就狭小的生存空间。"② 因为当代世界经济是一个以市场经济为主导的一体化经济，"正在形成中的全球性相互依赖，将只会增加对作为合作的重要条件的信任需求的增长。"③ 那些通过失信谋利的个人或经济体必将被排斥在外，从而丧失可持续发展的空间。信用作为构成社会资本的重要部分，更是当代道德力转化为经济力的主要方式，"我们从检验经济生活中获得的一个最重要的启示是：一个国家的福利以及它参与竞争的能力取决于一个普遍的文化特性，即社会本身的信任程度。"④

它摧毁着人的存在和发展的安全感。安全需要如马斯洛所言是人的需要的重要内容，而在所有的安全需要中，食品安全感尤为重要，它将人的第一层次的生存需要和第二层次的安全需要合为一体，"民以食为天，食以安为先，食品安全是关系人民群众身体健康和生命安全的一件大事。"⑤ 食品安全工程是最大的民生工程，如果食品安全得不到保证，社会将空有琳琅满目的商品，却毫无

---

① 廖进，赵东荣：《诚信与社会发展》，西南财经大学出版社 2004 年版。
② 《我国企业每年因信用缺失导致损失 6000 亿 代价惊人》，载《经济参考报》，2011 年 5 月 4 日。
③ [波兰] 彼德·什托姆普卡：《信任：一种社会学理论》，中华书局 2005 年版。
④ [美] 弗兰西斯·福山：《信任——社会美德与创造经济繁荣》，海南出版社 2001 年版。
⑤ 《胡锦涛视察天津：关注食品安全 指出"食以安为先"》，载《人民日报》，2011 年 5 月 2 日。

让人安心的信任,更置人们于消费的焦虑和生存的恐慌中。因为所谓信任,从人的生存而言,它是个体生命得以生存下来的保护机制。"在生活的近乎无限的可能性中,人们建立了一套化简的机制,信任便是其中之一。"① 对此,德国社会学家尼古拉斯·卢曼(Niklas Luhmann)做了描述:"在其最广泛的涵义上,信任指的是对某人期望的信心,它是社会生活的基本事实。当然,在许多情况下,某人可以在某些方面选择是否给予信任。但是,若完全没有信任的话,他甚至会次日早晨卧床不起。他将会深受一种模糊的恐惧感折磨,为平息这种恐惧而苦恼。他甚至不能够形成确切的不信任,并使之成为各种预防措施的基础,因为这又会在其他方向上预先假定了信任。任何事情都会是可能的。在其最极端情况下,这种与世界复杂性的突然遭遇超出了人的承受力。"② 换句话而言,如果人类在日常生活中缺乏基本信任,对任何物、事与人永远陷于怀疑、不信任的不停歇的恐惧与焦虑中,人类的日常生活将举步维艰,个体的神经必然崩溃,"没有信任我们认为理所当然的日常生活是完全不可能的。"③ 在这个意义上,信任就是人的存在的本体安全感,"信任作为基本的'保护壳'而在自我与日常现实的应对中提供自我保护。"④ 故以食品安全为依托重建人们对日常生活的基本信任就成为当务之急。

它呈现出个体面对存在和发展风险时的乏力。面对相继发生的食品安全事件,一部分人采取了"用脚投票"的自救方式。所谓"用脚投票",是指多数的消费者对内地奶粉产品失去起码的信心后,便到港澳等地去买奶粉。这对消费者而言,可谓是从生命保护目的出发采取的理性自保行为。"中国奶粉的问题基本上就是致命的、致残的,影响终生幸福的问题。消费者凭什么要花钱买致命、致残的奶粉,那是自己对自己的孩子的极端不负责……花钱买平安,是中国消费者无奈、悲哀的理性选择,和迷信无关。"⑤ 一部分人采取了"自力更生"的自救方式,自己种菜规避风险。"据《南方周末》昨天报道,包括北京海关在内的不少国家机关在郊外自建蔬菜种植基地,供应各自的机关食堂以及工作人员。这些食品堪称真正的绿色食品,其首要强调的就是'安全'。"⑥ 更

---

① 梁克:《社会关系多样化实现的创造性空间—对信任问题的社会学思考》,载《社会学研究》,2002 年第 3 期。
② [德]尼克拉斯·卢曼著:《信任》,瞿铁鹏,李强译,上海人民出版社 2005 年版。
③ [波兰]彼德·什托姆普卡:《信任:一种社会学理论》,中华书局 2005 年版。
④ [英]安东尼·吉登斯著:《现代性与自我认同》,三联书店 1998 年版。
⑤ 《那是自己对自己的孩子的极端不负责》引自 www.77naifen.com/naifen/3124.html 2011~4~19 - 百度快照。
⑥ 《从国家机关低调种菜看食品安全》,载《南方都市报》,2011 年 5 月 6 日。

多人采取了"步步后退"的自保方式,如奶粉有毒,我已是成年人,与我无关;猪肉有瘦肉精,我开始素食;馒头染色,我改喝粥……这样的放弃与规避风险,到最后会悲哀地发现"覆巢之下岂有完卵",人们已经无以放弃、无路可退。极少数人则是凭借自身的优越条件采取了"胜利大逃亡"的规避方式,移民到别的国家,躲避包括食品安全、环境污染等各种对人的存在和发展构成伤害的危机。"对自己社会生存能力的普遍不信任的最强有力的信号也许是移民的决定。这是人们在生活条件变得不能忍受、并且看不到改善希望的时候采取'退出选择'的最清楚的形式。"① 显然,无论是"用脚投票"还是"自力更生";是"步步后退"或是"胜利大逃亡",在本质上皆是个体规避生存风险的理性行为,但对整个社会生存环境的改善却无甚作为,折射出个体对其所生存的社会环境或制度的无奈,因为"在日常生活中,一个人事实上能(该)做些什么,不能(该)做些什么,拥有什么权利,承担什么责任,做了某事、作出了某种行为就会得到什么或失去什么,这都是由他所生活于其中的那个制度体系所先在规定了的。……也正是由于这个原因,制度本身不仅仅是一个社会的整合机制,同时事实上还是一个社会的行为引导机制。"② 食品安全问题构成生存安危,它既是"社会的悲哀",也呼唤着社会制度强有力的保障。

二、制度空间的保障:制度的乏力与公信力的提高

就人的社会性存在来说,社会制度是个体生存的硬性环境,每个人的生活都受其社会制度所制约与影响。"人的行为方式总是他所生活于其中的那个社会的生活方式、交往方式的折射,是那个社会的政治、文化内容的模塑。其中制度对人的行为选择又具最直接的支配、影响作用。因为制度以社会结构定在的方式表达了那个社会经济生活、政治关系的最基本要求及其内容,表达了那个社会起指导作用的文化传统、价值观念,并以一种具有一定强制性的力量强制在其管辖下的社会成员以这种社会结构方式所规定的方式选择行为。"③ 而"信任是对维持合乎道德的社会秩序的期望。"④ 当社会个体尚无法达到诚信道德的自觉与自律之时,诚信制度的建构和完善就成为解决存在危机,重建社会信任的关键所在。

---

① [波兰] 彼德·什托姆普卡:《信任:一种社会学理论》,中华书局2005年版。
② 高兆明:《社会失范论》,江苏人民出版社2000年版。
③ 高兆明:《社会失范论》,江苏人民出版社2000年版。
④ [美] 伯纳德·巴伯:《信任的逻辑与局限》,福建人民出版社1989年版。

"信任在本质上与现代性制度相连。"① 现代性社会的时空分离特质,导致社会成员相互交往方式发生了由"在场"到"缺场"的重大改变,使得作为信任基础的承诺本身发生了显著变化。前现代社会的承诺是熟人社会中的当面——在场承诺,这种承诺不仅仅以"家"血缘纽带为依托,亦有当面、在场熟悉了解为依据,更有熟人社会所共有的群体、风俗、习惯为有效监督制约,对这种承诺的可预期性与可信性,在实质上是对传统熟人社会那种交往类型的相信信赖。而现代社会因时空分离所形成的非当面——非在场交往,则使得传统的那种承诺及其监督制约机制失去有效性,必须寻求一种新的具有可公度性的交往媒介,及对承诺拥有权威性的监督制约机制,以确保承诺的可信性与可合理预期性,信任制度的建构应运而生。"从非正式的习俗、道德到正式的法律、规定,这些制度性因素通过其内化于社会成员后形成的约束力来增进社会信任度,这时信任的意义在某种程度上被提升了;普通社会成员之间的相互信任,已经掺杂了该社会成员对涉及其中的社会制度的信任,于是社会制度就拥有了作为信任的保障机制和作为信任本身的一部分的双重义涵。"② 信任的不完全充分性是以社会机制来填补的,"这一填补主要是源于社会制度、法律等对社会成员的普遍约束力。当缺失的信息不足以让行动者做出关于信任的判断时,行动中所涉及的制度性因素将会给予行动的达成以有力的支撑。"③ 现代社会信任是由两部分组成的,一部分是对当事人的信任,一部分是对维持生活信任机制的信任,缺少了其中任何一部分,信任都是不完全的,而一个社会的普遍信任状况,在一定意义上更主要地取决于维持信任的社会机制或制度的效力。因为现代性社会是在平等的自由权利与高度发展的信息化背景下被组织起来的社会,社会的基本交往关系一方面以制度化的方式存在着,另一方面又以社会强制这一特殊化的制度化方式对承诺加以监督、制约、实施。在这种制度结构下,承诺具有制度的权威性、严肃性,正是这种制度性承诺才使得生活在现代性多元开放社会中的个人,获得某种可以依赖的客观性根据,行为具有可预期性,进而拥有安全感。如果一个社会出现了普遍的信任危机,那么,首要的不是个体品质问题,而是由各种现实制度体制运作过程中事实上所表达出来的制度性承诺出了问题,这是一个制度性信任危机,它对社会信任的摧毁是最致命的。

---

① [英]安东尼·吉登斯:《现代性的后果》,田禾中译,译林出版社2000年版。
② 梁克:《社会关系多样化实现的创造性空间—对信任问题的社会学思考》,载《社会学研究》,2002年第3期。
③ 同上。

在诚信制度建设中,政府的公信力、专家系统的信任度与完善的法规是保证制度有效的三个支点:

在现代社会中,政治合法性建立在公民信任的基础上,政府的权力来自于人民的信任,人民在信任的基础上让渡自己的部分权力,委托政府行使管理,所以政府和民众的关系内在地包含着互为信任的诉求。"信任意识是自由—民主政治文化的重要属性之一。"① 它要求政府向民众证明自己是值得被信任的,"政治文化文献认为,基于大众的民主政治的发展和持久稳固需要在一般公众中出现相应的支持性习惯和态度,其中最根本的态度是人际间的信任意识。"② 信任是公民社会的基础,"它的存在是有生命力的政治体系不可缺少的前提条件。"③ 当政府享有人民赋予的权力之时,它也就随之拥有了应该对得起人民信任的义务和责任,这是权力享有和维持的基础,也是维护社会秩序的不可缺少的方面。"虽然信任只是社会控制中的一个工具,但它是一切社会系统中无所不在和重要的一种。在社会控制中权力若要充分或甚至最大程度的有效,就必须有信任在其中。"④ 信任在社会秩序的维持中扮演着重要的角色,政府的公信力在社会信任的建构中起着重要的作用。"一个责任政府必须是讲信用的政府,社会诚信体系建设的重中之重,应为政府诚信,或者说政府公信力。"⑤ 它"包含了交流、建立声誉和创造信任。"⑥ 也是能否赢得民众信任的关键所在,"对源于政府的支撑和政府在制度功能方面的不断满意,在创造和维持信任中扮演着重要的角色。"⑦ 为此,"政府应增加自身运作的透明度,允许公民通过各种渠道表达他们的政策偏好和不满,并使自己的所作所为向公民负责,人们就会增强对政治制度本身公正性、稳定性和可预测性的信心,对政府治理社会秩序的信心。"⑧

"当代社会的很大一部分对它们的成员来说已变得难于理解。制度、组织和技术系统的复杂性,以及它们运作的全球化程度的不断增加,使它们对普

---

① [波兰] 彼德·什托姆普卡:《信任:一种社会学理论》,中华书局2005年版。
② 同上。
③ [美] 伯纳德·巴伯:《信任的逻辑与局限》,福建人民出版社1989年版。
④ 同上。
⑤ 《关于提高政府运作透明度,加强公信力的几点建议》,引自 http://www.wenzhou.gov.cn/art/2008/12/16/art_ 6844_ 391.htm。
⑥ 邱建新:《信任文化的断裂》,社会科学文献出版社2005年版。
⑦ 同上。
⑧ [美] 弗朗西斯·福山:《大分裂:人类本性与社会秩序的重建》,中国社会科学出版社1998年版。

通大众来说是难以理解的，而且对于职业的专家来说也是如此。谁有能力完全懂得全球资金流动、股票交易起伏、计算机网络、电信、运输？或者，谁能够完全懂得行政的、管理的、政府的、或军事的运行机制和国际官僚机构？我们必须比以前任何时候都更经常地在黑暗中行动，好像我们面对的是一个巨大的黑箱，我们的需要和利益越来越依赖它的正常运行。信任变成了我们应对晦暗的环境的一个不可缺少的策略。没有信任我们将寸步难行。"① 专家认为，这一"组织我们今天生活于其中的大范围的物质环境和社会环境的技术成就或职业的专门技术系统"②便以其专业化、技术化和权威化而成为人们依赖的对象，成为人与物、人与事之间建构信任的介质。专家的不当出场和给出的解释不能得到百姓认同，都是对专家系统信任度的破坏。如圣元奶粉导致女孩性早熟事件中，专家给出的"微小青春期"的解释；"药家鑫杀人事件"中，律师的"激情杀人"的辩护等。民众一边在网上发出"泪奔，连微小青春期都上了，天下无敌啊"的嘲讽与调侃，一边在网下再也不敢买圣元奶粉，用语言和行动表达了对专家系统的不信任。和政府公信力相比，专家系统由于在某种意义上代表着真理与知识，在一定程度上它几乎是维持百姓对社会信任的最后机制，如果一个社会丧失了对专家系统的信任，社会信任的大厦必将彻底倾覆。

"现代化社会应当是一个良序社会。良序社会不仅是一个形式性规定，更是一个实质性规定。良序社会不仅是一个在社会公共生活交往行为层面具有规范秩序的社会，更是一个制度公正、富有德性精神的合乎人性的社会。它是一个文明得以充分延续与健康发展的自由人联合体。"③ 完善的法规与有效的运行是建立社会信任机制的硬件基础。它要明晰其功效，即用系统的制度呵护良心，用严苛的法律捍卫道德，加大法律杠杆的强制作用，"对于不当行为的惩罚威慑必须是可信的，否则威慑不成其为威慑。"④ 使守信得大利，失信受大损，驱使人们作出维持信任的行动选择，因为"人们服从规范的程度取决于对不服从规范所支付的代价，与使用最有效惩罚手段所支付的代价进行比较。"⑤ 它要克服制度供给不足的问题，完善法规。"制度供应不足"指的是由于社会的快速发展，在制度供给方面没有跟上时代的需求，没有完善的法规与配套的机制，造

---

① ［波兰］彼德·什托姆普卡：《信任：一种社会学理论》，中华书局2005年版。
② 同上。
③ 高兆明：《社会失范论》，江苏人民出版社2000年版。
④ 郑也夫：《信任：合作关系的建立与破坏》，中国城市出版社2003年版。
⑤ 邱建新：《信任文化的断裂》，社会科学文献出版社2005年版。

成"无法可依",既给失信者以可趁之机,也使得制度的效用大打折扣。对此,温家宝同志在政府工作报告中要求"完善食品安全监管体制机制,健全法制,严格标准,完善监测评估、检验检测体系,强化地方政府监管责任,加强监管执法,全面提高食品安全保障水平。"① 它要强化问责机制。问责制是指问责主体对其管辖范围内各级组织和成员承担职责和义务的履行情况,实施并要求其承担否定性后果的一种责任追究制度。问责是制度能否发挥功效的保障,"责任性增强可信性的原因在于它改变了被信任者利益的计算,它增加了成为可信任的人的额外动机,即避免责难和惩罚。"② 通过强化政府承担的责任,增强官员的责任感,使这些人民公仆真正做到"权为民所用、情为民所系、利为民所谋",才能重建民众对社会制度和政府的信任。"政府尤其要通过诚实正直的施政和关心民众的需求来重新获得其应有的地位。"③

三、交往空间的共在:存在的孤独与陌生人的信任

人是社会性的存在,个人总是在一定的交往中生存和发展自身的。交往既是个人活动的前提,又是个人由片面发展走向全面发展所扬弃的环节。"一个人的发展取决于和他直接或间接进行交往的其他一切人的发展。"④ 而人与人之间的信任诉求,既是人与他人共在共处的需要,也决定着社会的信任度,因为"社会—不管其形式如何—是什么呢?是人们交互活动的产物。"⑤

从个体存在的本体论视角,信任就是"存在的不孤独"。社会学家吉登斯认为信任的对立面不是不信任,而是孤独焦虑。"当我们用'不信任'来指称与基本信任……相对应的概念时,它就显得太软弱了……从最深刻的意义上说,信任的对立状态便是这样一种心态,它应被准确地概括为存在性焦虑或忧虑。"⑥ 伦理学家鲍曼指出"在本体论上,我们最多和他人共在,……正如莱布尼兹所说的单子,两个分离的、自我包裹的存在,每一个存在都通过守护自己的自我性、自我的同一性、自身的边界、自身的空间得到实现。相互矛盾的是:与……共在意味着……分离。……这种鸿沟可能仅仅通过架桥通过。"⑦ 通过他

---

① 温家宝:《完善食品安全监管 强化地方监管责任》,载《中国日报》,2011年3月5日。
② [波兰] 彼德·什托姆普卡:《信任:一种社会学理论》,中华书局2005年版。
③ 邱建新:《信任文化的断裂》,社会科学文献出版社2005年版。
④ 《马克思恩格斯全集》第3卷,人民出版社1960年版。
⑤ 《马克思恩格斯全集》第4卷,人民出版社1995年版。
⑥ [英] 安东尼·吉登斯:《现代性的后果》,田禾中译,译林出版社2000年版。
⑦ [德] 齐格蒙特·鲍曼:《后现代伦理学》,江苏人民出版社2003年版。

者的桥就是信任。信任危机在根本上是人的存在危机,是"社会成员相互交往过程中由于缺失有效性承诺而导致的缺乏基本信赖之不确定乃至不安全关系状态。"①

从个体与他人的关系看,信任就是人际关系的产物。列维斯和维尔加特(Lewis&Weigert,1985)提出情感型信任(Emotional Trust)和认知型信任(Cognitive Trust)是最重要的两种人际信任。日常生活中的人际信任大多是这两种的组合。在首属团体关系(家庭)中,信任的基础是以感情为主,在次属群体关系中,信任的形成是以理性认知为依据。② 前者是熟人信任,信任的建立一方面是受制于关系,另一方面也受制于交往中的情感,交往双方之间关系的深浅、情感的真假,在相当程度上制约着交往双方的相互信任。后者是陌生人信任。"信任就是相信他人未来的可能行动的赌博。"③ 理性从自我保护与规避风险出发,在决定是否信任他人时必须权衡两样东西,一是潜在收益与潜在损失孰轻孰重,二是对方失信的可能性有多大,它依据的是分析与判断。当代中国社会在从计划经济到市场经济的转变过程中,当人际交往逐渐打破了地缘、业缘与亲缘的范围;当人的交往对象发生从熟人到陌生人的转变;当社会竞争的日趋激烈及人的主体性、实利性和理性的不断发展等,这些变化必然导致原有的人际关系呈现出重大变化,传统的血亲人伦关系让位于契约化的人际关系,从注重人情到趋向功利等,因而在一定程度上导致现有的人际交往过程中信任的相当程度的匮乏。当我们的社会流行"不要和陌生人说话"的告诫之时,昭示着适应现代社会陌生人交往的新的伦理道德规范的缺场,而当现代社会屡屡出现"杀熟现象"之时,则反映出维系传统社会熟人交往的伦理道德规范的失效,也"标志着社会信任降到了最低点"。④ 人际信任的重建迫在眉睫:

信任作为一种人类情感,往往建立在亲密的熟悉感的基础上。"信任产生于熟悉"⑤。父母、亲人、朋友等是个体生命中最亲近、熟悉的人,是培植对人信任的基本土壤。人在日常生活中通过所熟悉的生活环境体验与熟悉的人的交往,能够感受到一种生活中的连续性与惯常性,正是这种连续性与惯常性,使得人

---

① 高兆明:《信任危机的现代性解释》,载《学术研究》,2002年第4期。
② 杨中芳,彭泗清:《中国人人际信任的概念化:一个人际关系的观点》,载《社会学研究》,1999年第2期。
③ [波兰]彼德·什托姆普卡:《信任:一种社会学理论》,中华书局2005年版。
④ 郑也夫,彭泗清:《中国社会中的信任》,中国城市出版社2003年版。
⑤ 郑也夫:《信任论》,中国广播电视出版社2001年版。

在能够对日常生活做出合理预期的同时，感受到存在的安全性，否则日常生活也无以为继。在一个信任缺失的时代，如果我们连亲人、朋友等都不能信任，那就表明我们已经丧失了对人的信任的能力，注定陷入存在的孤独与绝望，而这恰是个体生命无法承受之重。为此，我们必须守护对亲人朋友的信任，尽量不让利益侵蚀与功利毁坏，只有这样，我们才能有信心有勇气走在人生的旅途上。"当信任表现而且发展成为真正的信任时，它才是美德。信任愈是善于接纳和弱于计算，信任就愈是可能发展。"①

"没有人们相互间享有的普遍信任，社会本身将会瓦解……现代生活在远比通常了解得更大程度上建立在对他人的诚实的信任之上。"② 能否对陌生人建立基本信任，在一定程度上是衡量中国社会是否进入现代社会的一个重要风标，是构建个体生命生存的心理安全感的一个重要因素，也是形成良好的社会心态与社会氛围的关键之处。对陌生人的建构方式，除了前面所说的理性选择论外，还可以通过给别人以"幸运经验"的方式。因为信任是个体成长过程中"幸运经验的副产品"。人凭经验生活，人在生活中成长，人们的信任度都是从自身以往的经验里学习来的。"如果早年形成了信任感，成年后也要有大量受骗的经历才会使之削弱。如果早年形成了不信任感，成年后要有大量相反的经验才能将其克服。"③ 信任的培植在一定意义上可谓是成于"幸运经验"，信任的摧毁在一定程度上也可以归之于"恶运经验"。做一个能够被别人信任的人，和一个能够信任别人的人，才能成就人与人交往的幸运与共处的安全。"信任可以在一个行为规范、诚实而合作的群体中产生，它依赖于人们共同遵守的规则和群体成员的素质。"④

培植对人信任的基本乐观态度，这是一种信念或信心。"信任是个体特有的对他人的诚意、善意及可信性的普遍可靠性的信念。"⑤ 它是一种不仅对熟识的人，而且对陌生人也所持的信赖感。它反映的是一种纯净坦然的心态，不是出于理性的度量，不是依据过去与人打交道的经验，而是基于一种乐观的人生态度，即对生活世界的乐观，对人与人之间关系的乐观。内隐或支撑这种乐观态度的便是对他人在基本价值上与自己没有什么差别的相信与判断，基于"己所不欲，勿施于人"的道德信条。这种乐观态度，一方面需要社会制度与良好环

---

① [美] 金黛如：《信任与生意：障碍与桥梁》，上海社会科学院出版社 2003 年版。
② [德] 西美尔：《货币哲学》，华夏出版社 2002 年版。
③ 王绍光 刘欣：《信任的基础：一种理性的解释》，载《社会学研究》，2002 年第 3 期。
④ [美] 弗兰西斯·福山：《信任——社会美德与创造经济繁荣》，海南出版社 2001 年版。
⑤ 郑也夫：《信任论》，中国广播电视出版社 2001 年版。

境为支撑，因为社会是培植或摧毁信任的重要产床。另一方面，也需要个体对信任达成的信心，因为在同一国家、同一社会环境中的个体所持有不同的人生态度的事实却是比比皆是。我们必须清醒地认识到，"我们已经从依赖于命运的社会发展到了由人的行动而推动的社会。为了积极而建设性地面对未来，我们需要运用信任。"①

"疑忌社会是畏首畏尾、'赢输不共'的社会：这种社会的共同生活是一种'零和博弈'，甚至'负和博弈'（'你赢，我就输'）；这种社会易搞阶级斗争、适宜国内国际的艰困形势，倾向社会忌妒和自我封闭，盛行侵犯他人权利的相互监视。而信任社会是一种扩张的'共赢'社会（'你赢，我也赢'）。这是一种团结互助、共同计划、开放、交换和交流的社会。"② 而我们所有的思考与努力，皆是将当代中国建设成为一个信任社会，唯此，任重道远。

第二节 影响个体道德选择的社会因素

影响个体道德选择的因素很多，从社会这个宏观角度来看，影响个体道德选择的因素有：社会结构、风俗习惯和道德情境。通过对影响个体道德选择的社会因素进行分析，可以为道德建设和道德教育提供理论上和方法论上的支持。

一、社会结构：影响个体道德选择的根本因素

社会结构理论是社会学领域的重要内容，各种社会结构理论对我们探讨影响个体道德选择的社会因素具有极为重要的启发作用。下面我们简单以涂尔干和吉登斯的社会结构理论为例来说明社会结构对个体道德选择的影响作用，之后运用马克思主义的历史唯物主义观点，具体探讨个体道德选择的社会影响因素。

涂尔干有关社会制约的论述大多都集中在他对社会学本质的诸多探讨之中。"有一种根深蒂固的观念，认为社会的结构性特征对行动有制约影响，涂尔干以

---

① ［波兰］彼德·什托姆普卡：《信任：一种社会学理论》，中华书局2005年版。
② ［法］阿兰·佩雷菲特：《信任社会》，商务印书馆2005年版。

降的绝大多数结构社会学者都受到这种观念的影响。"① 涂尔干的社会制约学说主要体现在：一是相对于降生在一个特定社会中的个体的生命来说，制度的长时段已经先在地存在了，个体无法选择自己的社会。以语言为例："无论是哪种语言，都预先假定了一系列受框架和规则支配的特征，约束着思维（以及行动），而语言学习的过程又对认知和活动构成特定的限制。"② 二是社会性的结构特征是外在于个体活动的，即"相对在自己活动中再生产出社会总体的个体生命而言，这些总体不仅在时间上先在并更为持久，而且在时间与空间上延展开去，超出任何单独考虑的具体行动者"③。三是相对每一个个体而言，社会事实所具有的特性是客观的，它是外在规定的，包含了其他人的行为，或者包含了其他人认为正确恰当的行为。限制着个体的行动范围。同时，作为不对等权力形式的社会结构，社会用一系列规范来约束个体的行为。这些规范可以用来对付那些行为受到他人谴责或反对的人，方式从赤裸裸的暴力胁迫，到温和隐秘的诱导遵从。

　　吉登斯作为当代著名的社会学家，看到了社会结构理论的偏重社会制约的理论缺陷，试图突出个体的能动性，认为个体的社会化过程是交互性的时间过程，意谓，我们在受制约中创造了一个制约我们的世界。但我们仍然看到，他并不认为个体社会化过程中，个体的自由是无限的，"社会结构性特征就像房间的墙壁一样"，虽然他可以在房间里任意走动，但个人是无法逃离的。吉登斯认为，人只能在特定的时空条件下相遇，而时空像社会剧场的脚本一样在规定着人与人之间角色的分工。人与人的共同在场是互动的基本条件，而为了共同在场，人们不得不针对自己在社会中的地位表现出不同的面貌。时间和空间的"区域化"，就是在这种共同在场的要求中获得力量的，它通过把人的社会活动场景"固定化"，创造性地促发日常生活中的惯例，使人的实践意识固定在特定的客体性场景之中。吉登斯还认为，人的生活需要一定的本体性安全感和信任感，而这种感得以实现的基本机制是人们生活中习以为常的惯例。惯例形成于人们的实践中，并能通过实践的重复在人们的意识中促发一种指导人们行为举止的"实践意识"。这种意识不需要言说、不需要意识形态话语的宣扬，就能够对行动起制约作用，因为个人受着实践意识的潜移默化，所以他们大凡能够

---

① 安东尼·吉登斯：《社会的构成》，李康、李猛译，生活·读书·新知三联书店 1998 年版。
② 安东尼·吉登斯：《社会的构成》，李康、李猛译，生活·读书·新知三联书店 1998 年版。
③ 同上。

"反思性地监管"自己的行为,久而久之使自己和他人达成一种默认的共识,使人在社会中定位及社会这棵大树在个人心目中生根成为可能①。

从社会学的角度来看,我们可以得出这样的结论:一是社会结构先于个体而存在,它具有时空的延绵性,个体道德选择必定受社会结构的制约;二是个体在制约中的重复性道德选择,形成一定的道德意识,指导个体的日常生活道德行为,并给个体以安全感和信任感。

辩证唯物主义认为,社会是由人类个体构成的。人类个体之所以构成社会就在于人类个体之间的相互交往。人类社会是个体之间交往关系的产物,其各个部分之间既有内在联系又相互制约,是一个有机的系统。社会生活本质上是实践的,人类社会是在生产力和生产关系的矛盾运动中发展的。生产力的性质水平和发展要求决定着生产资料所有制关系,进而决定着人们生产过程中的地位和相互关系。在物质生产实践基础上产生了日益多样化的社会实践形式,并由此形成了社会生活的诸多领域,如政治生活、经济生活、精神生活等等。所谓社会结构是社会体系各组成部分或诸要素之间比较持久、稳定的相互联系模式。我们把在物质实践的基础上产生的规范化、制度化从而是形式化的经济活动、政治活动、精神活动概括为社会结构。这样社会结构就主要地分为政治结构、经济结构和意识形态结构。下面我们分别扼要地说明它们是如何对个体道德选择产生影响的。

经济结构对个体道德选择的决定性影响。马克思指出:"人们在自己生活的社会生产中发生一定的、必然的、不以他们意志为转移的关系,即同他们的物质生产力的一定发展阶段相适合的生产关系。这些生产关系的总和构成社会的经济结构。"② 我们认为社会经济结构对个体道德选择具有决定作用。首先,社会经济结构的不同决定着道德体系的不同,有什么样的经济结构就有什么样的道德性质和道德体系,从而也决定着个体道德选择的方法、内容、标准等不同,也就是道德选择的模式不同。其次,道德选择的内容都是一定的社会结构中各种关系的反映。道德选择的内容也是随着经济结构的变化而发展变化的。再次,对于在经济结构中起决定作用、最活跃因素的生产力来讲,生产力的发展对道德选择的影响也是巨大的。我们知道,生产力决定生产关系,生产力也决定着道德关系,生产力和科学技术的发展对社会道德的进步和个体的道德素养的提升

---

① 安东尼·吉登斯:《社会的构成》,李康、李猛译,生活·读书·新知三联书店1998年版。
② 《马克思恩格斯选集》第1卷,人民出版社1979年版。

起着重大的促进作用。当然,生产力的发展并不能直接促进个体的道德选择,有时会出现相反情况,但总的来说是积极向上的。

下面我们以经济结构中的经济制度来说明它对个体道德选择的影响。我国在由计划经济向市场经济转轨的过程中使得计划经济体制下的道德失去了最后的运行机制的支撑,而符合市场经济的道德运行机制还没有完全建立起来,因而出现了社会道德下降现象。由于道德水平的下降,有的学者就提出了"经济发展要以道德下降为代价"的观点,也有的抨击新的经济制度,认为优良道德的实质与追求个人利益最大化的市场经济是格格不入的。胡海鸥认为:市场经济具有道德内生性,"道德的要求与市场经济的运作机制有着高度的一致性,它可以在个体实现自己利益的同时促进和兼顾各方的利益,从而促使这种道德从市场经济的运行中生长出来,而不会面临外部输入与经济运行相悖的尴尬"①。我们认为,市场经济是一把"双刃剑",既对个体道德选择起促进作用,也会对个体道德选择起阻碍作用。其促进作用表现在:①谋求利益最大化是促进个体道德选择的内在驱动力。由于市场经济中利益的实现具有双赢或多赢的性质,因此,道德选择符合自己的利益。②由于市场经济的竞争机制是"优胜劣汰",因而对个体来说,道德的选择是最佳的选择,坑蒙拐骗、不讲道德的人,虽一时可以得到利益,但随着交往的深入和利益的博弈,个体将慢慢失去在市场经济中的竞争力,甚至被市场经济所淘汰。③个体的道德选择,在促进社会、他人的利益的同时,个体也相应获得了道德崇高感情的满足感,退一步讲,即使个体没有从道德选择中获得崇高的感情的满足,他也能够从利益的获得中取得补偿。当然,市场经济对个体道德选择也有不利的一面:比如,由于利益的驱使,物欲横流,个体道德选择得不到社会机制的支持,那么"市场经济随时存在着向混乱无序社会倒退的倾向"②。还有,以最少的成本投入,追求最大利益的产出,是市场经济的主要特征,由此可能导致个体不关心公共利益,不关心集体的长远发展,以及不关心环境和资源的保护。

政治结构对个体道德选择的影响。政治和经济是密切联系的,经济是基础,政治是经济的集中体现。经济基础是政治上层建筑的根源,政治上层建筑对经济基础的能动作用是巨大的,因而,它对道德选择的影响是绝不可低估的。政治和道德都是由一定的社会经济关系所决定的上层建筑和社会意识形态,同上层建筑中的其他因素相比,政治对道德选择的影响最为直接、最

---

① 胡海鸥:《道德行为的经济分析》,复旦大学出版社2003年版。
② 茅于轼:《中国人的道德前景》,暨南大学出版社2003年第2版。

为有力。首先，政治结构是促成个体道德选择的重要力量和个体道德形成、巩固和发展的后盾。政治作为经济的集中体现，反映了人们关系中的阶级关系这一本质的方面，它涉及社会生活中的根本问题，任何个体道德选择都不能不受其强烈影响和制约。其次，政治结构还直接影响着道德选择的具体规范内容。为了维护统治阶级的利益，统治者必定采取政治手段——国家政策、法令等将其固定下来，并通过各种强制性的手段迫使被统治者服从。这样个人同他人和社会的关系就固定下来，个体的道德选择必须服从统治阶级的利益要求。最后，在道德选择中，个体的政治立场和观念是促进个体道德选择、道德观念形成和道德品质发展的重要影响因素。在个体生活实践中，他总是首先有一个基本的从个人或阶级出发的政治观念和理想，并在这个政治观念和理想的支配下进行道德选择。

观念结构对个体道德选择的生存性影响。观念结构又被称为意识形态的上层建筑、思想的上层建筑或观念的上层建筑，是意识形态组成的由确定的联结方式构成的有机整体或系统，包括道德、哲学、宗教、文学艺术和政治法律等，它是人们的精神产品。其中，文化是观念结构中最重要的组成部分。个体总是生活在一定文化之中，个体的成长过程也是文化认同的过程，文化体现了人的本质，卡西尔把所有的文化形式归结为符号形式，并在这个意义上，"把人定义为符号的动物"①。文化对个体道德选择具有生存性影响，这主要包括：从根本上说，文化是人类为了适应和改造自己的生存环境而进行的精神生产的产物，在一个社会中，占统治地位的文化，会调控个体道德选择。一个社会的文化为生活其中的人们提供文化价值，是个体进行道德选择的价值源泉。个体若不能在其生活的环境中适应当地的文化，个体就会产生价值冲突，不能过正常的生活，在道德生活领域将处处碰壁。相同的文化中，其道德规范体系和选择行为模式是不尽相同的，而在一个同质性的文化模式中，个体间的道德选择规范以及选择工具有很大的同质性。

二、风俗习惯：影响个体道德选择的重要因素

风俗习惯，也称为传统习俗，它是由一个民族在漫长的历史发展过程中，逐步积累并世代相传的普遍的、稳定的社会心理特征和行为方式。风俗习惯由于其流传久远而深入人心，并以民族情绪、社会心理、文化传统、历史风尚等交织而成，它对个体的道德选择有着潜移默化、根深蒂固的影响。这是因为，

---

① ［德］恩斯特·卡西尔：《人论》，甘阳译，上海译文出版社 2003 年版。

风俗习惯从其形成来看,是给予人们的一定需要和社会生活实践经验;从心理方面来看,它往往是某种经验、某一活动程序神圣化的结果。风俗习惯之所以能够长时间得到传承和保留,很重要的方面是一定群体的风俗习惯反映了他们的比较稳定的道德信念和态度,体现特定的价值观。

在现实生活中,人的生存方式总是要受到风俗习惯的影响和制约。它作为已经被人们普遍接受、深入人们日常生活并铭刻于人们心理意识中习以为常的行为方式,对个体的道德选择影响是广泛持久的,并且是一种自发的盲目影响。"任何人都生活在一定的传统习俗氛围中,被前辈积累起来、传递下来的观念、规范、习惯、礼仪、行为方式等等包围着,影响着,并在潜移默化中逐渐把它们接受下来,形成与之一致的思维模式和行为方式,这就是人除本能以外的支配自己行为的'第二天性'。形成相应思维模式和行为方式的人,同时又以这种既得的方式为标准去评价、衡量他人。"① "习俗通过某种方式赋予道德行为以特有的尊重。即使并不是所有社会习俗都合乎道德,所有道德行为也都依然是习俗行为。无论谁拒绝这种习俗行为都得冒公然违抗道德的风险。"②

我们再从风俗习惯的特点中探究对个体道德选择的运行作用。风俗习惯具有以下特点:一是具有很强的民族性,它是一定民族在特定的生产方式和地理环境条件下,民族文化、民族心理等的综合产物,它凝结着这个民族世代沿袭下来的行为方式和价值观念。二是具有极大的稳定性,正因为风俗习惯与民族心理融为一体,形成了较固定的行为方式和价值观念,因而成为人们意识中根深蒂固的因素,从而具有极强的稳定性。加之,历史上统治阶级出于维护自身利益的需要,往往会通过国家强制手段或借助宗教力量加以强化和普及,甚至神圣化,这就更增加了它的稳定性,尤其在社会发展水平较低的时代或群体中。当然,风俗习惯也有变异性,特别是当社会发生重大变革时,会加速风俗习惯的分化重组。三是风俗习惯既有精华也有糟粕。风俗习惯是长期以来人类经验和智慧的凝结,它的稳定性使得人类优秀的成果代代相传。但由于人类对客观世界的认识能力有限,因而有的风俗习惯是人们对客观世界的歪曲反映,是陈腐的观念和陋习偏见,有些甚至是迷信,又由于人们思维的惰性加上风俗习惯的稳定性和顽固性,人们对它缺乏理性的分析,因而使习惯良莠并存。

---

① 肖雪慧等主编:《守望良知——新伦理的文化视野》,辽宁人民出版社1998年版。
② [法]爱弥尔·涂尔干:《道德教育》,陈光金等译,上海人民出版社2001年版。

由于风俗习惯的稳定性，这就使得它在人们的道德选择中具有普遍而持久的影响力。又由于风俗习惯具有良莠并存特征，因而对个体道德选择同时具有积极的作用和消极的作用，比如，像任何历史上存在过的文化习俗都有一定合理性一样，中华民族悠久的历史，也沉积了许多良好的风俗习惯和优秀的人类文化精华，但同时也有一些落后的观念和陋习。在传统习俗中，"助人为乐""与人为善"以及勤俭节约、孝敬父母、尊老爱幼等，对个体道德选择具有积极的作用；而那些体现小农意识、封闭意识、封建宗法等级观念等的习俗，则对个体的道德选择起消极的作用。

我们来看一个实验例子，它很好地说明了不同民族和文化间的个体道德选择深受传统习俗的影响。这是测验不同国家或民族的诚信度的调查结果。

2000年美国的某杂志社做了一个有趣的调查。他们组织人员在世界各城市故意遗失大约1100个钱包，地点包括路边、电话亭内、办公楼前、便利店、教堂、停车场和餐馆。钱包内有大致相当于50美元的当地货币以及钱包"主人"的姓名和电话卡，以便捡到钱包的人与他们联系。结果，在1100个钱包中，有56%被捡到者送回来了。挪威人和丹麦人最老实，钱包100%都被送回来了。返还率在80%以上的还有新加坡、新西兰、芬兰和苏格兰，这些结果与透明国际的清廉指数的排名大致类似。大多数其他发达国家都属于60%~80%的集团，例如美国（67%）、法国（60%）、日本和韩国（70%），唯一的例外是印度，达到了65%。返还率达到40%~60%的第三集团主要是一些中等发达的国家或地区，包括阿根廷（44%）、俄罗斯（43%）、马来西亚（50%）、泰国（55%）和中国台湾（50%）等。德国（45%）也令人吃惊地属于第三集团。返还率在40%以下的是第四集团，包括意大利（35%）、瑞士（35%）、中国香港（30%）和墨西哥（21%）。按照测试规定，钱包里的现款作为诚实的奖金。亚洲的80个路不拾遗者有58人表示不接受任何奖赏，其中新加坡9人全部拒绝酬谢。欧洲的116名路不拾遗者中不接受奖金的有29人。美国虽然有80人将钱包还给"失主"，但拒绝接受诚实报酬的人只有1个。①

三、道德情境：影响个体道德选择的直接因素

在个体道德选择中，道德情境是指个体生存空间的各种主客观条件的总和，是具体的个体进行道德选择时的自然环境、社会环境和精神环境的总称。

---

① 何建华：《道德选择论》，浙江人民出版社2000年版。

具体讲，就是日常生活中的个体，在处理人和人、人和社会、人和自然的关系中所遭遇的环境。情境是由个体参与、社会互动以及同整个文化的道德规范、道德环境、情景和情势的相互作用形成的。道德情境对个体道德选择的影响是暂时的，直接具体的，是理性分析和非理性运作的统一。其具体影响主要体现在：

首先，道德情境对道德认知的统摄整合作用。道德认知，又称道德认识，是人们对社会道德现象、行为准则及其意义的认知，是对道德现象进行同化和顺应的加工，是认知者、被认知者和道德情境等因素交互作用以及个体对社会道德刺激加以综合认知的过程。道德认知过程包括道德感知过程，道德印象的获得，道德概念及道德观的形成，道德信念的产生，道德评价和道德判断能力的发展，以及道德行为的推测与判断等等，这是人们道德选择的思想基础。所谓统摄，就是个体在道德情境中，运用旧有的道德知识结构对新的道德知识的主动理解、判断和归纳，它是一个积极主动的实践方式；所谓整合就是经过对情境中各种情况的认识、判断，重新对认知结构内部的诸要素协调组合，是内部各要素的调整。在具体道德实践中，个体的道德认知具有继承性和主动性，个体在情境中对道德的认知是建立在以往对道德体系的认知基础上，具有继承性，不仅如此，个体还可以通过已有的认知结构主动从情境中汲取道德新知，并对其整合形成新的认知结构，形成对具体道德进行选择。这样在道德情境中，如果道德情境同个体的道德价值体验、道德需要相一致时，那么，它就能促进个体对自己行为趋向作出积极评价，促使个体进行道德选择；相反，道德情境如果同个体的行为动机相悖或者在异常复杂的道德情境中，那么，它就可能干扰个体的认知活动，使之无法认识客体和自身的行为价值，因而就可能产生道德判断的失误和引起内在道德冲突，进而影响个体的道德选择。

其次，道德情境对产生情感的权重调节作用。个体道德选择不是单一纯粹理性推理的结果，而是伴随着深刻的道德情感的体验。"道德情感是基于一定的道德认识，对现实道德关系和道德行为的一种爱好或憎恶的情绪态度体验，它是一个人根据一定的道德标准，在处理相互道德关系和评价自己或他人的行为时所体验到的心理活动。"[1] 在现实道德实践中，决定个体道德选择的道德情感因素是很多的，具有决定性意义的是义务感、羞耻感、荣誉感和幸福感，其他次要的情感因素有同情感、内疚感、负罪感和责任感等等。道德情境对个体道

---

[1] 曾钊新、李建华：《道德心理学》，中南大学出版社2002年版。

德选择的影响，首先是通过对个体的道德心理活动的影响，即通过对个体的道德情感、道德意志和道德信念的强化或弱化来实现的；其次，在具体的道德选择时，个体会根据具体情况，及时调整自己的道德情感，不断权衡各种因素，来调整自己的选择策略，以期达到最佳结果。当然在不同的道德情境中，个体的情感需要的权衡是不同的，如有时以满足幸福感为主，有时以满足责任感为主等等。当道德情境同个体的道德需要相吻合时，它就必然强化个体的道德情感和意志，坚定自己的选择信心；反之，它会对个体的情感和意志起到削弱或反向作用，会导致态度的改变，消极对待道德选择。

最后，道德情境对道德行为的定向调控作用。通过道德情境对道德情感的感染和影响，道德情境支配和调控着个体道德行为的发展方向，从而直接影响了个体对行为的选择。道德情境对个体的行为选择，有两种不同的情况，一是积极的影响，这种影响是无形的、潜移默化的。在良好的道德情境中，个体会产生一种良好的道德情感，会自觉遵守道德规范，会同不道德行为做斗争，比如在环境优美、道德风气良好的校园环境里，人们会自觉遵守校园规定，自觉维护校园秩序。另一种是消极的影响，比如在脏乱差的火车站、贫民窟，人们容易产生不良观念，不会自觉维护公共道德。

无论进行道德建设还是道德教育，我们都不能无视影响个体道德选择的这些因素。换句话说，分析影响个体道德选择的因素，是进行道德建设和道德教育的前提和基础，它能够为道德建设和道德教育提供理论上和方法上的支持。

第三节 实用理性视域中的价值共识

德性伦理学家麦金太尔认为，在多元价值的当代社会要达成不同利益主体间的价值共识，必须从历史传统文化资源出发，回归"文化共同体"，重叙美德伦理传统。实用理性是中国传统文化最重要的精神品质，内涵丰富的美德伦理，是中华民族性格的鲜明写照。它生成于五千年农耕文明，教化于儒家文化又海纳百川融汇墨、道、法、佛等各派理念，内蕴于中国传统文化的主流形态——儒学及其历史之途，源远流长，化育中国人的思维方式，规约中国人的行为模式，型塑中国人的世界观和人生观。作为历史积淀，它是当代中国现代化建设和发展所依存的文化"生存场"，是构建和谐社会价值共识的底蕴性精神力量。

一、实用理性及其品质特征

"实用理性"是我国当代哲学家李泽厚用以表征孔学和中国传统文化心理结构的创意性语词。"所谓'实用理性'就是它关注于现实社会生活,不作纯粹抽象的思辨,也不让非理性的情欲横行,事事强调'实用''实际'和'实行',满足于解决问题的经验论的思维水平,主张以理节情的行为模式,对人生世事采取一种既乐观进取又清醒冷静的生活态度。"① 作为一种理性精神或理性态度的实用理性,它对中国人的生活和价值信仰产生了深刻和长远的影响,表现出经验体认性、自我同一性和整体自洽性等鲜明特征。

马克思曾说过:"个人怎样表现自己的生活,他们自己就是怎样。因此,他们是什么样的,这同他们的生产是一致的——既和他们生产什么一致,又和他们怎样生产一致。因而,个人是什么样的,这取决于他们进行生产的物质条件。"② 中国农耕文明讲经验、重实践,锻造了朴素的求是务实的实用理性精神。与西方文明中的形而上学抽象思辨的理性主义传统相比较,实用理性反对抽象,不作空虚玄谈,正如章太炎所说的:"国民常性,所察在政事日用,所务在工商耕稼,志尽于有生,语绝于无验。"③ 中国人求实际、讲实用的经验体认性格孕育了精耕细作的农业耕种、影响世界的实战兵书、精湛无比的技艺制造、闻名中外的四大科技发明。

实用理性重经验体认,排斥纯粹理论思考,把现实生命和生活的需要作为判断一切存在的合理性的标准。它主张远鬼神,近人事,积极探求可以解决实际问题的经验知识。孔子明确表示:"未能事人,焉能事鬼?""未知生,焉知死?"(《论语·先进》)因此,在黑格尔眼里,中国万代宗师孔子也只是一个世俗智者,没有一点思辨哲学的味道④。实用理性钟情于经验实用,强调实践,这与马克思实践唯物主义具有高度一致性。它把行为和活动作为评价人生、社会的出发点和归宿,"不闻不若闻之,闻之不若见之,见之不若知之,知之不若行之。学至于行之而止矣。"(《荀子·儒效》)行动本身高于听、看、知,并且行动可上升为考量个人品格和能力的重要尺度,古语云"听其言而观其行"(《论语·公冶长》),"君子欲讷于言,而敏于行"(《论语·里仁》)。行先于并

---

① 李泽厚:《中国思想史论》(下),安徽文艺出版社 1999 年版。
② 《马克思恩格斯选集》第 1 卷,人民出版社 1995 年版。
③ 章太炎:《章太炎政论选集》(下册),中华书局 1977 年版。
④ [德] 黑格尔:《哲学史讲演录》第 1 卷,商务印书 1959 年版。

胜于知，改造世界优于解释世界，因为实践可以实现人和社会的价值目标，还可以通过使用和创新工具去彰显人与其他动物的根本区别。

所以，实用理性既与马克思的实践唯物论有本质区别，也与康德的"实践理性"有完全不同的意境。前者主要表现在马克思实践唯物论的根本指向是生产实践和改造自然并在此基础上改造社会，实用理性则主要是一种日常伦理关系和行为的实践性调适与改进；后者主要表现在康德的"实践理性（伦理行为）只是一种'绝对命令'和'义务'，与任何现象世界的情感、观念以及因果、时空均毫不相干，这样就比较彻底地保证了它那超经验的本体地位"。① 因此，实践理性实质上只是人精神领域中的一种纯理智活动，并不是要解决具体的伦理实践问题，其目标是追寻超经验的至善境界，它以纯粹理性作为立法依据，摒弃任何感性冲动和欲望。康德用思想去表达理性与实践的统一，实用理性倡导用经验和行动去实现崇高的伦理理想目标。中国传统实用理性的经验体认，主要的不是重知，而是重行，强调知行合一，强调在行中的感悟，它不需要上帝形而上学式的纯粹外在命令，而是在普通日常的社会伦理和人事实际关系中领悟和践行修身养性、齐家治国的"德性"和"德行"。

实用理性的第二个特征是自我同一性。现代新儒学代表人物牟宗三、杜维明、刘述先都认为自我同一性是儒家精神的基本特色。所谓自我同一性即内在同一性，是指人的精神内在地具有超越纷繁复杂生活俗事而达致心灵深处和谐秩序的功能，从而获得感性与理性、知与行等的自我同一。实用理性以经验性为生活准绳，却又没失去精神的空灵感，一个关键的因素是得益于对自我内在同一性的坚执。牟宗三说过，中国文明与西方文明不同之处首先就在于是以"生命"的内在同一性精神②，还是以"自然"或"上帝"的外在同一性精神来认知和对待世界。在西方"上帝"式的外在同一解读范式中，人的力量表征和自我认同必须通过征服外部世界和强迫他者来实现，人的精神生活可以超脱现实的家庭、社会、国家，当下所有苦难可以依靠上帝、来世去解决。在中国"生命"式的内在同一解读范式中，人的力量表征和自我认同是现实的伦理政治生活、人的理想追求在人之心性统摄下的内在建构，正如刘先述所说：中国人精神的至上目标，"惟有立志，下定决心，不断做修养工夫，才可能有所如实相应，而达到一种安心立命的境界。"③。中国的自我同一来自于人对自我及世俗

---

① 李泽厚:《中国思想史论》（上），安徽文艺出版社1999年版。
② 牟宗三:《中国哲学的特质》，上海古籍出版社2007年版。
③ 刘述先:《文化与哲学的探索》，台北学生书局1987年版。

世界的理想性、批判性的驾驭，来自于日常生活中对道德自我局限性的不断突破，来自于生活经验学习和积累的仁民爱物的"德性之知"。这种内在精神同一性保证了人在经验无常的生活中仍然能够不懈追求完美精神人格和高尚生命境界，以调节人伦和安顿生命，修己安人，经世济民，兴邦治国，表现出浓郁的实用理性品质。

实用理性的第三个特征是整体自洽性。所谓整体自洽性是指弃置对认知对象内部各具体组成部分的详尽考察而以模态逻辑范式来对事物进行总体判断的思维方式。实用理性的整体自洽性主要侧重事物的价值判断方面。冯友兰认为"中国最缺乏理性主义的训练"①，他所指理性主义是逻辑理性主义而非实用理性。实用理性是以直觉、顿悟和感觉为主要认知形式，认知过程不需理论前提预设和抽象概念的分析、推演和论证，不讲究逻辑链接和时空连续性，不注重各组成要素的分析判断，只依靠个体的直觉领悟去实现人我、心物的一体，完成身心与天地、人道与天道的圆融贯通。此种实用理性运用于现实生活，就是宗法主义与国家主义的整体价值观过度强盛而几乎抹杀个体价值观。金耀基剖析过，中国传统文化的家国观念基本泯灭了所有个性和模型化了一切个体行为。"中国的家是社会的核心。它是一'紧紧结合的团体'，并且是建构了的，整个社会价值系统都经由家的'育化'与'转化'作用以传递给个人。"②实用理性把家族血缘模式推衍到国家政治结构和社会人伦关系中，实现家国同构，家是国的微缩，国是家的放大，引导和约束家庭父子、夫妻、兄弟关系的伦理道德规范通过政治化，演绎为处理君臣、朋友等社会关系的普遍准则。任何个体的价值判断和选择都取决于整体价值系统的需要，以实现社会全局的和谐自洽。

经验体认性、自我同一性和整体自洽性不仅是中国传统文化实用理性的主要特征，而且化育出具有很强圆通自洽品质的移情体验、中庸之道和天人合一的睿锐认知智慧，极大地影响着中国人的思维方式和价值取向，对于达致当代中国社会多元分化态势中的价值共识具有特殊的文化整合力。

二、移情体验与构建价值共识的心理道德情感基础

移情体验是中国传统实用理性文化的重要认知机制。所谓移情体验，按照朱光潜先生的解读，就是推己及人的心理精神感受。他断定"每个人都只能直

---

① 冯友兰：《三松堂学术文集》，北京大学出版社1984年版。
② 金耀基：《从传统到现代》，中国人民大学出版社1999年版。

接地了解他自己，都只能知道自己处某种境地、有某种知觉、生某种情感，要想知道旁人旁物处某种境地、有某种知觉、生某种情感，就要把旁人旁物看成自己，或是把自己推到旁人旁物的地位"①，这种由替代性情绪、情感反应引发的心理或认识活动就是移情体验。

近代以来，工具理性主义狂飙突进，世俗化和个人主义更是一路凯歌，人类社会奔向了现代化时代。作为现代精神主要标志的这三大内容不断解构着昔日宗教神本整体主义和血缘宗族整体主义，人际关系愈益原子化，社会愈来愈难形成统一的行动和共识的价值。中国是后发现代化国家，前现代性、现代性和后现代性相互纠结，社会利益、价值信念和生活态度剧烈分化和多元化。如何整合离散碎片化的当代社会，寻求分化中的共识，传统实用理性内蕴的"移情体验"具有丰富的比附性方法论意义，能为社会整合和价值共识重塑提供心理道德情感基础。

儒家道德哲学的核心范畴是"仁"，并从"仁"推出"爱人"，高扬"仁者爱人"。这种"仁爱"，不是哲学的思辨，也不是彼岸世界的心灵寄托，而是现实世俗生活的知行合一式践履。它虽然具有费孝通先生所指论的"差等"式局限性，难满足"爱人如己"，缺乏基督教"博爱"和康德"绝对命令"的普遍理性力度，有特殊主义倾向，但在杜维明先生看来，"差等的爱也是一个普遍原则"②。儒学"仁爱"的起点是血缘亲情，它认定离开血缘亲情之爱，"爱人"就成了无源之水，就成了抽象虚幻的爱。但血缘亲情之爱如何能够外化演绎为对所有人的爱，体现"人不独亲其亲，不独子其子"（《礼记·礼运》），"老吾老以及人之老，幼吾幼以及人之幼"（《孟子·梁惠王上》）的"泛爱"景况呢？其内在转化机制就是人心中固有的移情体验。移情体验可使特殊与普遍聚合成一体，使普遍之爱获得"差等的爱"的特殊情感的认同和支持，爱亲之心外展成爱人之心。因为在移情体验中，人能够将心比心，把"他我"互相易位进行思考判断，设身处地，以己度人，突破血缘、地缘、职业和等级等界限，感同身受地理解他人情感，承认和尊重他人需要和利益，以爱己之心爱人。传统儒学和新儒学都极力推崇始于亲又不止于亲的移情式"博爱"人道关系，如作为儒学最重要经典的《论语》就构画了一幅理想主义移情泛爱蓝图："入则孝，出则悌，谨而信，泛爱众，而亲仁……"（《论语·学而》）；"己所不欲，勿施于人"（《论语·卫灵公》）；"己欲立而立人，己欲达而达人"（《论语·雍也》）

---

① 朱光潜：《谈美书简二种》，上海文艺出版社1999年版。
② ［美］杜维明：《儒家传统与文明对话》，彭国翔编译，人民出版社2010年版。

等，它对于千百年来中国人的人格塑造和价值观念的生成具有非常重要的范导作用。

现代社会以物质利益为价值中轴，大众人格主要表现为"经济人"和"利益人"。同时，科学技术发展所提供的良好物质生活环境包括交通、通讯和居住条件可使个体在自己私人生活空间内完全封闭而离群索居。由此引发现代人的原子式人际关系，个体主体性人格夹着排他性经济物质利益追求，导致人际间交往沟通阻塞，让人误以为自身只是经济利益躯体，只需物欲满足，不需也无法实现人与人之间的情感连通，其实这只是一种人性真谛的物化式遮蔽。实用理性的移情体验以深厚的文化积淀从人性的视角向世间澄明，人之为人的最根本所在是正如荀子所讲的，是"义"，即道德情感关系，而不是"生和知"。道德情感心灵需求是人特有的标志性需要，同时，人与人之间也能够进行这种交往和沟通以满足这种需要。正是在这种交往和沟通日常伦理生活实践过程中促成个体之间的相互以己度人，生发移情体验，并使社会共识价值潜移默化式地慢慢孕生于人的心灵深处。

从文化传统的视域看，移情体验不仅是一种文化心理积淀，对于受制于这种文化传统中的每个时代的个体来说更是一种心理情感形成的塑型机制。因此，移情体验为多元无序的现代社会形成共识价值准备了文化道德情感积淀。

移情体验表现于外的重要德性品质是忠恕宽容。这些德性品质能超越因经济利益而以线性机械式契约规则聚合在一起的利益契约生活世界，进入类似因血缘共同体而以亲情习俗维系而成的伦理生活世界，给利益纷争以中和礼让，给冷漠规则以人间温情，给人情世故以真诚信义，给浮躁喧嚣以宁静安抚，给失败绝望以灵魂港湾。

德国著名社会学家滕尼斯对血缘"共同体"和"社会"进行了独到的区别性探究，他认为"共同体是持久的和真正的共同生活，社会只不过是一种暂时的和表面的共同生活。因此，共同体本身应该被理解为一种生机勃勃的有机体，而社会应该被理解为一种机械的聚合和人工制品"①。梁漱溟也有相似的看法并以此来说明中国传统社会的特质。梁先生认为中国传统社会具有共同体式伦理生活世界特征，即一条由血缘维系并推演的从个人到家庭到家族再到社群直至整个社会、国家的伦理生活链，它少了"社会"的矫揉造作，多了"共同体"的真诚、稳定，人人情如一体，"形骸上日夕相依，神魂间尤相依以为安慰"②，

---

① [德]斐迪南·滕尼斯：《共同体与社会》，林荣远译，商务印书馆1999年版。
② 梁漱溟：《中国文化要义》，上海人民出版社2005年版。

最终忘了自己，只记得应负的义务。珍视、继承和推陈出新中国文化传统中的共同体式伦理生活道德资源，对处于急剧转型、利益格局重组而使整个社会日益利益化、分化、多元化的中国具有强烈的现实移化作用。

三十多年的中国市场现代化进程，已使中国转型为市场经济主导的社会，作为浓缩了现代资本主义市场经济发育历程的中国现代化，无论如何也不能完全避免市场化所形成的市民社会人际道德困境。毋庸讳言，当今中国社会已普遍浸染着物化质素，市场的广泛逐利竞争催生了利益私我化及主体性物化，导致社会日常生活的高尚信念缺失，责任意识弱化，人伦关系松弛，家庭观念淡漠，社群集体离散，相互信任出现了严重危机，价值共识成了稀缺资源。对此类问题，马克思有专门的剖析。在《论犹太人问题》中，他指出市民社会生活的"人作为私人进行活动，把别人看做工具，把自己也降为工具，成为外力随意摆布的玩物。"①因为"实际需要，利己主义就是市民社会的原则"②。而当马克思将资本剥削与市民社会联系起来进行批判性解读时，市民社会整个人际关系更表现为"人和人之间除了赤裸裸的利害关系，除了冷酷无情的'现金交易'，就再也没有别的联系了"③。卢卡奇将之概括为人的全面"物化"式异化。

实用理性论域的伦理生活世界，从人的内在本真性揭示了人的伦理关系特质，人必须超越市场逐利拥有情感精神舒润，才能获得真正值得过的幸福生活。市场逐利只是工具手段，不是幸福生活的目的，人生持久幸福感不是来自对物的占有，而是来自和谐温情的社会关系。因此，彰显实用理性的伦理生活世界旨趣，可规约市场经济的竞争性、逐利性和个我性，让人回归家庭、组织、群体等情感网络社会生活，过着"有情"人的生活。人与人之间是朋友、亲人、情人甚或是"类"的亲密关系，相互之间养成良好默契，尊重彼此间个性又能自觉遵守共同礼俗，积极自愿行使各自义务，共享作为"人的生命"之意义，这些都是形成价值共识的强大道德情感凝聚力。

三、中庸之道与构建价值共识的社会实践智慧

在中国文化的读解域中，中庸之道是集伦理道德观、认知辩证法、实践方法论和人生通达境界为一体的精神理念。它是以儒学为代表的中国传统文化的

---

① 《马克思恩格斯全集》第1卷，人民出版社1956年版。
② 同上。
③ 《马克思恩格斯选集》第1卷，人民出版社1995年版。

总体性实践原则，经逾千年历史洗刷，更显经世治国化民的无穷智慧，属于世界文明的灿烂瑰宝，具有跨越时空和文化形态的恒常价值魅力，是化解现实社会生活中各种利益纷争并走向普遍性价值和谐的可贵实践智慧。

孔子是"中庸"理念的肇作者，孔子之孙子思作《中庸》为其进行了系统化阐述，后世儒学根据不同时代需要不断对其释解和发扬光大。其中宋儒朱熹的字典式注说对后学影响深远。朱子云："中者，不偏不倚、无过无不及之名。庸，平常也"，"中庸者，不偏不倚，无过无不及，而平常之理，乃天命所当然，精微之极致也"。（《四书章句集注》）当代中国哲学大师冯友兰认为"中庸之道"乃是在日常生活中，坚持"做普通而平常的事，做得恰到好处，而且明白其全部意义"①。当代另一位著名中国传统文化学人李泽厚则从功能意义角度对"中庸之道"作了如下解码："'中庸'者，实用理性也，它着重在平常的生活实践中建立起人间正道和不朽理则。"② 以上解读在文字表述上虽有差异，但却都指向同一宗旨，即"善"的思想及其指导下的"善"的实践智慧。具体而言，就是在所有做人做事的过程中坚持适中原则，不偏不倚，兼顾原则性与灵活性，达致恰到好处。中庸之道不仅是中国传统儒学实用理性的黄金法则，以及几千年传统中国社会立身处事的最高标准，而且也曾是古希腊圣哲亚里士多德推崇的一种至善美德，他强调"中道是有理性的人所追求的目标"③。

儒学认为，人不能真正完全孤独地活着，人成为人，是人与他人的关系使然，所谓人者仁也。正如马克思所言，人就是人的世界，就是家庭、国家和社会等。生活在人与人关系的世界，人际间的经济利益、权力地位等纷争无可避免。荀子说："人生而有欲，欲而不得，则不能无求，求而无度量分界，则不能不争。争则乱，乱则穷。"（《荀子·礼论篇》）为了争而不乱，求而有序，就必须确立社会的普遍共识，这种共识在传统社会就是礼义。"先王恶其乱也，故制礼义以分之，以养人之欲，给人之求。使欲必不穷乎物，物必不屈于欲，两者相持而长。"（《荀子·礼论篇》）礼义既是社会价值共识的标符，也是人心灵中"物与欲"内在自洽和谐的精神平衡器，其根本方法规则则是伦理生活世界中"两者相持而长"的"中庸之道"。它表明，实用理性的中庸之道来自人的平时日常伦理生活的经验积累与实践教化，而不是基督徒式的否弃世俗生活而另构

---

① 冯友兰：《中国哲学简史》，北京大学出版社2002年版。
② 李泽厚：《论语今读》，三联书店2004年版。
③ ［古希腊］亚里士多德：《尼各马科伦理学》，中国人民大学出版社2003年版。

彼岸世界之法，也不是佛教徒苦行僧那样的绝欲出世之路。

但是，在儒学意境中，中庸之道不只是化解社会外在矛盾的功用性机制，更是人生修为的至上精神境界。儒学始终推崇"内圣外王"的君子之道，认为只有内修的自省，才有外为的自觉，也就是王阳明所说的本心所出，义理而为。作为至上的人生精神境界，需要恒常的习作和克己式砥炼，如节制欲望，调适情感，戒贪除躁，弃骄去满，平态常心，宠辱不惊，富贵不淫，贫贱不移，博学审问，慎思明辨，笃行不息，才能逐渐领悟、走近中庸之道。因此，孔子甚至认为始终秉承中庸之道而践履比平定天下、弃官掷金和赴汤蹈火还要难，"天下国家可均也，爵禄可辞也，白刃可蹈也，中庸不可能也。"（《中庸》）强调致中庸的艰辛，并不意味着中庸的彼岸性不可逾越，而是砥志式忠告劝勉，因为"人皆可以为尧舜"（《孟子·告子下》）。同时，作为积极入世的实用理性哲学，它认为只有在现实物欲生活中仍能坚持对道德理想和生命至善百折不挠、虽死不悔的追求过程，人生价值和人生意义才能得以实现和确证。这种"虽不能至，然心向往之"（《史记·孔子世家》）、"明知不可为而为之"的精神品质恰是人之为人的高贵之处。

价值共识不是消极无为、清除个性，更不是泯灭人的利欲，而是直面利欲差异并为之积极奋斗去实现其共同长远利益基础，它源自于人的共同体性或社会性。按照马克思主义人学观点，人是自然性与社会性、个我性与群体性的矛盾统一体。自然性与个我性基于生命的内在绵延冲动，群体性和社会性则始于生命的外在关系保障。作为矛盾性的两维，生命的内在冲动总是试图逾越外在关系樊篱，走向自我随心所欲，容易引发道德问题。设防此种经常可能发生的人际伦理困境，一个关键支撑点是穿越利欲差异面纱建构社会共识性价值，在个体和整体利益追求之间达到中庸之道。在社会发展过程的转型期，这种建构显得尤为至关重要。

中国当前社会正处于急剧转型期，利益分化和利益格局重组使各种社会矛盾凸显，人们价值观念混乱。一些人为市场经济条件下的私利膨胀甚至不择手段谋利而愤世嫉俗、难以释怀，更多人则自觉不自觉地卷入这场浩荡的逐利谋得的大潮中。于是，意识形态日益鲜明地分化出"左右"之争论。"左论"极力夸大市场的负面社会效应，用乌托邦式浪漫激情抒发着昔日威权甚至集权专制主义的美好，把当前中国一切社会问题归咎于市场体制改革；"右论"竭力推崇市场的积极社会效应并以功利主义取向向世人展示市场体制魅力，认为当前中国一切问题主要是市场体制改革没有彻底化。基于中庸视角，无论是愤世嫉俗还是自觉逐利，无论是"左论"还是"右论"，它们都不是完全想当然的无妄之念，都有其现实的生活支撑，但总体而言，这些态度和观点都是极端化的，都远离了传统实用理性中庸之道的认知智慧。

首先，沉湎于过去革命理想主义的幻象并愤世嫉俗，拒绝市场经济全球化浪潮，并以此为社会基础而形成的"左论"，他们看到了市场经济推进过程中出现的悲观末世主义、纵欲享乐主义、功利冒险主义、自我中心主义、个人原子主义等消极现象，却完全忽视了市场体制是人类发展史上迄今最有效率的经济资源配置机制，它对发展经济、丰富人性、增强自律性，以及形成独立人格和培养人的自由平等品质，都有积极进步意义。马克思说过，商品是天生的平等派。市场体制潜藏着消解社会共识价值的可能性，但并不必然带来无序状态，即使是价值多元，也不意味着就会价值混乱失序，因为多元价值中可以有处于支配地位的主流价值。其实完备法制规范的市场体制不仅不会离散社会向心力，而且还有利于在提升个体权利意识的前提下促进整个社会追求富裕、敬畏法制、遵守规则的共识价值，形成"得德相通"的社会理想。

其次，夸大市场体制功能，并试图将市场交换原则推演到政治管理和社会治理各方面，指责中国当前各种社会问题的根本症结在于市场体制改革不彻底及政治体制改革滞后的"右论"，他们看到了市场体制改革带给中国三十余年的发展巨变，但忽视了中国改革开放取得的伟大成就与改革开放前建立的威权政治和社会主义基本制度不可分离的方面，从而将市场经济发展过程中出现的各种消极问题归因于政治体制没有进行类似经济体制一样的彻底改革。其实，市场经济直接解决的问题是效率，它的逐利性本身就预置着人被物化、利己自私、拜金主义等道德风险，如果没有完备的政治法律道德等的规约，这些可能性风险就转化为现实性消极因素。改革开放之初设定的坚持四项基本原则作为中国特色现代化建设的前提基础正是中国市场经济改革和发展取得巨大成功的政治制度、意识形态和道德理想的保障。正是有了这个前提基础，不管改革开放和市场体制如何推进，也无论推进过程中利益格局怎么分化重组，思想如何多元，中国社会始终都有占据社会主导地位的共识性价值，如追求共同富裕、共建法治社会等，这实际上是中国特色社会主义市场经济发展的强大精神力量。

所以，不能割裂社会主义与市场经济的统一来评说当代中国发展的成就和不足。就价值维度而言，必须以实用理性的中庸之道透视中国社会主义市场经济的实践历程，以积极乐观的人生态度投身和体验这场伟大社会变革，在平凡日常生活中建功立业，完善自我，服务社会，以公正平和的中庸智慧厘析当前的价值分化和多元化现象，由此就能在不同指向的价值坐标中找到相异价值的恰到好处的交汇点，让经济价值与道德价值、世俗价值与理想价值、物质价值与精神价值、个体价值与群体价值、传统价值与现代价值、民族价值与人类价值等相互融合自洽成当今时代的社会共识性价值。

四、天人合一与构建价值共识的世界观方法论基础

天人关系或天道与人道关系是中国传统哲学的最基本概念，也是中国传统文化实用理性的内核之一，甚至是中国哲学有别于其他文化轴心圈（雅斯贝尔斯语）哲学的主要标志。中国传统文化主流，包括儒学和道学都主张天道与人道、天和人是和谐统一的，并从人的主体性和天的自然性（或无为性）等不同的角度对"天人合一"命题进行论证，用以说明社会政治和人际关系应有的法则，由此构成中国传统哲学发展的主要轨迹。

儒家哲学认为"天人合一"的基础在于天与人具有共同的德性，天道亦可称之为天德，人道亦可称之为人德。"天人合一"实质上是"天人合德"。德在人之外就是规则，或者说是道，在人之内则为性，称之为德性。儒学不仅认为"天人合德"而使"天人合一"，而且认为在"天人合德"中，是"天为德本"，所以要"法天立道"，从而为社会存在寻找一个宇宙本体，一个绝对根据，一种人生最高依托，以证明伦理道德的永恒性。

中国传统哲学的另一显学道家把"天人合一"的基础立于"道"之上。老子讲，道是万物本源，又是万物规律，先天而存在。天和人都是道的结果，是自然的一部分，它们相互之间是一个有机整体。道的基本法则是自然，即自然而然，亦是无为而无不为。道家哲学视"无为"与"自然"基本同义，它不是不为，而是不矫枉过正、刻意妄为、强行武断，实质是要达致率性而为，中庸有度。

"天人合一"主张的世界观和方法论的本质是和谐。和谐是宇宙运行及自然界生存变化的基本规律，也是人类社会健康发展必须遵循的规则。它既指事物的一般存在，又指一种解决矛盾、处理问题的根本方法。作为事物存在的基本状态，和谐表示事物具有多样性并能在多样性中取得平衡，即"和而不同"。作为化解矛盾的一种重要方法，和谐强调个人与他人、社会发生冲突时，应恭敬、谦让、推己及人，以群体利益至上和团结合作为目的的。明朝理学"三原学派"创始人王恕在《石渠意见》中说："天下之事，行之以和则行，不和则不行，故和为天下行事之达道。"（《明儒学》卷九）这种处事方式的价值依据就是"人和关系睦，家和万事兴，政和国家昌"。不仅如此，儒学还指出和是化生万物的基础，"和实生物，同则不继"（《国语·郑语》）。和不是事物完全等同，而是事物的多样性在协调基础上呈现的平衡,这使原有事物得以保存,又能在演化过程中不断产生新事物。正所谓"和也者,天下之达道也。致中和,天地位焉,万物育焉"。(《中庸》)

"天人合一"的和谐理念为已多元化的当代中国社会达成共识价值准备了不可替代的文化世界观精神基础。中国社会当前价值问题的表象虽然是多样的,但本质是工具理性对价值理性的过度蚕食,物质主义和个体自我中心主义快速膨胀使然。改革开放初期的思想大解放很大程度上解构了计划体制时期乌托邦式的社会终极目标,新的具有共识性的长远目标还没形成,缺乏远虑的定位,必然生发当下利争之忧。市场经济给每个市场参与者提供了合法的逐利场所,却不能马上型构出至上的为大众所认同的共识性价值目标。没有至上价值目标指引的市场逐利竞争,经常使他人、自然、自我都成为满足征服欲和物质欲的手段,道德危机、生态危机、信仰危机频发,人与自然、人与人、人身与心陷于不断的冲突之中。人沦落为单向度的"经济人"和"消费人",成为孤独的原子。如何从这些危机、冲突中突围出来回归平常有序的安宁呢?"天人合一"的和谐理念给予了重要的方法论视角。

"天人合一"的和谐观从总体上把脉了当代中国人孤独式危机的根源和化解这种危机的路径。在经济多元化的时代,思想观念和价值观念已不可能"天下一统",而是表现为多元化样式。如果不能顺应这种时代潮流的变化而固执于曾经的"步调一致"和整齐划一的精神偶像时光,必然徒生被时代抛离的孤独和空虚;相反,如果完全沉醉于多元价值观念形态而迷失了自我,失去了心中的崇高价值守望从而丧失独立选择和判断价值的能力,又会生发存在主义式的人生意义荒漠、无家可归式的孤独和空虚。两种孤独和空虚,表面上看,似乎缘由迥异,然其思维的方法论却是同一的。从"天人合一"的和谐理念出发,两种孤独空虚都抛离了和谐维度,或者将"和与同"划等号,或把"和与异"完全割裂,导致思维取向要么绝对同一,要么彻底的非此即彼。实际上,"天人合一"的本质是和而不同,天道的统一性与人道的多样性共生共存。在现实生活中,社会既需要公德、公利、公意等天道,也需要私德、私利、自我等人道,两者融通,社会才能有序运行。市场体制承认个体利益的合法合理正当性,而且认为正是个体利益之间的和谐竞争激发人们的进取心和社会发展的动力源。但强调这种竞争以尊重他人利益、维护群体整体利益和人间普遍道义为前提,并受这些整体利益和普遍道义的规约。当前中国社会生发的孤独式危机类似于丹尼尔·贝尔在《资本主义文化矛盾》中所诊疗的现代人的文化困境,本质上是市场竞争中的"人道"与社会需要的普遍道义的"天道"之间的失调,"天道"的价值冲动力无力规制平衡"人道"的世俗冲动。如何化解这种困境呢？一个重要的认知导向就是以"天人合一"和谐观为观照，寻找自我、他人、社会乃至自然之间的有机性与相关性，揭展它们作为"和合共生"有机统一体的组成链接的独特嫁接性意义；在承认各种特殊利益、个别价值的基础上发现和创建凝结于这些特殊利益、个别价值之间的有机性、相关性和嫁接性中的普遍性价值、共识性价值。

  需要特别强调的是，作为传统文化的实用理性精神品质，"天人合一"和谐观的方法论意义主要不是科学和功利性认知，而是道德理想的价值追求。其主要目标不是效率，而是社会正当性与人的幸福。它向世人劝诫的是类似苏格拉底式的"什么样的生活是人值得过"的命题，它来自日常生活又高于日常生活，是对生活价值意义的慎思和升华。这既是中国传统文化实用理性的精义，也是它的重要智慧表征。罗素说过："吾人文化之特长为科学方法，中国人之特长，为人生究竟之正当概念。中国所发明人生之道，实行之者数年，苟为全世界采纳，则全世界当较今日为乐。"① 以道德理想追求和道德自觉意境来审视现实价值整合的困境，以和谐取向引领分化的多样性价值走向，是"天人合一"和谐世界观给予当代中国构建共识价值的更重要方法论基础。

参考文献：

[1]《马克思恩格斯选集》第1卷，人民出版社1995年版。

[2] 李强：《中国社会变迁30年》，社会科学文献出版社2008年版。

[3] [波兰] 彼德·什托姆普卡：《信任：一种社会学理论》，中华书局2005年版。

[4] 廖进，赵东荣：《诚信与社会发展》，西南财经大学出版社2004年。

[5] [美] 弗兰西斯·福山：《信任——社会美德与创造经济繁荣》，海南出版社2001年版。

[6] [德] 尼克拉斯·卢曼著：《信任》，瞿铁鹏，李强译，上海人民出版社2005年版。

[7] [英] 安东尼·吉登斯著：《现代性与自我认同》，三联书店1998年。

[8] 高兆明：《社会失范论》，江苏人民出版社2000年版。

[9] 邱建新：《信任文化的断裂》，社会科学文献出版社2005年版。

[10] 高兆明：《社会失范论》，江苏人民出版社2000年版。

[11] 郑也夫：《信任：合作关系的建立与破坏》，中国城市出版社2003年版。

[12] [美] 金黛如：《信任与生意：障碍与桥梁》，上海社会科学院出版社2003年版。

---

① 朱谦之：《文化哲学》，商务印书馆1990年版。

［13］［德］西美尔：《货币哲学》，华夏出版社 2002 年版。
［14］［法］阿兰·佩雷菲特：《信任社会》，商务印书馆 2005 年版。
［15］胡海鸥：《道德行为的经济分析》，复旦大学出版社 2003 年版。
［16］茅于轼：《中国人的道德前景》，暨南大学出版社 2003 年版。
［17］［德］恩斯特·卡西尔：《人论》，甘阳译，上海译文出版社 2003 年版。
［18］［法］爱弥尔·涂尔干：《道德教育》，陈光金等译，上海人民出版社 2001 年版。
［19］［美］杜维明：《儒家传统与文明对话》，彭国翔编译，人民出版社 2010 年版。
［20］［德］斐迪南·滕尼斯：《共同体与社会》，林荣远译，商务印书馆 1999 年版。
［21］冯友兰：《中国哲学简史》，北京大学出版社 2002 年版。
［22］李泽厚：《论语今读》，三联书店 2004 年版。

第三章

价值教育的途径与方法*

价值教育的目标是培养现代性的人。这是近代以来中国先进知识分子一直追求的"新民"理想,也是近代中国国民性改造运动的指向。本章三节内容具体讨论了现代性公民养成的方法,尤其是高校德育面临的问题、大学生的理想信念的形成,以及价值教育的隐形内容等。

第一节 高校德育面临的问题与对策——以市场经济为背景

随着社会主义市场经济的不断发展,人们的思想观念、道德观念、价值取向等面临着新的选择与挑战。大学生对市场经济中出现的许多不良现象分辨不清,判断不明,既不会全盘接受,也不能完全拒绝,思想道德处于一种困惑的状态,甚至出现了一些令人忧虑的发展态势。《中共中央关于进一步加强和改进学校德育工作的若干意见》指出:随着社会主义市场经济体制的建立,学校德育工作遇到许多新情况、新问题,需要进一步加强和改进高校德育工作,扭转新形势下不适应方面。为此,我们有必要对学校德育面临的问题进行研究,探索新对策,提高德育的针对性和实效性。

一、当今中国社会的道德困境

随着社会迅速的发展,道德的内涵也发生了变化。当前,中国正处于社会主义市场经济条件下,道德面临着道德评价失范、道德虚无主义悄然滋生、社会道德控制机制弱化等困境。

---

* 本章作者余俊渠、郭文亮、李辉、彭小兰、童建军。

(一) 道德评价失范

在中国社会的历史演变进程中，逐步形成了以儒家思想为主导的伦理主义道德体系和原则。在社会主义市场经济背景下，新旧体制并存，新旧观念自然也会相互冲击，传统的道德文化渐见式微和衰败，但人们在对传统的道德思想、道德文化进行重新认识的同时，并没有及时建立全新的道德体系，道德规范、准则出现模糊，甚至多元化，缺少统一、明确、公认的标准进行道德评价，使评价变得模棱两可，也导致了价值取向的混乱。特别是以物质利益为核心的价值趋向，其自发性盲目性还不断诱发种种错误的思想行为，例如，诱使人们唯利是图，甚至一切向钱看，损人利己，投机取巧，不劳而获。

(二) 道德虚无主义悄然滋生

道德虚无主义是一种否定道德的主张，它认为，"任何证明或批评道德判断的可能性都不存在，理由是道德不过是寻找自我利益的借口。"[1]每当社会处于急剧转变的时期，都会有道德虚无主义的声音响起。原因是，社会的剧变必定带来伦理秩序和道德生活的混乱，道德的外在约束力受到极大的削弱，而人们的利己之心也就彼消此长，如此一来，不择手段，巧取豪夺会成为社会的常态。虽然道德虚无主义有其积极的一面，它通过对道德基础的质疑，为新道德的生成提供了条件，并且经历了道德虚无主义而重新生成的道德，其理论和实践的基础必定更为坚实。但是，道德是维系社会共同体的必要因素，对道德的否定如果足够长、人数足够多，而新道德又不能及时确立，那么这一共同体最终只能走向解体，社会每个成员的幸福也就无从谈起。而当今社会出现的道德信仰危机，正是道德虚无主义出现的信号。

(三) 社会道德控制机制弱化

社会道德的控制机制手段有两种：一种来自外部的，来源于周围环境的道德氛围及公众舆论的压力；一种来自内部，以社会成员的道德良知或羞耻感、荣誉感、责任感来规范其行为。如果有人违背群体公认的道德准则并受到周围公众一致的鄙视、谴责和排斥，就对其构成了沉重的心理压力，由此便成为一种威慑力，制约人们的行为循规蹈矩。在较为封闭的、文化高度认同的环境中，这种压力甚至能达到宁可受法纪处罚，也不愿受公众"制裁"的程度。但在市场经济的环境下，道德外部控制所依赖的社会道德环境已发生变化，道德观念已成多元共生状态，失去了昔日在传统的封闭社会中道德舆论的一统性和控制能量的"聚焦"态势。而且社会成员本身的道德意识也发生了变化，道德观由

---

[1] Routledge Encyclopedia of Philosophy, Routledg, London and New York, 1998, (vol. 7, p. 1).

绝对趋于相对，道德思维由一元趋于多元，道德接受的主体意识明显增强，对常规的道德控制的反应也相对疲弱，不容易产生效果。

二、高校德育面临的问题

高校德育是一项十分重要的工作，是当今社会德育的重要组成部分，但当今高校德育工作面临着若干问题，急需高校德育工作者客观地面对与思考。

（一）社会价值多元化和学校价值一元化的冲突

学校教育是学生社会化的主要途径和手段，但它并不是唯一的方式。家庭教育、大众媒体以及各种各样的社会团体活动，也深刻地影响着大学生的思想道德、价值观念和行为方式。过去，我们社会强调的绝对的、唯一的道德规范与价值标准，以相对强制、对抗的态度压抑社会中与主流价值相悖的部分。在这种社会背景下，高校德育影响与社会大环境的影响处在同质的状态，两者相互支持，相互促进。而在社会主义市场经济这一现实生活中，社会价值趋向多元化，它要求个体自主自强意识，要求个人奋斗、个人努力、追求自我成功和自我实现，要求社会公平竞争意识、效率效益意识等等，从根本上破坏了学校德育与社会影响的这种不同寻常的和谐统一，二者有时是融合的、互补的，有时则是冲突的排斥的。其中社会多元价值观中功利型的价值观和学校的道义型价值观就是两个有突出矛盾的价值观。这种矛盾的出现往往使大学生们陷入一种无所适从的境地，如果没有及时的、正确而理智的指导，学生很难形成稳定的价值观和行为方式，高校德育便会因此失去原有的价值而流于形式。

（二）德育工作对新时期的教育表现不适应

德育工作满足于大方向的说教，忽视细微之处的培养；满足于外部行为的塑造，忽视内化。具体的表现为：不太关注学生的道德需要状况，致使各种各样的德育活动既不是出于学生的德性需求，也不适合学生的德性层次，与学生的生命缺乏深刻的联系，而学生只是采取应付、表演的态度，不能真心实意地、全身心地投入到德育中。如《思想道德修养》：把原本源于生活的一些道德规范，分列为诚信、善良、爱国主义、集体主义、社会主义等抽象概念，由它们构成这门课的知识体系。学习的过程就是跟这些列入课程的抽象概念、规范、文字、符号打交道的过程，把它们的字义弄明白了，背诵出来了，通过考试，就算完成了。而这些概念与符号与学生的现实生活并无密切联系，对学生帮助也不大，所以难以被学生真正接受。这种对细微之处及内化的忽视将会导致德育不是为了满足学生的什么需要，而是为了满足表演、宣传的需要，学生的需要与他的活动之间被人为地"错位"，结果，德育非但不能发展学生，反而在折腾学生。①

（三）德育工作者只满足于教育，忽视学生自我教育的培养

自我教育是指大学生为了形成良好的道德品质而进行自觉的思想转化和行为控制的活动。德育过程的客观规律和大学生身心发展的特点，决定了思想教育过程要重视和加强对大学生自我教育的引导，培养他们的自我教育能力。自我教育的要求是人的个性发展的最高要求，能否进行自我教育，又是一个人重要的心理品质。因此，自我教育不但是德育过程的一个方面、一种方法，从某种意义上来说，它又是德育的最终目的和归宿，激发学生自我教育应贯穿于德育各项工作的全过程。但是，在以往的德育工作中，我们的教育者不自觉地会扮演者"教头"的角色，满足于借助一切可能的教育手段，使学生无批判地接受某种固定的道德价值，从而达到束缚学生思想的目的，却很少通过互动、对话、交流、沟通去引导学生的学习活动，不断拓展、改造学生的学习经验，促进他们在更高层次上的自我构建。

（四）注重发挥德育的制约功能，忽视享用功能的发挥

在高校德育的过程中，人们往往强调的是德育的制约功能，重视的是对学生道德行为、准则的规范和限制，而忽略了德育的精神享用的功能。德育的享用功能，是指个体在完成某种道德要求的过程中，体验的道德幸福感和快乐感，从中获得自我肯定、自我完善的满足，并促使他自觉通过德育形成了个体的一定的思想品德。正如孔子在《论语·里仁》中说的："朝闻道，夕死可矣。"道德是如此的感人，以至于如果早晨明白了仁义的道理，即使晚上死了，也心满意足。他把对道德的学习和实践看成是一件非常快乐的事情。鲁洁教授也特别提倡道德和道德教育的精神享用价值。她认为德育作为一种道德追求活动，其更深层的价值表现在"不断发展和完善人的各种德性的过程中，使人们得到一种自我肯定、自我完善的满足，得到一种精神上的享受"。并且，"只有使道德教育的自我享用功能不断得到提升与发挥，才得使学生把对各种道德规范的遵从逐渐从他律转变为自律；使他们不是把各种道德视为约束与限制，而当作自我肯定、自我发展的需要；使他们不是把道德、道德教育视为一种异己的力量，而成为自身的主动追求，是一种自身不断完善化、理想化相一致的力量。"②

---

① 刘次林：《德育：内外互化，人己互惠》，载《教育理论与实践》，2005 年第 5 期。
② 鲁洁：《试论教育之个体享用性功能》，载《教育研究》1994 年第 6 期。

三、高校德育工作的应对对策

为切实提高高校德育实效,高校德育工作应从德育观念、德育目标、德育方法、德育队伍、德育氛围五个方面进行改革。

(一)更新和端正德育观念

在合理的目标指导下,把什么确定为德育的重点,是德育能否走出困境有效实施的关键。曾维菊提出:"德育的重点应把握底线伦理。"① 在社会主义市场经济条件下,这个底线,我们可以认为是:利己但不损人,追求个人利益最大化,应在不损害他人利益的前提下进行。长期以来,中国的道德教育极力提倡"个人的事再大也是小事,集体的事再小也是大事""毫不利己,专门利人""无私奉献"等等,完全泯灭利己之心。学生在学校接受了这种德育思想,可接触社会后就会发现,完全不是这样的,其结果是德育成了说一套做一套的虚假教育,难以取得真正实效。这种说与做不能一致的根本原因是因为人不可能"无我"。马克思认为:"任何人如果不同时为了自己的某种需要和为了这种需要的器官而做事,他就什么也不能做""他们的需要即是他们的本性"。② 叔本华也指出:"人主要的和基本的动机和动物的一样,是利己主义,亦即迫切要求生存,而且要在最好的环境中生存的冲动。"③ 而从市场经济来看,市场经济从根本上说就是利益经济,对自身利益的追求,构成了人们从事经济活动的基本动力。经济学有一个最基本的假设前提,即经济活动中的人首先是"经济人",即是自利的。最早提出这个假设的亚当·斯密认为,人都是利己主义者,每个人都关心自己的利益,而社会则是由许多个人组成,所有社会的利益便是这许多个人的利益的总和,个人愈追求个人的利益,社会的利益就愈大。他指出:"各个人都不断地努力为他自己所能支配的资本找到最有利的用途,固然,他所考虑的不是社会的利益,而是他自身的利益,但他对自身利益的研究自然会引导他选择最有利于社会的用途。"④ 因此,利己是生命的本性,我们不应该去违背它而去加重人的道德负担。而且部分人掩藏内心的"唯我"表面上"无我",更会导致另一部分人的"唯我",从而带来普遍的道德虚伪。"使高尚永远只是高尚者的墓志铭,卑鄙也永远只是卑鄙者的通行证。"所以,德育重点应该是正

---

① 曾维菊:《底线伦理:学校德育教育的重点》,载《西南民族大学学报》,2006 年第 1 期。
② 《马克思恩格斯全集》第 3 卷,人民出版社 1972 年版。
③ [德]叔本华:《伦理学的两个基本问题》,商务印书馆 1996 年版。
④ [英]亚当·斯密:《国民财富的性质和原因研究》(上卷),商务印书馆 1972 年版。

确引导和规范人们在不损害他人利益前提下合理地利己。

(二) 德育目标要遵循德育规律，要符合学生的身心发展需要

相当长的一个时期里，由于主流文化对德育的理想定位居高不下，具有道德理想主义色彩，德育定位"高、大、空、远"，忽视了生活中最基本的道德要求，不分阶段和对象，都以最高德育目标作为德育要求，缺乏循序渐进、层次递进的教育引导，脱离学生身心发展的实际，理想与现实脱节使高校德育几乎失效。可以说，"离开了参与社会生活，学校就没有道德目标，也没有什么目的了"。[①] 德育实效性的充分发挥，最根本的是要遵循德育自身内在的规律，要符合学生身心发展的需要，把二者有机统一起来，贯穿于德育过程之中。这就要求德育工作必须是一个从低级到高级，从具体到抽象，由浅入深，循序渐进，不断发展提高的动态过程，同时也必须具有可能性、可行性、阶段性、层次性和连续性等特征。因此，在德育工作中，提出的教育要求要科学适度，要与学生的生理、心理特点相适应，与思想品德发展规律相吻合。高校的德育目标可以分三个层面来确立：第一层面是与大学生生活紧密相连的日常规范。这是要求大学生必须遵守的行为规范，是人的道德伦理底线。第二层面是模范公民的道德规范，身为同时经历着人类优秀道德与文化的洗礼的大学生，诚实、守信、勤奋、进取应该成为他们道德上追求的目标，理应成为社会道德的模范执行者。第三层面是道德的最高理想。在大学生中间中产生一批追求上进者、追求理想者、追求高尚者。这些人是时代的楷模，是民众效仿的榜样，是民族兴旺发达的中坚力量。这样分层面的目标中，鼓励大学生坚持道德底线，践行公民美德，同时激励他们追求道德理想，[②] 使每个人都能在目标中找到自己的方向，才能让德育确确实实地从天上回到人间。

(三) 德育方法要从单纯灌输转向重点培养学生的道德思考、道德判断和道德的选择能力

一直以来，学校德育的主要方法就是灌输，试图以这种方法来达成德育所固有的目标，而结果总是适得其反。首先灌输学生脱离实际生活的德育大道理、大理想，实际上反而容易诱使学生产生德育行为上无能为力、负疚感。其次权威的强制灌输违反学生学习的心理规律，就方式本身来说，实际上也贬低了学生的主体尊严与人格。柯尔柏格曾经尖锐地批判习惯于灌输的德育方法，认为这种方法不仅难以成功，即使获得"效果"，也会导致行为的刻板性，千篇一

---

① [美] 杜威：《杜威教育论著选》，华东师范大学出版社1981年版。
② 赵志毅等：《高校德育研究的后现代语境》，载《高等教育研究》，2005年第12期。

律,一昧顺从。苏霍姆林斯基则把品德教育中的空洞说教看作一种"毒素",只能培养出口是心非的人。人的发展是一个由他律走向自律的过程,自主性、选择性和创造性是人的各种能力中最重要,也是最高层次的能力。德育只有在尊重学生主体性的基础上,唤醒、激发学生的主体意识,培养学生的主体能力,才能使其积极参与自身的发展。正如德国教育家洪堡所说,"教育必须培养人的自我决定能力,不是培养人去适应传统世界,不是首先去传播知识和技能,而是去唤醒学生的力量,培养他们自我学习的主动性、抽象的归纳力和理解力,以便使他们在目前无法预料的种种未来局势中自我做出有意义的选择"。因此,学校应创造条件,运用各种形式,唤醒学生的道德意识,把社会的道德要求转化为学生的内在道德需要,培养他们对道德问题的思考,培养他们面对道德情境的自我判断、自我选择的能力,以及积极践行道德并对自己的道德行为负责的态度和精神。

(四)培养一批能适应新时期的德育工作者,使他们成为德育的传播者和实施者

苏霍姆林斯基指出:"不管教育方针定得如何好,也不管校长有哪些规定,学生的情况最后还是取决于教师。"教育家加里宁也说:"教师的世界观、他的品行、他的生活、他对每一现象的态度,都这样那样地影响全体学生。"在德育工作中,教师个体对学生的影响更为深远。因此,高校应下大力气建设高素质的德育教师队伍,德育教师的积极性、创造性是探索新模式、实践新方法的关键。一方面学校要制定政策鼓励他们乐于并安心从事这项工作;另一方面要加强管理教育,提高他们的思想道德素质,完善他们自身人格塑造,培养他们爱岗敬业、勇于创新的精神,以开创高校德育的新局面。

(五)注重校园文化建设,营造良好的德育氛围

"历史经验告诉我们,高校的校园文化的功能是一把双刃剑,如果我们不能把握正确的导向,不能深刻认识其本质,就有可能发展成为否定社会的力量。"校园文化作为高校德育创新的重要环境资源,是高校德育环境系统中十分重要的组成部分。校园文化作为一个社会亚文化环境系统,不可避免地受着来自社会大环境的影响,也折射出时代的发展和变迁,具有强烈的时代性特征。与20世纪精英阶段的中国大学校园文化的"批判性、启蒙性、边缘性与独立性"相比,21世纪的今天,处于大众化阶段的大学校园文化则呈现出"创新性、先锋性、兼容性、个性化与民主化"的特点。加强市场经济环境下校园文化建设,不仅要充分认识其重要意义,更要根据时代发展对校园文化的影响和要求,将德育内容融入丰富多彩的校园文化活动中,在举办的文化活动中,应尽量体现

当代校园文化的"创新性、先锋性、兼容性、个性化与民主化"的内在要求。同时，营造良好氛围不仅要注重宏观文化群体建设，即校园校风建设，还要注重学生、微观主体文化群体建设，如班级文化，寝室文化，社团文化，创建和谐的人际关系环境，根据平等、理解、信任、互爱和互助等原则，建立教师之间、学生之间、师生之间和谐的人际关系。

第二节 理想信念教育的现代性审视——以大学生为中心

任何教育都是在一定时空下进行的教育，大学生理想信念教育也不例外。我们生活的时代呈现出复合性质，其中传统、现代和后现代并存，东方与西方文化相互交织。现代性就是指向这个时代的专门术语。就现代性本身而言，理解也是不一致的。有人把现代性与工业社会联系在一起，特指工业化进程中呈现出的社会特征，如规模化、标准化、整体性、功利化等。相对应的，把同样存在于现实社会的碎片化、个性化、离散性等特征归结为后现代性。也有人把现代与后现代都归属于现代，认为后现代性不过是现代性的延伸而已。其实，关于现代性和后现代性区分所依据的是西方发达国家的历史和现实。对于中国这样一个从漫长的农业文明走出来的国家而言，现代性与后现代性呈现的是交错状态，其主流是现代性。这一方面是因为在中国社会发展目标中，现代化依然是一个持续时间较长的价值诉求，现代化的社会发展目标成为明晰社会时空定位的现实参考；另一方面，从世界历史发展来看，只有发达国家才走出了比较完善的现代化历程，更多的国家（包括中国）还处在现代化的进程之中，以反思现代性为主要任务的后现代常常是融合在现代之中，而不是现代之外。

有了这个前提，继续分析大学生理想信念教育就具备了讨论的可能。对于现代性的主要内涵，大卫·雷·格里芬的总结可以给我们丰富的拓展空间。他认为，"二分化、分离、机械化和实用主义——从不同的角度反映了我们所说的现代性这一极端复杂和独特的社会现象。尽管这些特征中的任何一个，甚至它们的每一个变种，都可以被上升为现代性的驱动力，而其他几个则从此得出来，然而在我看来，它们中的每一个特征都代表了现代性的一个中心方面。"①

首先，现代具有分离的特征。人类社会是一个有机的统一体，经济、政治、文化是其中相互关联的基本要素。相对于人而言，产生了经济需要、政治需要

---

① ［美］大卫·雷·格里芬编：《后现代精神》，王成兵译，中央编译出版社1998年版。

和文化需要，形成了经济生活、政治生活和文化生活等日常生活领域。在前现代社会（主要指农业社会），由于生产力和社会分工的不发达，个人的需要和满足需要的能力被限定在有限的范围之内，一个人既是猎手也是战士。同时，从社会来看，人对人的依赖是个体生存与发展的前提，而宗法制度则把这种依赖关系稳定下来。家国同构、政治与伦理的互动、浑然一体的社会关联性等，是社会统合的重要表现。然而，随着生产力快速发展，社会分工不断细化，社会出现了分离。分离表现在社会结构上，经济、政治和文化等领域相对独立起来。在经济领域，资本主导了经济活动，产生了以价值规律为核心的市场规则；在政治领域，民主化和官僚化发展中，出现了日益完善的政治领域；在文化方面，科技进步和知识的剧增，产生了独立的文化活动和知识分子阶层。从社会关系来看，利益分化导致了人与人之间关系的分离。对于这一点，马克思进行了深刻的分析。在工业化进程中，出现了生产社会化和生产资料私人占有之间的矛盾，社会主体简单化为资产阶级和无产阶级。资产阶级占有生产资料，无产阶级因为一无所有只能依赖于出卖劳动力而生存。社会关系简单化为资产者与无产者之间的矛盾。从个体生活来看，人的外在需要和人的本质之间出现了分离。由于资本在生活领域的影响，人的本质与人的外化世界之间出现了矛盾。人们并没有从物的增值中获得幸福，相反，"物的世界的增值同人的世界的贬值成正比。"① "有产阶级和无产阶级同是人的自我异化。但有产阶级在这种自我异化中感到自己是被满足和被巩固的，它把这种异化看作是自身强大的证明，并在这种异化中获得人的生存的外观。而无产阶级在这种异化中则感到自己是被毁灭的，并在其中看到自己的无力和非人的生存的现实。"②

其次，物化成为现代的重要结果。物化是卢卡奇继承了马克思的异化理论后提出来的术语。他认为，"无产阶级作为资本主义的产物，必然隶属于它的创造者的生存模式。这一生存模式就是非人性和物化。"③他把物化特指为人的活动成了对他说来是客观的和对立的东西。在经济活动领域，物化表现为人的碎片化和原子化。机器大生产和严密的分工制度，使生产被分割成无数的具体环节和方面，与生产连接的工人也就成了整个生产过程中个别的零部件，丧失了整体性。"如果我们纵观劳动过程从手工业经过协作，手工工场到机器工业的发

---

① 《马克思恩格斯选集》第 1 卷，人民出版社 1995 年版。
② 《马克思恩格斯全集》第 2 卷，人民出版社 1957 年版。
③ 转引自俞吾金，陈金明：《西方马克思主义流派新编（上册）》，复旦大学出版社 2002 年版。

展所走过的道路，那么就可以看出合理化不断增强，工人的质的特性、即人的个体的特性越来越被消除，一方面，劳动过程越来越被分解为一些抽象合理的局部操作，以致于工人同作为整体的产品的联系被切断，他的工作也被简化为一个机械性重复的专门职能。……这种合理化的机械化一直推行到工人的'灵魂'里：甚至他的心理特性也同他的整个人格相分离，同这种人格相对立地被客体化"。①这样，"人无论在客观上还是在他对劳动过程的态度上都不表现为是那个过程的真正的主人；而是作为机械化的一部分被结合到某一机械系统里去。他发现这一机械系统是现成的、完全不依赖他而运行的，他不管愿意与否必须服从于它的规律。"②卢卡奇对物化的分析并没有止于经济领域，而是深入到社会生活的方方面面。他认为，要使资本主义生产完全产生效果，就必须遍及社会生活的所有形式。在精神领域，物化必然导致物化意识的产生。这种物化意识表现为人对事物和自身的认识停留在局部，失去了对整体的联系的把握。"这种合理化的机械化一直推行到工人的'灵魂'里：甚至他的心理特性也同他的整个人格相分离，同这种人格相对立地被客体化，以便能够被结合到合理的专门系统里去，并在这里归入计算的概念。"③"所有这一切都表明，分工像在实行泰罗制时侵入'心灵领域'一样，这里侵入了'伦理领域'。但是，对于整个社会来说，这并没有削弱作为基本范畴的物化意识结构，而是加强了它。因为只要工人的命运还表现为完全不同的形式。"④一句话，在物化意识支配下，人们丧失了革命的主体性和反抗精神。

最后，崇尚功利主义是现代的重要特征。现代化与市场经济发展密切相关。市场经济是建立在利益导向基础上的。经济利益把人与人联系起来，也把不同的群体、国家联系起来。在经济生活中，不同的人或群体组织成不同的利益关系，而推动利益关系不断发展的心理基础则是功利主义。功利主义把效果放在第一位，为了达到目的可以不考虑手段的合理性。人的选择和人的实践围绕着现实的功利目标进行。目的与手段的关系被颠倒了。在工业化进程中，最突出的表现就是劳动称变成了获取金钱的手段。"劳动只是一种获取金钱的手段，根本不是一种有意义的人的活动"，对劳动者来说，唯一有意义的就是支付薪水，至于劳动产品的用途、去向如何，对他来说毫无意义，劳动者只是在作为消费

---

① ［匈］卢卡奇著：《历史与阶级意识》，杜章智等译，商务印书馆1992年版。
② 同上。
③ 同上。
④ 同上。

者而不是生产者,只有在商店而不是在工厂,才能看到他们的"产品",所以,"他既不关心产品的具体用途,也不关心产品的社会经济效益。"① 而在技术时代,功利主义的结果之一就是人追求技术人的价值目标。雅斯贝尔斯认为,现代科学技术使人变成了机器的一个功能,使人像机器零件一样被任意支配,使人丧失了自己。"作为技术统治的牺牲品,它黯然无光或杂色纷呈,人在其中已不再能辨认出自己,他被剥夺了他的做人的个性。"②

现代性对大学生理想信念教育的影响是多重的。一方面,大学生生活在现代环境中,是现代性的影响对象,其自身思想心理状况具有现代特征;另一方面,大学生理想信念教育是一个历时性的过程,过去的经验、现实的实践和未来的期望都在影响着现实的教育。

理想是人们在实践中形成的有可能实现的对未来社会和自我发展的向往与追求,是人们的世界观、人生观、价值观在奋斗目标上的集中体现。信念是认识、情感和意志的统一体,是人们在一定的认识基础上确立的对某种思想或事物坚定不移并身体力行的精神状态。信念是对理想的支持,是人们追求理想目标的强大动力。之于个人,理想信念是人的人生目标和动力;之于社会,理想信念是社会的共同愿景和精神动力。无论是从个人还是社会的角度而言,理想信念都是面向可能世界的生活追求。大学生受到现代性的影响,恰恰在可能与现实之间产生了新的变化。

首先,当代大学生在突显务实的同时,也表现出强烈的现实主义倾向。大学生的务实表现在学业取向上,重视自我技能的发展,忽视基础理论学习;表现在交往观念上,重视功利性交往,轻视道义性交往;表现在职业取向上,重视职业待遇,忽视职业的人生价值体现。对于当代大学生理想信念状况的上述变化,不能简单地归结为理想信念的缺失。如果理解为理想信念的缺失,自然可以进一步得出当代大学生今不如昔的结论。这与社会进步的客观进程是不一致的。理想是现实性与超越性的统一,实然与应然的统一。理想具有超越性,才能调动人的欲望,产生导向作用;理想具有现实性,才具有了实现的可能。所以,在大学生理想信念教育问题上,理想与现实的关系是具有基础性的关系。现代社会的重大影响也是在这对关系上出现了新变化。一方面,市场经济的效率原则、竞争原则强化了人们对短期目标、眼前目标的现实诉求,"不图天长地

---

① [美]埃利希·弗洛姆著:《健全的社会》,欧阳谦译,中国文联出版公司1988年版。
② [德]卡尔·雅斯贝尔斯著:《时代的精神状况》,王德峰译,上海译文出版社1997年版。

久,只求一朝拥有"的人生态度是这个诉求的生活化表述。另一方面,在社会生活物化和量化的影响下,当代大学生也把理想信念的目标指向和动力支撑简单化为金钱和财富等直接的物质利益。无论是时间上的即时性,还是追求对象的物化倾向,所表现的是理想信念形态上的变化,而不是理想信念的有无。

其次,在个人理想与社会理想的关系上,更加侧重于个人理想的规划与实现,产生了疏离社会理想的倾向。个人理想疏离社会理想的倾向并不是现代社会所特有的。早在原始社会之后,个人与社会从个体与集体浑然一体状态走出来之后,个人理想和社会理想就出现了分离。不同的是在不同的历史时期,分离表现的方式有所不同。在农业社会,人与人之间是通过宗法关系联结在一起,个体的理想只有依附王权才有实现的可能,因此,个人理想客观上只有融合到一定的统治阶级的理想之后才具有现实可能性,个人理想被权力所异化。在工业社会,个体,特别是人数众多的无产者被资本和机器所异化,个人理想被消解在个人生存的物质底线上,个人理想被金钱所异化。后工业社会,技术主导了社会生活,甚至技术被称之为意识形态影响着个人的选择,因此,个人理想被技术所异化。由此可见,个人理想与社会理想的矛盾经历了一个历史的发展过程。在这个过程中,一直有一些有识之士为摆脱个人理想与社会理想的分离而积极思考,大胆呼吁。农业社会,有儒家为代表的内圣外王的道德理想与官场上的利欲熏心相对立;工业社会,有马克思的人的全面发展与人的片面发展相对立。当代大学生正处于社会的转型期,传统与现代、东方与西方文化交织在一起,社会环境纷繁复杂而且变化迅速,由此出现了"理想理想有利就想,前途前途有钱就图"的功利主义理想观,出现了安于现状,不求进取的小富即安的事业观,出现了只图获得、不思奉献的价值观,等等。所有这些对个人理想和社会理想的片面理解,无非是社会环境高度浓缩后的主观反映。

最后,在追求理想信念的过程中,对工具理性的认同高于价值理性的认同。马克斯·韦伯在分析理性的过程中把工具理性与价值理性区分开了。其价值不仅在于提出了这两个基本范畴,更重要的是从社会发展进程的历史视角揭示了现代化与人的精神世界发展的矛盾。理性是人类进步的标志之一。文艺复兴把人从神的统治下解放出来,启蒙运动则把理性纳入了人的本质之中。科学兴起使理性的存在具有了合理性。但是,人类对理性的崇尚一直无法摆脱目的与手段的矛盾困扰。康德系统地分析了目的与手段的关系,他认为:"一切目的的主体是人。""不论是谁在任何时候都不应把自己和他人仅仅当做工具,而应该永远看作自身就是目的。"① 马克斯·韦伯通过工具理性和价值理性赋予目的与手段以现代性内涵。他认为，"通过对外界事物的情况和其他人的举止的期待，并利用这种期待作为'条件'或者作为'手段'，以期实现自己合乎理性所争取和考虑的作为成果的目的"② 就是工具理性。价值理性则是"通过有意识地对一个特定的行为—伦理的、美学的、宗教的或作任何其他阐释的—无条件的固有价值的纯粹信仰，不管是否取得成就"③。简言之，持工具理性的人，不是看重所选行为本身的价值，而是看重所选行为能否作为达到目的之有效手段。持价值理性的人，仅看重行为本身的价值，甚至不计较手段和后果。工业社会所产生的商品拜物教、金钱拜物教，程度不同的是崇尚工具理性的结果。而科学技术进步则使这种崇拜得到了强化。因为技术使人的行为变得有计划、可预测性，增强人们到达目标的能力。

当代大学生在市场环境长大，无论是学业、职业还是生活的选择都受到市场特性的影响。为了获得学业竞争力，他们对考试分数的追求超过了学习本身；为了获得职业竞争力，他们主动在各种证书资格上投入，其热情远高于高等教育所提供的学习机会；为了增强交往能力，他们积极参与社会生活，渴望历练自我，丰富经验。这些现象反映出当代大学生对工具理性的崇尚已经大大超过了对价值理性的观照。从这个视角来看，就不难理解大学生理想信念教育遇到的各种困境了。

现代性对大学生理想信念带来冲击的同时，也为大学生理想信念教育提供了新的发展机遇。一方面，当代大学生存在强烈的现实主义、疏离社会理想倾向，工具理性张扬的过程中，也产生了对理想信念的新的需求；另一方面，中国现代化的目标指向在从单一的经济指标向综合指标转换的过程中，也把大学生理想信念教育纳入了人的精神生活全面发展的视野。

第一，把大学生理想信念教育还原到人本前提，从人的精神属性和人的精神生活出发，关注现代性对人的精神世界的影响。人既是自然的存在，也是社会的存在，更是精神的存在。人性是自然属性、社会属性、精神属性的统一体。人性三要素之间的协调关系如何，反映了不同历史时期和同一历史时期不同人的发展状况。现代化强化了人们对经济人、技术人的价值认同。但是，缺乏道德制约的经济人和缺乏人文关怀的技术人并没有使人真正体验快乐、享有充实。

---

① ［德］康德：《道德形而上学基础》，苗力田译，上海人民出版社1986年版。
② ［德］马克斯·韦伯：《经济与社会》（上卷），林荣远译，商务印书馆1997年版。
③ 同上。

近年来，随着经济的快速发展，一些人享有丰裕的物质生活之后却陷入了精神贫困之中，就是这一矛盾的表现。由于当代大学生正处于成长过程中，还不可能全方位地体验这种痛苦。但是，一旦他们一步步回应了现代社会所彰显的经济人、技术人目标后，精神生活的需要就成为不可能回避的问题。回归到人本前提的理想信念教育，就是要把大学生的自我发展建立在人的全面发展的理论前提上，改变片面追求工具理性、忽视价值理性，片面追求短期目标、轻视长期目标等人生矛盾。同时，回归人本前提是把大学生视为现实的人。理想信念教育具有超越性，否则就不可能存在；理想信念教育的对象是现实的，忽视大学生作为人的存在的事实，理想信念教育的实效性则不可能实现。尊重大学生作为人存在的现实性，要求改变理想信念教育中的空泛说教，把理论引导和满足大学生的精神需要结合起来。

　　第二，把价值认同与利益认同结合起来，从社会环境的客观现实出发，关注环境教育对理论引导的影响。大学生不同于中小学生，已经具备了理性思维的可能。因此，通过理论引导培育大学生树立科学的理想信念，依然是理想信念教育的第一要求。"理论只要说服人，就能掌握群众；而理论只要彻底，就能说服人。所谓彻底，就是抓住事物的根本。但是，人的根本就是人本身。"① 马克思的这个论断对思想政治教育成为可能的认识论前提，也是大学生理想信念教育的前提。社会主义共同理想和马克思主义信念是中国社会的历史逻辑和理论逻辑发展的结果，内涵了人类历史发展的一般规律和中国社会发展的特殊规律。理想信念教育没有这两个规律的支撑，就失去了认识的基础。当然，面对复杂多变的现代社会环境，理论引导受到了两个因素的影响。一是保证理论彻底性的难度增大。与时俱进是中国化马克思主义的理论品质。可是，社会的快速发展对理论创新提出了相当高的要求。理论解释现实、把握现实的难度不断增大。二是社会环境的复杂性也成为影响大学生理想信念教育的重要因素。大学生理论信念教育不是在真空条件下进行的，在理论引导的同时，社会环境也在强化或弱化着理论引导的效果。积极的环境可以增强理论引导的力度，消极的环境则可以弱化理论引导的力度。现代人所崇尚的功利性价值、感觉主义、即时满足感，社会风气中的重商心理、权力腐败、享乐主义等都成为了环境的主要内容。这些内容是弱化大学生理想信念教育的重要因素。比较而言，理论引导具有超越性，环境影响具有现实性。当代大学生务实的心理特征使环境影响的作用大大增强。适应这个特征，不是回避现实存在的事实，相反要从现实

---

① 《马克思恩格斯选集》第1卷，人民出版社1995版。

中提炼新的教育内容,提升理论引导的力度。

　　第三,把思想政治教育规律与高等教育规律结合起来,从大学生发展的可能出发,关注大学生需要中的阶段性关系。大学是大学生生活的第一环境。大学状况和走向如何,直接影响到大学生人生目标定位。目前,许多大学把追求教学、科研和服务社会作为核心任务,忽视了对大学生精神成长的关怀。近年来,不断被人们反省的大学指标化、工具化等现象进一步弱化了这一关怀。著名教育学家雅斯贝尔斯认为大学的任务有四项:第一是研究、教学和专业知识课程;第二是教育与培养;第三是生命的精神交往;第四是学术。"就科学的意义而言,大学的四项任务是一个整体。它构成了大学的理想:大学是研究和传授科学的殿堂,是教育新人成长的世界,是个体之间富有生命的交往,是学术勃发的世界。每一任务借助参与其他任务,而变得更有意义和更加清晰。按大学的理想,这四项任务缺一不可,否则大学的质量就会降低。"①雅斯贝尔斯的大学观超越了我国高等教育正在面对的规模化、标准化等带来的困扰,把高等教育传统的教学、科研和服务社会三个基本职能与人的精神成长连接起来。对于这一点,联合国发展计划署教育顾问德怀特·艾伦也认为:"20世纪,高等教育自发地把如何使学生变得'聪明'当作了主要目的。当今,知识量已经翻了好几倍。高等教育忙于应付令人头晕目眩的新知识,无暇顾及价值观和道德教育。""教育有两个目的:一个是要使学生变得聪明;一个是要使学生做有道德的人。如果我们使学生变得聪明而未使他们具有道德,那么,我们就为社会创造了危害。"② 大学生理想信念教育走出现代性困境,不仅是思想政治教育的职责,同时也是大学整体的责任。只有把思想政治教育规律和高等教育规律结合起来,大学生理想信念教育才可能成为受学生欢迎的教育。

第三节　思想政治教育中的隐性教育——以四个维度为例

　　思想政治教育中隐性教育主要是指教育者以隐性课程、文化传统和环境情境为载体,引导学生在体验、分享中获得身心和个性发展以及价值观、理想信念和道德观念的活动过程及其方式。作为一种相对复杂的思想政治教育方法,从教育的意图与目的来看,隐性教育具有隐蔽性与暗示性;从教育的方式和路

---

　　① [德]雅斯贝尔斯著,邹进译:《什么是教育》,三联书店1991年第1版。
　　② [美]德怀特·艾伦:《高等教育的新基石》,载《求是学刊》,2005年第3期。

径来看，隐性教育具有间接性与渗透性；从教育的过程与结果来看，隐性教育具有体验性和分享性。思想政治教育的价值理性、实践理性和隐性教育的特质具有内在一致性。在多元速变的社会，网络化、信息化和市场化冲击着学生的世界观、人生观、价值观及理想信念、思维方式和行为模式，隐性教育如何对思想政治教育功能的实现发挥作用是值得思考的一个问题。因此，在现代思想政治教育中，我们需要充分挖掘隐性教育资源。

一、教师示范：隐性教育中的价值导向

率先垂范、为人师表是每一位教师的基本素质。教师的理想信念、言行举止、学识观念和爱好习惯等都潜移默化地影响着学生。思想政治教育中隐性教育的隐蔽性和暗示性是指通过教师将教育目的和意图融入学生生活中，在隐性教育中教师起着主导作用。

首先，从思想层面上，转变教师的教学理念，把关注学生发展作为教育追求之一。每位教师潜在的教学思想观念和学生的隐性知识都会对思想政治教育效果产生促进或干扰作用。从性质上看，隐性知识显性化是一种语言过程，也是一种符号化的过程，一种自我反思的过程。作为一种语言过程，在教学过程中，教师应该克服那种满堂灌和一言堂的习惯，使教学过程变成一种师生互动以及学生之间真诚自由的对话过程。教育作为一种心与心的交流活动，教师要有一颗爱心，关爱每个学生的理想形成与心灵成长，通过爱的感化去陶冶学生的情操、净化学生的心灵，鼓舞他们不断追求真理，学做真人。爱满天下是陶行知博爱思想的形象概括，"人生最大的目的还是博爱，一切学术也都要更有效地达到这个目的。"[①] 以满腔的爱、赤诚的爱，热烈而严肃地精心施教，教学生求真学做真人，这就是陶行知塑造真人的诀窍。

其次，从行为层面上，发挥教师的行为示范功能。如果教师的道德认知与道德行为不一致，那么学生就不能实现由知向行的积极转化。只有教师道德认知与其道德行为一致，才能更有利于促进学生道德认知向道德行为转化，达到"亲其师"而"信其道"。"相对孩子来说，'成人集团'是他们的示范集团。如果成年人是不讲诚信的，是追求利益的最大化而不承担社会责任的，那么，要让孩子相信、接受诚信的原则，适度地、道德地追求利益最大化则变得十分困难"。[②] 教师的行为对学生心灵上的影响，是任何教科书、任何道德箴言、任何

---

① 《陶行知全集》第5卷，四川教育出版社1991年版。
② 李萍：《对思想政治教育走出困境的理性审视》，载《中国高等教育》，2005年第17期。

惩罚都不能代替的。教师行为同课程、教材相比,对学生品德的形成影响更大。孔子在《论语》中说:"其身正,不令而行,其身不正,虽令不从"。"思想政治理论课教学的实效,依靠深邃的学术魅力和高尚的人格力量在思想政治理论课教师的'教'和'行'中统一"。① 认知心理学的内隐学习理论认为,内隐学习和外显学习是相互独立、相互转化的,各自具有不可替代性。榜样行为的影响会比校本课程影响更大,青少年好奇的眼睛不仅按要求偶尔读相对抽象的品德课本,而且更经常不自觉地读他人生动直观的行为课本。外显学习是偶尔的、被动的、外在的、费力而对抗的,因而往往是低效的;内隐学习却是经常的、内在的、主动的、省力而非对抗的,因而往往是高效的。班杜拉社会学习理论指出:学生的德性是通过观察、模仿别人的行为来完成的,不能把道德内容看作是异己的规则系统,而要将每一规则都看作是人类驾驭自己生活的人际智慧。

第三,从人格层面上,发挥教师人格对学生人格形成与发展的渗透力。教师作为主体,其自身也需要不断适应时代与经济社会发展的需要,提升自身的素质与形成独特的人格。教师人格主要通过教师的尊严感、荣誉感和价值认同来实现。人格与角色是相互联系、相互印证的。教师角色是在社会对教师的期待与教师地位之间关系中呈现出来的教师行为模式。学校思想政治教育作为学生人格培养的重要方面,教师的人格对学生人格的影响最为直接而且显著。学生在与教师的交往与沟通过程中,直接觉察教师人格,无意识地明辨是非、善恶,形成独立人格,从而激发道德动机。教师人格的这种价值远远比直接权威式的自上而下的道德说教、政治灌输更加符合学生的内在情感需求,不管是接受程度还是在保持时间方面均优势明显。思想政治教育教师必须对学生充满爱与期望,并无微不至地关注学生细小的变化;理智地控制自己的冲动,及时地调节自己的不良情绪,疏导学生的思想困惑,用人格感染学生的心灵。思想政治教育过程本身是精神关怀,教师以崇高的理想人格激发学生内在的求发展的动机,具有很强的思想渗透力。

二、学校环境:隐性教育中的情感陶冶

学校环境是由一定的物质因素和人文因素构成的一种富有感染力的真实的道德环境。在进行学生思想政治教育时,创设、利用这种环境是至关重要的。因为这种环境不仅会使思想政治教育植根于生动而丰富的社会实践活动之中,

---

① 张雷声:《试论思想政治理论课教师的素质构成》,载《思想理论教育导刊》,2006年第2期。

并且会使学生在其中耳濡目染，受到熏陶，逐步养成美德。"所需要的信仰不能硬灌进去；所需要的态度不能粘贴上去。但是个人生存的特定的生活条件，引导他认知与感知到一件东西，而不是另一件东西；它引导他制订一定的计划以便和别人成功地共同行动；它强化某些信仰而弱化另一些信仰作为赢得他人赞同的一个条件。所以，生活条件在他身上逐渐产生某种行为的系统，某种行为的倾向。"① 基于隐性教育的方式和路径的渗透性和间接性，要使道德教育增强其自身的活力和魅力，就不能像过去那样孤立封闭地开展教育，而必须向社会生活开放，创设良好的教育环境。

首先，发挥学校自然环境的身心陶冶功能。通过创设美好的校园自然环境，用整洁、优美的校园环境陶冶学生的情操，增强学生对生态环境的责任感。校园物质环境是校园内看得见、摸得着，以整体而直观的形态出现的物化环境。它主要是校容校貌，即校内的建筑风格、布局及生活在校园内的师生的仪表等，具有桃李不言的隐性教育效果。学生是学校的主人，学校要把教育目标与教育内容融入到视觉化的物质环境中，有效地达到环境育人目的。思想政治教育应从课堂内向课堂外拓展，在学校的影剧院、体育场、博物馆、展览馆中渗透进思想政治教育的内容，使学生受到全方位、立体式熏染，使其在无意识层面自觉提高政治素养与道德判断能力。

其次，发挥学校文化环境的思想感染功能。校风、教风、班风、制度、学校舆论和学校人际关系等人文因素也潜移默化地感染着学生，如果加以正确引导，将发挥积极的思想政治教育功能。一是校风、学风的陶冶。校风、学风是由实施一定的办学思想、办学方针所凝集成的风气。例如，陶行知办学培养人，除了留意选择校址外，更着力于校风、学风的建设。陶行知认为即使有了天然美的校园，若无教育的气氛和情境，也难以起全面育人的陶冶作用。"好学是传染的，一个好学，可以染化许多人好学。在学校提倡学问的根本方法，就是多找好的教员，鼓励好的学生，使不好的教员、学生逐步受自然的熏陶或归于淘汰。"② 二是文化氛围的影响。文化氛围对学生价值观的影响具有潜在性和深刻性，其对学生隐性的熏陶效果更为持久。文化氛围要靠广大师生一起来营造，它可以通过文学、美术、音乐、舞蹈、体育活动、科研活动、演讲、辩论、讲座等多种形式体现。学校要通过引导、培育出健康向上的校园文化氛围，使学生在浓郁的氛围中得到熏陶，提高学生的文化修养和品位，增强识别假恶丑的

---

① 杜威：《道德教育原理》，王承绪译，浙江教育出版社2002年版。
② 陶行知：《如何引导学生努力求学》，载《新教育评论》第1卷第12期。

能力，自觉追求真善美，从而铸就具有高尚道德、崇高理想的学校。不仅可以用文艺形式开展思想政治教育，更可以运用张贴人物照片、事迹以及设计敬语、体态语，设计标识、服饰等方法塑造学生的价值观念与道德能力。

第三，发挥学校制度环境的规范与约束功能。学生遵循学校规章制度的过程以及制度本身内在矛盾运动的过程，共同影响着学生思想政治品德的形成与发展。涂尔干强调学校通过对统一纪律的培养来加强道德教育。他认为，一个尊重社会一般规则的人通常是由遵守学校规则的人发展来的，就其本质而言，学校纪律是一种道德教育的工具，一种难以复制的工具。① 学校的制度文化包括与教育相关的法律和法规、管理制度等，如学生守则、教学管理制度、文明行为准则、岗位职责。阿普尔从历史与现实两个角度考察了一定规范的、合法的文化和价值及概念是如何进入课程的。他对课程与意识形态的分析都是为了能揭示"隐性课程"，即隐藏的社会控制的实质。在他看来，社会控制仍然是一个目标，只是在教育目标中不再成为显性要素，而是隐藏在社会结构之中、个人发展的名义之下而已，即形成了一种隐性课程。学校制度化特征凭借相对标准的日常互动形式，为教导一致的规范提供了机制。在此框架下，这些制度的行为规定，或者说基于效率、经济功能主义和官僚因素等常识规则的意识形态，被用来选择课程或组织学校教育。常识规则的意识形态变为深层结构，也即隐性课程。② 然而，制度对人的行为的规范性是很复杂的，制度形态上存在的隐性道德教育因素具有不可预期性。校规的制定偏重于科学性、规范性和可操作性，而忽视学生主体参与，学生缺乏自觉检查和评价习惯，削弱了学生道德行为的自觉，降低了学校规章制度的实效性。思想政治教育者应当认识到：学生出现的与学校规章相悖的现象，虽与学生的认知和道德品质相关联，但是更重要还是心理层面的原因。如果学生参与并选择认同了规章，那么遵守规章也就容易内化为学生的思想政治素质，成为其自觉行为。

第四，发挥虚拟环境的渗透教育功能。因特网正以惊人的速度改变着人们的思想、工作、学习、生活、交往与思维习惯，并深刻影响着当今世界和未来社会经济、文化、教育和科技的变革与发展进程。网络具有隐蔽性、开放性、互动性和随意性的特点，成为高校隐性教育的重要载体之一。中国互联网络信息中心（CNNIC）在京发布的"第十七次中国互联网络发展状况统计报告"显示，中国上网用户总数为1.11亿人，其中宽带上网人数达到6430万人。目前，

---

① ［法］E. 涂尔干：《道德教育》，陈光金等译，上海人民出版社2000年版。
② M. W. Apple, Ideology and Curriculum, New York: Routledge, 1990, 47.

中国网民数和宽带上网人数均位居世界第二。其中学校的校园网建设发展迅速，网络化程度越来越高。网络的交互性，扩展了学生参与教育的可能性。通过网络上丰富的教育资源开展隐性教育，可以在某种程度上消除学生对课堂教育产生的对抗心理和逆反心理，使理论入脑、入心。因为网络具有虚拟性和隐藏性，教育者要有效利用这种学生可以自由发表意见，表露真实想法的时机对学生进行教育，使网络成为隐性课程的重要手段。要通过设计形式优美、内容丰富多彩的校园网页，以视觉化与非视觉化、思想性和娱乐性的信息资源吸引学生的眼球，使他们自愿浏览富有教育意蕴的校园网。网络包含丰富的国内外政治、经济和科技文化信息，要使爱国主义教育进网络、服务管理进网络、科技创新进网络、校园文化进网络，开展网上辩论、网上调查、网上征文，并针对目前国内外热点问题聘请专家进行在线交流等。在网上建立思想政治教育阵地，使校园网上能有中华民族优秀道德文化的精华，培养学生自尊、自立、自强的民族情感和民族自豪感，同时，大胆吸收学生加入到网络思想政治教育队伍中，让学生在参与教育工作中实现自我教育。通过这样日积月累，一定能够取得"水滴石穿，聚沙成塔"的效果。

三、教学场域：隐性教育中的潜能激发

显性思想政治教育偏重于政治道德规范的灌输，在方法上通常采用直接规劝、说服、强迫执行、训诫问答式教学模式，在性质上是一种以德目主义为主的封闭教育，忽视学生的需要和兴趣，不利于学生自主性和创造性的发挥。而隐性教育在教育过程与结果上具有分享性与体验性，在教育意图和目的上具有隐蔽性与暗示性，这有利于学生在生活中充分体验知识与规范，在平等对话中无意识地习得道德判断与道德推理能力，实现道德的选择。对话式思想政治教育有三重意义：不同于讲述法，对话法没有尊卑之分，而意味着对话双方是平等的关系；在教学过程中，教师与学生的角色在某些时刻会发生互换；对话假定人人都有某些知识可供传授，并且人人都需要学习。对话式思想政治教育关注教育活动中的各种关系，包括关系事件和关系境况，是主客体之间共同发展的过程。正如保罗·弗莱雷所说的：通过对话，"教师的学生"及"学生的教师"等字眼不复存在，新的术语随之出现，"教师学生"及"学生教师"合作起来共同成长。① 发展对话式教育要从以下几个关系维度着眼：

首先，教师与时代前沿的对话。"与时代前沿对话，就是要了解不断变化的

---

① 保罗·弗莱雷：《被压迫者教育学》，华东师范大学出版社2001年版。

时代，了解时代提出的问题。如果说传统社会由于它的变化极其缓慢，显现复演性的特点，人们价值认识具有较强的稳定性的话，那么，在现代社会，由于经济、科技等的迅速发展，却打破了传统社会的稳定性，使社会生活呈现出多元性、流动性、交叉发展性等特点。"① 如果我们的教育方法仍然是灌输式教育，那只能是事倍功半。如果适应教育对象所处时代的特点，运用渗透方式进行隐性道德教育，将收到事半功倍的效果。

其次，教师与学生、教师与教师、学生与学生的对话。师生之间的关系是对话式教育中的核心关系，也是学校人际关系生态的核心。教育者具有的权利和教育的职能是社会赋予的。教育者除了作为受教育者的朋友、伙伴、合作者以外，他还具有组织教育活动的责任，具有价值引导的作用。但"教师和学生要建立一种新的关系，从'独奏者'的角色过渡到'伴奏者'的角色""帮助""引导""指引"学生，"而非塑造他们"②。教师间对话有利于资源共享和智慧的碰撞。要通过切磋学习，启发教师进一步反思自我，努力理解他人而协调自己与他人的关系。生生关系是教育人际关系的重要因子，其实，同伴交往是大学生重要的道德学习资源。学生有其共同的文化背景，容易在共享各自文化时获得归属感和认同感，建立起自己的内心世界。对话式教育鼓励学生畅所欲言，表达自己的见解，彼此对话，通过学生个体之间思想的交流和碰撞，共享知识、经验、智慧和情感。

第三，教师、学生与思想政治教育课程的对话。在全球化视野下，在传统社会逐渐向现代社会转型的过程中，人的能力与素质的发展越来越被提到非常重要的位置。在泰勒的系统课程理论视角下的课程设计是专家的工作，教师只是忠实地执行原定计划，而学生则是一个等待课程传递的知识储存体。适应社会发展的需要，思想政治教育课程发展的目的不再只是知识传授本身，而更应该关注知识为人方面的目的。这就是将思想政治教育课程当成是师生的共同诠释及生活经验的相互激发，是具有人的意义的文本，是具有生命的文本。因此，思想政治教育课程就不再只是满足外界需要预定的目标，而应是师生共同建构价值与意义的一段历程，所以课程实施都应该有师生的共同参与。师生成为思想政治教育课程的真正主体，其经验与知识成为思想政治教育课程建构的主要内涵，这样的思想政治教育课程才能真正发展。

---

① 李萍：《对思想政治教育走出困境的理性审视》，载《中国高等教育》，2005年第17期。
② 由雅克·德洛尔任主席的国际21世纪教育委员会向联合国教科文组织提交的报告《教育——财富蕴藏其中》，联合国教科文组织总部中文科译，教育科学出版社1996年版。

四、学生参与：隐性教育中的行为导引

思想政治教育中的隐性教育具有体验性与分享性特征。体验主要包括角色体验、情感体验、行为体验三种，分享主要包括过程分享与结果分享。隐性教育的这两个特征意味着必须淡化教师主体意识，尊重学生的独立性、独特性，重视师生互动。马克思指出，人在活动之前，并不存在抽象的一般关系，人并不"处在"某一种关系中，而是积极地活动，通过活动来取得一定的外界物，从而满足自己的需要①。

首先，开展研究性学习。在思想政治教育中可以运用研究性学习的理念。一方面，学生是具有独立人格、自主意志与选择愿望的主体，而不是道德的容器；另一方面，教师是学生社会化的顾问，对学生进行指导，而不是居高临下的训导，更不是说一不二的道德法官。思想政治教育指导学生在对各种道德价值观念进行比较分析基础上自主地选择或拒斥一定的道德价值，建构适应时代需要的道德生活。研究性学习就是要把学习从过去教师主导向学生积极参与转变，让学生主体在参与活动中进行生命体验，学习内容不单是教师与学生关系之介体，而是生命与课程之间的对话。在这个系统中，学生通过参与课程运行中的一系列活动，体验着生命意义，表达着生命激情。因此，研究性学习体现了学生主体参与的过程，是学生生命体验的过程，这种体验使学生在课程运行中不断获得发展的动力。生命体验有理性与非理性两个层面，如果学生可以从这两个层次体验课程的生命乐趣，他们就会成熟得较快；如果不能在已有知识基础上进行体验，就会失去很多生活的乐趣。

其次，学生日常课外生活中教育因素的挖掘。与智育不同，思想政治教育中隐性教育围绕教人做真人这个总体目标，将一定的道德品质融入生活，在娱乐身心中达到道德成长。陶行知主张全面渗透的道德教育，反对传统教育中脱离生活的道德教育行为，认为只有在生活中才可能有效地进行道德行为的训练。当代社会思想政治教育正不断由注重工具价值向兼具人文价值转变，不只是承载社会义务纯粹灌输的教育形态。这一转变就学生而言是获得了作为工具客体向社会主体发展的机会。与此相应，思想政治教育的内容也从过去脱离人的生活向生活回归，其中，生活包括学生个人生活和公共生活。思想政治教育内容不是生活的简单再现，它来源于生活、符合生活逻辑，但更高于生活，指向美好的生活图景和理想的人生境界。思想政治教育课程发展，应从人的生活过程

---

① 《马克思恩格斯全集》第19卷，人民出版社1963年版。

来编制、设计和实施课程，使课程目标与课程内容与学生生活相切合，关注学生个性与社会的协调发展。

第三，学生道德践行能力的培养。良好的思想品德的培养更需注重道德行为的训练、注重实践。陶行知认为，修身伦理一类的学问，最应注意的，在乎实行。他尖锐地批评学校修身伦理脱离实践，而所行所为却不能合乎道德标准的弊端。若想除去这种弊端，非给学生种种机会，练习道德的行为不可①。思想政治教育属于实践理性，个体道德品质的形成与道德实践能力的培养密切相关。在思想政治教育实践中，道德知识与道德行为脱节深刻影响着思想政治教育的效果。"信指一个人对他应该做的事情所持的一往无前的态度。它并不表明一个人对他的能力的功效有自觉信任而是对情境的可能性有无意识的信仰，表明个体奋起而应付情境的需要。"② 在形式上，我国思想政治教育以课堂内的学术讨论和课外社会实践，诸如军训、专业实习、参观、社会调查、野外生存训练等活动为载体。学生通过这些活动，把所学到的价值观念和道德规范自觉内化为信念和行动准则，达到知行合一。思想政治教育不同于智育，智育的任务是传授知识兼培养智力，解决知不知、会不会的问题，而思想政治教育不仅要解决知不知、会不会的问题，而且要解决信不信、行不行的问题，不仅授之以知、晓之以理，而且动之以情、导之以行。因此，应当从思想政治教育过程的知、情、信、意、行诸环节分析隐性教育的路径，在知识传授基础上更进一步进行情感陶冶、意志磨炼和行为引导。

当然，隐性教育作为思想政治教育的一种重要方式，需要学校系统各个环节重视才可能真正开拓出一个更新的领域与空间，使学校思想政治教育因素无处不在地发挥作用，切实提高思想政治教育的效果。思想政治教育是一项系统工程，学校中隐性教育资源的开发需要教师、环境、学生和课程之间多重关系的相互作用，共同发挥自身的作用，又发挥要素间的联合效用，以实现人的全面发展的教育目的。

---

① 《陶行知全集》第 5 卷，四川教育出版社 1991 年版。
② 杜威：《道德教育原理》，王承绪译，浙江教育出版社 2002 年版。

参考文献：

[1]《马克思恩格斯选集》第 1 卷，人民出版社 1995 年版。

[2]《马克思恩格斯全集》第 3 卷，人民出版社 1972 年版。

[3][德]叔本华：《伦理学的两个基本问题》，商务印书馆 1996 年版。

[4][英]亚当·斯密：《国民财富的性质和原因研究》（上卷），商务印书馆 1972 年版。

[5][巴西]弗莱德：《被压迫者的教育学》，华东师范大学出版社 2001 年版。

[6][美]杜威：《杜威教育论著选》，华东师范大学出版社 1981 年版。

[7][美]大卫·雷·格里芬编：《后现代精神》，王成兵译，中央编译出版社 1998 年版。

[8]俞吾金，陈金明：《西方马克思主义流派新编（上册）》，复旦大学出版社 2002 年版。

[9][匈]卢卡奇著：《历史与阶级意识》，杜章智等译，商务印书馆 1992 年版。

[10][美]埃利希·弗洛姆著：《健全的社会》，欧阳谦译，中国文联出版公司 1988 年版。

[11][德]卡尔·雅斯贝尔斯著：《时代的精神状况》，王德峰译，上海译文出版社 1997 年版。

[12][德]康德：《道德形而上学基础》，苗力田译，上海人民出版社 1986 年版。

[13][德]马克斯·韦伯：《经济与社会》（上卷），林荣远译，商务印书馆 1997 年版。

[14][德]雅斯贝尔斯著，邹进译：《什么是教育》，北京：三联书店 1991 年版。

第三篇 03
行动篇

　　培育英才助力国家强盛，为人类文明进步创造价值是大学不变的基本使命。本篇以德育实践为主题，探讨高校德育在日常教育、管理和服务中，把价值、知识与行动有机结合起来，促成学生知情意行的统一；注重机会均衡和因材施教，以研修基地为依托进行骨干培育，以心理咨询为渠道开展个体培育，以公益慈善为平台推进普遍培育，拓展学生的国际视野，增强学生的人文情怀，涵养学生的领袖气质，引导学生探求学问、博览群书、善于思考、明辨是非、学以致用、敢于担当、奉献社会、德智体美全面发展，让每一个学生在知行合一中创造人生出彩的机会。

第一章

以研修基地为依托的骨干培育*

中山大学依托"学生马克思主义理论研修班"和"青年马克思主义者培养工程",以立德树人为根本,以理想信念为核心,坚持用马克思主义中国化的最新成果教育青年学生,努力拓展大学生的国际视野,提升大学生的人文情怀,增强大学生的领袖气质,培养了一大批学生骨干。

第一节 大学生马克思主义理论研修班

理想信念教育是大学生思想政治教育的重要内容。中山大学积极探索新形势下理想信念教育的新途径、新方式,二十多年来依托学生红色理论团体,引导学生研读马列经典,传播先进思想,树立理想信念,取得良好的效果。

一、大学生马克思主义理论研修班的基本背景

中山大学学生马克思主义理论研修班(下简称"马研班")是在中山大学有着广泛影响的历史悠久的大学生团体。"马研班"成立于1993年,由党委学生工作部和当时的理论部(现社会科学教育学院)联合创办,现直属于中山大学党委学生工作部。2012年开始,武警部队驻中山大学后备警官选拔培训工作办公室开始参与"马研班"工作。

"马研班"是以学习、研究、宣传和践行马克思主义、毛泽东思想、邓小平理论和"三个代表"重要思想、科学发展观为主要内容的学生党员组织。"马研班"始终坚持以培养具有马列主义精神和社会主义信念的先进学生为宗旨,以活跃校园文化、弘扬中大精神和加强院系沟通、增进思想、文化、工作交流为

---

* 本章作者周昀、吴丹。

目的，强调团结一致和组织纪律性，倡导辩论和争鸣，在校园学生组织中独树一帜。

"马研班"是一个团结向上、继承创新的集体，它注重发挥自身特色，吸引了一群充满理想而又朝气蓬勃的青年，继承与发扬之间，他们在创新发展的征途上继承马列主义；现实与理想之间，他们在执著进取的求索中坚持马列主义。正是由于学校的大力支持和"马研班"全体学员的共同努力，使得它在校园中有广泛影响。"马研班"一年举办一期，选拔程序十分严格，学员都是有志于进一步学习践行马克思主义的学生党员和入党积极分子。迄今为止，已成功举办了十七期，为学校培养了近千名具有较高政治觉悟和理论水平的学生骨干。

二、大学生马克思主义理论研修班的工作方法

多年来"马研班"不断探索和实践，不断在传承中发展，逐渐形成了鲜明的办学特点，主要体现在以下四个方面：

（一）名师导读与自主学习相结合

"马研班"十分注重马克思主义理论的学习和研究。每两年为"马研班"聘请一个由不同学科背景的名师、博导组成的导师团，为学生讲授经典理论，关怀"马研班"学生成长。二十年来，已经邀请科研和教学经验丰富的知名教授和学者为学生开设各类讲座、"薪火论坛"100余场，讲座注重讲解马列经典理论，突出当前政治理论和国内外时事的传授，强调立场观点和方式方法的运用，深受学生欢迎。

为配合学习，我们还为学员编印了《求思—"马研班"课外必读书目集》，开列了几十种课外阅读书目，如《共产党宣言》《国家与革命》《中国社会各阶级分析》《新民主主义论》《解放思想、实事求是，团结一致向前看》《邓小平文选》第三卷以及《江泽民论有中国特色社会主义》等等。我们还为学员购置了学习材料，如《邓小平理论专题讲座》《社会主义前途与马克思主义的命运》、大学生版《时事报告》《七个怎么看》和《七个怎么办》等等，培养学生养成阅读经典、学习理论知识的习惯，提高自身的政治素养。配合自主学习，我们还组织"读经典，写书评"的读书活动，同学间相互分享读书的收获，讲解读书的心得。除此以外，还组织学生每月开展主题讨论"时事沙龙"活动，就大学生与国情、社会主义的生命力、校园党建、学生思想政治教育、学生诚信、深入学习和践行科学发展观、社会主义核心价值观等问题展开讨论，做到次次有主题，次次有准备，次次有收获。每次讨论学员们都踊跃发言，思想在讨论中碰撞出火花，气氛非常热烈，讨论会还吸引了许多非"马研班"学员和老师的参与，甚至吸引了一些外国留学生参加，影响愈益广泛。

（二）理论学习与调查研究相结合

三十多年改革开放创造了极为巨大的物质财富，也为中国青年创造了前所未有的成长和发展的环境。但在科学技术和理论知识发展迅猛的今天，多元世界、多元文化的各种思想相互激荡，充斥着校园，使青年学子的健康成长面临着诸多考验。广大青年学生亟须加强理论修养，完善知识结构，自觉将理论与实践结合，知行合一，在实践中检验和升华理论知识，使理论成为个人行为的坐标。

"马研班"将学习理论和调查研究有机结合起来，提高学员对现实问题的判断和分析能力。学员深入到社区、中小学校和经济欠发达的农村，开展社会调研活动。他们传播先进思想，践行社会主义核心价值观，帮扶和谐社区建设，形成了一系列有理论和实践价值的成果。通过学习和实践，目前已有千余名学员完成了《党史教育对鼓舞青年共建和谐社会的重要意义》《从邓小平社会主义本质看我国当前的社会公平问题》《马克思主义发展观在中国的新发展》等近千余篇结业论文。除此之外，"马研班"学员还在"以德治国""明礼诚信""与时俱进""弘扬抗非典精神""实践三个代表重要思想""理想、责任、能力、形象""诚信、成人、成才""服务社会，奉献爱心，促进和谐""我的中国梦"等社会公益实践活动中表现突出，形成了《广东高校学生组织民主建设情况调研报告》《大学生网络行为与高校思想政治教育调查分析》《中山大学新生军训模式探索》等200余份社会实践报告，主动为校园建设，社区发展，祖国建设建言献策。

（三）实践锻炼与义务服务相结合

"马研班"坚持和倡导理论联系实际的办班精神，组织学员深入到经济建设和精神文明建设成果显著的地区和爱国主义教育基地参观学习。近几年，先后组织学员到黄埔军校旧址和黄花岗公园、广州起义烈士陵园、农民运动讲习所参观学习，形象生动地对学员进行中国近代史和革命理想信念教育。"马研班"还关注时政热点，以"联系实际、讲求质量、取得实效"为指导原则，精心组织策划思想性强的活动，如2005年开展"立志、修身、博学、爱国"系列活动、学生党员先进性系列活动、2007年举办"十七大知识竞赛"、2008年、2010年举行"马研文化节"、2011年组织"马研班"支教队，到粤西地区开展暑期支教等活动。此外，从2005年起，"马研班"学生党员在学生宿舍区建立了为同学服务的"党员示范岗"，每周均有"马研班"的学员为同学排忧解难，珠海校区成立了"大学生党员文明示范义务服务队"，定期在校园内组织义务服务,通过这些活动,促进了"马研班"学员将理论思考与亲身实践相结合,使马列理论入心入脑,并固化为实际行动。

(四)内部建设与宣传交流相结合

"马研班"注重内部组织建设,每期成立班级委员会,并选拔执行小组,双线模式抓好组织建设,加强班内学习。同时,积极开展外部宣传和交流,辐射和带动全体同学学习马列主义理论,树立坚定的理想和信念。20年来,"马研班"学员开展了各种层次校内外交流活动:如与国际交流学院合作,共同组织参加"汉语角"活动数十次,通过活动中的沟通与交流,让国内外学生更真实准确地认识中国;在留学生生活区,与外国留学生进行每周一次的中华文化和先进思想交流,让外国留学生更详细地了解中国和中国文化的发展;此外,还与山东大学、香港中文、浸会、理工等大学的同学建立了良好的沟通学习交流关系;多次赴香港中文大学进行参观交流,互通有无,与时俱进;优秀学员多次参与各级部门举办的交流研讨会,如青年高峰会议、粤港澳青年论坛、高校党史教育与大学生成才专题研讨会、纪念五三一运动座谈会等等,吸纳新的思想和理论,展示中山大学育人的成果。

"马研班"每年出版一期班刊《攀登》,刊登的均是学员学习成果之精华,马列经典理论之普及。"马研班"锐意进取,开拓创新,坚持弘扬主旋律,倡导主流文化,2002年,在《攀登》(年刊)的基础上创办了《攀登报》(网络月报),并自主开发建立了"马研班"的主题网站,构建了学习、交流、宣传红色理论和思想的立体资源平台。"马研班"网站内容丰富,分为国内党建动态、学习动态、班务文件、名师风采、学员风采课程视频等十七个栏目。2007年,在教育部中国大学生在线网站主办的"第二届全国高校百佳网站网络评选"活动中,"马研班"网站以其思想先进性、内容丰富性和传播广泛性荣膺"十佳思政类网站"称号,截至目前,"马研班"网站点击率达到百万人次。"马研班"还充分利用校园网络资源,建立班级博客,每期"马研班"建立网上班级博客,成为学员学习理论、交流讨论的新园地。通过网络平台,"马研班"学员积极开展和引导中山大学学生参与网络交流,如教育部主办的"小平在我心中"网上交流活动、"加强和改进大学生思想政治教育"网上座谈会等活动,截至目前,由"马研班"组织或参与的网络在线讨论活动达10余场。

三、大学生马克思主义理论研修班的建设成效

在历届校领导的重视关怀下,在"马研人"的共同努力下,"马研班"在不断地成长和进步,它在传承中创新,在探索中发展。学员队伍不断发展壮大,

自身建设不断完善成熟，研修内容不断丰富，影响范围不断扩大。"马研班"届届薪火相传，茁壮成长，并逐渐成为中山大学富有特色的品牌学生红色理论团体之一，在2009年12月"首届广东高校校园文化建设优秀成果"评选中荣获特等奖。

（一）成为培育理想信念坚定的优秀青年的摇篮

"马研班"学习与实践相结合的办学特色，对提高学生政治素质，培育具有坚定理想信念的社会主义接班人发挥着重要作用。通过在"马研班"的学习，许多学员不仅对马克思主义有了更深的认识，而且在政治理论和社会实践能力方面均有很大提高。许多学员表示，在"马研班"学习得到的不仅是丰富的理论，更重要的是，深深为开辟这些理论和革命事业的先辈们牺牲自己、解放人类的崇高精神所感动。从而，立志高远，胸怀天下。诚如"马研班"学员所言："在'马研班'学习，不仅是为了自己，也是为了那部分没有机会进入'马研班'的同学而学习的，是为了国家的尊严、为了维护我们党而学习的。学习的动力不在于考试、读书笔记、思想汇报，而只是单单源于内心中的那份学习的责任。""加入'马研班'，视野得以开阔，心灵得以净化，思想得以升华。""博大精深的理论充实了我们的心灵，深邃透彻的见解启迪了我们的思维，在'马研班'学习的日子里，多少良师益友陪伴着我们去思考、去探索，去实践；这份宝贵的经历将会成为我一生的财富，不断地促使我去攀登人生中的座座高峰。"

（二）形成以点带面思想政治教育效果辐射的阵地

立志高远、胸怀天下、心系民生，实现中华民族的伟大复兴，是当代青年的历史使命和责任所在，是当代青年大学生所应努力和追求的方向。"马研班"学员都是来自各院系的学生党员骨干，他们因志同道合走到一起来，形成了一股强大的向心力和凝聚力，不仅加强了各院系之间的沟通和交流，而且通过学员自身良好形象的树立，对各院系的其他同学起到了应有的带动作用。学员经过一年的学习和努力，不但自己自觉地学习马列主义，躬身践行马列主义，而且勇敢地捍卫马列主义，宣传马列主义，带动和影响周围的同学学习和正确认识马列主义，使得中山大学学习马克思主义的氛围日益浓厚。他们着力以建设校园、建设社会为己任，自觉地把个人的奋斗历程与校园集体、社会和国家的奋斗历程结合起来，倡扬校园正气，宣传理论精华，争做校园先锋和时代先锋。"马研班"学员以自身的力量服务于同学，参与学校管理，架设学生和学校的一架信息桥梁，在维护学校稳定、构建和谐校园中发挥着重要的作用。在"马研人"的努力下，"马研班"在学校的影响愈益广泛，不仅成为中山大学学习、研究和宣传马克思主义理论的重要基地,也成为中山大学学生党员队伍建设、中大精神和校园文化建设的重要组成部分。

(三)搭建了思想政治教育和学生党建的基础平台

"马研班"的学习是开放式的,其理论学习的主阵地"薪火论坛"和各种研讨均向全校师生开放,吸引了众多有兴趣的同学参加。"马研班"主题网站面向全校开放,全校同学可自主分享"马研班"的全部学习资源,与"马研班"的学员一起走近马克思,理解马克思;《攀登》《攀登报》则加强了对马克思主义的人生观和价值观的宣传和学校热点问题的关注。"马研班"精心构筑的学习模式和宣传平台,对内是学员们进行理论耕耘的园地,对外是展现自身形象和扩大对外宣传的阵地。在巩固个人学习成果的同时,加强了学员之间的交流,用马克思主义的人生观和价值观来加强青年学生的德育教育,在促使青年学生形成正确的人生观、价值观、世界观与崇高理想,促进"博学、审问、慎思、明辨、笃行"的校园文化风貌的形成与积淀,促进中山大学校园党建活动的活跃与思想道德教育工作等方面起到了积极的作用。

大学生马克思主义理论研修班的成长过程,是一个探索的历程、是追求的乐章,是在科学真理的园地中汲取理想、信念和力量的过程。历届"马研班"人秉承"实事求是"的精神,与时俱进,以时间和实践不断开拓前进的道路,历经风雨洗礼,留下了彩虹般的绚丽。跨越两个世纪,不变的是对马列主义的执着与追求,是青年学子对马列主义的真知和真信。

第二节 青年马克思主义者培养工程

2007年5月15日,团中央在北京启动了"大学生青年马克思主义者培养工程"(简称"青马工程")。同年7月,团中央制定了《"青年马克思主义者培养工程"实施纲要》,旨在通过教育培训和实践锻炼等行之有效的方式,不断提高大学生骨干、团干部、青年知识分子等青年群体的思想政治素质、政策理论水平、创新能力、实践能力和组织协调能力,使他们进一步坚定跟党走中国特色社会主义道路的信念。按照共青团中央的统一部署,中山大学于2008年5月启动了"青年马克思主义者培养工程"。6年多来,中山大学已有400余名优秀大学生骨干从"青马工程"顺利毕业,培养了一批"政治坚定、素质全面、模范表率、堪当重任"的学生骨干。6年多来,中山大学青年马克思主义者培养工程按照上级主管部门的工作要求,结合学校实际,在明确工作目标、精心组织规划、创新培养模式、加强理论指导、深化能力训练等五个方面下功夫,形成了自身的工作特色。

一、明确工作目标

改革开放 30 多年来,经济社会的深刻变革给高校思想政治教育工作和共青团基层建设工作带来新挑战。信息化时代下大学生的思想观念、价值取向和行为方式发生了巨大的变化,如何凝聚青年,吸引、引导他们更好地实现自身价值与社会价值的统一,是高校思想政治教育和基层团建工作面临的共同难题。"青马工程"在新形势下加强了对青年学生的理论教育与实践培训,承担着青年大学生思想政治教育的政治使命和价值追求,具有重大而深远的意义。

当代青少年群体呈现开放社会独有的特征,他们思想变化快,开放程度高,主体意识较强烈。大学生思想政治教育需要把人才成长的一般规律与青年马克思主义者的特殊要求相结合,既要尊重人才成长需要历经长期过程的一般规律,科学设计培养内容和方式,系统规划和推进各项工作,又要格外注重青年马克思主义者需要具备较高的政治素质这一特殊要求,着重加强理想信念、信仰立场、理论素养等方面的培养。"青马工程"便是在这一战略需要下应运而生,采用青年大学生易于接受的教学形式,从贴近青年大学生自身出发,系统地、科学地对青年大学生进行思想引领,帮助他们树立正确的价值观和世界观。[1]

"青马工程"作为大学生思想政治教育工作的重要载体,着重大学生骨干力量的培养,在青年大学生中发挥了指引作用。大学生骨干包括了学校各级团学干部、社团干部或在学术科技、文化体育等方面成绩突出的优秀学生,他们作为校内最优秀大学生中的代表,富有影响力和号召力,能够在大学生群体中起到模范带头作用,很好地凝聚广大青年学生,带动他们积极主动地接受先进思想的引领。"青马工程"采用全面、生动、有效的教学活动,将马克思主义中国化的最新成果传播给青年学生,让青年学生在日常生活、学习和工作中感受到马克思主义理论的深厚魅力,一改过去对大学生思想政治课"又红又专"、"空洞乏味"的认识。并且,"青马工程"通过社会实践、公益志愿、课题研究等形式,指导青年学生理论联系实际,通过具体的行动践行社会主义核心价值观,使学生骨干在实战中"练"成坚定的马克思主义者。

---

[1] 蒋毓新、鲁镇、高冬、贾颖辉、高丽倩:《探析"青马工程"在高校思政教育中的实现路径》,载《新西部》,2011 年第 5 期。

二、精心组织规划

"青马工程"选拔的是学校最优秀的一批学生骨干,将他们培养成"政治坚定、素质全面、模范表率、堪当重任"的学生骨干,并通过学生骨干的示范作用辐射带动广大青年学生凝聚在党的周围。因此,在学员选拔上,"青马工程"坚持重点培养的理念,以品学兼优的各级团学干部、党员和入党积极分子、理论学习骨干及在学术科技、文化体育、志愿服务等方面突出的学生为重点培养对象,通过他们为广大青年学生树立榜样、树立导向,进而辐射带动其他青年学生。

(一)坚持重点培养理念,创新学员选拔管理机制

能进入"青马工程"接受培训的学生毕竟是少数(中山大学每期"青马工程"学员数仅占全校本科生总数的3‰)①,"青马工程"在学员选拔上必须坚持严格标准,但同时需要注重扩大选拔的覆盖面,吸纳有特长和影响力的"非学生干部",避免"青马工程"转变为单纯的"学生干部培训班"。因此,中山大学"青马工程"实行"双推双试双评"制度:"双推"是指既接受院系推荐,也接受群众推荐或学员自荐;"双试"即笔试和面试相结合;"双评"是指学员入学时要接受所在院系班集体的民主评议,期末时要接受青马班集体的民主评议,实行"末位淘汰"。"双推双试"向基层普通同学敞开青马班的大门,同时兼顾各级各类学生干部、理论学习骨干及在学术科技、文化体育等方面成绩突出的优秀学生等在学员中的比例。"双评"则保证了青马班"能进能出"。

(二)科学的管理体系,丰富而全面的导师队伍

在探索"青马工程"长效机制的过程中,"青马工程"的组织架构和管理体系不容忽视。目前,中山大学"青马工程"每期培训班聘请班主任1名,班级辅导员4名,在学校党委的领导下和校团委的具体指导下负责班级学员的管理工作。每期培训班以校区为单位,共分为南校区、东校区、北校区、珠海校区4个班级,各班级设辅导员1名,协助班主任做好相应班级的具体管理工作。班级在辅导员指导下选举产生班委,班委包括班长、副班长、学习委员、纪律委员、实践委员、文体委员、宣传委员,协助班级辅导员做好学员的组织和管理工作。

与此同时,我们在"青马工程"导师队伍建设方面实行"双师"计划,即教授经典学术的"经师"和培养人才品德的"人师"。在邀请甘阳等名师授课

---

① 2013年中山大学基本数据显示,2013年中山大学全校本科生一共有32563人。

以外，我们在已有的青马工程师资力量的基础上，邀请优秀青年教师、辅导员、网络意见领袖、兼职团干等担任青马班指导老师或兼职指导老师，为学员授课或指导具体工作。同时，我们邀请各行业年轻校友代表担任学员的人生导师，传授人生经验。师长潜移默化的影响对青年成长成才起到至关重要的作用，学员通过与导师进行理论探讨、为学员的职业规划答疑解惑，而在导师言传身教和品格熏陶下，在人生观、世界观和价值观构建上也取得良好的效果。①

（三）推动院系"青马学堂"，建立三级培养机制

在现有"青马工程"工作的推动下，中山大学于2014年开始着手推动二级学院（系）"青马学堂"工作，结合院系实际情况，建立了以院系团组织、学生会等的骨干力量为主要培养对象的院级"青马学堂"，并初步形成了由院级"青马学堂"推荐学员到校级"青马工程"深造的模式，同时远远扩大了青马工程培养覆盖面。

院系"青马学堂"培养对象以低年级学生为主，逐步形成由院系推送二年级、三年级学生进入校级"青马工程"的模式，形成校-校区-院系三级联动培养体系。青马学员在四年级时则回归院系担任朋辈指导，从而使"青马工程"的培养得以贯穿本科四年。院系"青马工程"主要进行理论培养和思想引领，帮助学生树立正确的价值观和人生观。学生从院系"青马学堂"结业后，可以通过院系的推荐进入校级"青马工程"学习。校级培养的中心更侧重于行动指导，强化社会实践，引导青年学生践行社会主义核心价值体系。

（四）健全就业辅导机制，建立学员"成长档案"

培养青年马克思主义者，不仅要关注他们个人能力和专业知识的培养，更要关注到他们未来的职业发展，推动其向社会的关键领域迈进。对此，"青马工程"为每位学员建立了"成长档案"，对其成长历程进行长效、动态的跟踪，以便了解"青马工程"的实施对青马学子的长远影响，更好地关注青年成长。

在培养期结束后，我们实行跟踪培养制度，通过推荐理论学习文章、定期分区域开展沟通交流活动、组织在网上研讨重大问题、向有关方面举荐等方式保持与他们的联系和交流，为培养对象的成长发展提供支持和帮助。

---

① 唐锐、谭彬、郑嘉茵：《"青年马克思主义者培养工程"机制建设探究——以中山大学"青马工程·中大100"计划为例》，载《青年探索》，2014年第2期。

三、创新培养模式①

提高青年马克思主义者所应具备的思想、政治、道德、心理、能力素质离不开外因和内因的共同作用,最有效的方法是把外因——组织培养和内因——自我教育结合起来,一方面要充分发挥各级培养组织在知识传授、方法指导、价值引领、活动开展等方面的重要作用,另一方面要充分调动大学生的积极性和主动性,引导青年马克思主义者在成长过程中进行自我教育,帮助他们运用马克思主义的立场、观点和方法进行自我学习、自我调控、自我完善。②

(一)实行完全学分制的教学管理模式,加强学生学习的自主性

为培养"青马工程"学员学习的自主性,中山大学"青马工程"于第五期开始试行完全学分制的教学管理模式。学员培养期结束,修满规定的基础必修学分和特色选修学分,并经综合考核达到培养目标者,即获得结业资格,准予结业,颁发结业证书。我们将培养中心适度下调,拓宽分级培养思路,将培养方案特色化,自主化,形成以校团委指导为核心,学员自主管理的培养体制。实行学分制的教学管理模式后,由校团委组织学院代表共同制定每一培养周期的培养内容,学员可以根据自己的兴趣与需要,自主选择课程进行学习,从而激发学员学习的积极性和自主性。

(二)完善青马工程制度建设,尊重青年主体性推进自我管理

中山大学"青马工程"实施6年来,全体学员在工程实施小组领导成员的指导下集思广益、群策群力,不断加强制度建设,形成了《中山大学青年马克思主义者培养工程学员管理条例》《中山大学青年马克思主义者培养工程架构章程》《青马工程班委选举办法》《中山大学青马工程培养计划暨学分制实施方案》等文件,并设计了"青马工程"班班徽、学员证、结业证、荣誉证书等重要资料,为日后青马工程班工作的继续开展做出了开拓性的贡献,提供了宝贵的经验。在制度建设日益完善的情况下,我们将学员的管理工作适当转移至学员自身,依靠班委的组织和管理来维护班级的正常运作。学校的体量很大,校区较为分散,成为制约集中培养的瓶颈。中山大学四个校区

---

① 郭超、李廷宪:《系统思维:推进实施"青马工程"的思维方式》,载《思想政治教育研究》,2009年第6期。
② 郭超:《构建高校"青马工程"长效机制的意义和原则》,载《山东青年政治学院学报》,2013年5月第3期。

各具特色，拥有不同的资源，因此我们以总分结合的方式在整个青马工程培养的大方案下建立四校区培养方案，充分利用各校区和院系的资源，形成集中培养、分散培训的模式。同时，在过去单向的培养方式上，我们希望加强学生的自主培养性，让马克思主义理论"接地气"。在每一学期开学前，校团委和各指导部门会组织各校区青马班学员共同讨论和制定下一学期的培养方案，挖掘新的培养形式，丰富每一期的培养内容，让每一届青马班的培养在总体培养的框架下更具特色。

四、加强理论指导

当代的大学生要成长为社会主义合格的建设者和接班人，除了要有必需的专业技能外，还必须提高自身的理论素养。中山大学"青马工程"在提升大学生思想政治素质和政策理论水平的工作中不断总结经验和突破创新，满足大学生骨干理论培养的需要。

（一）整合学科资源，精选师资队伍

中山大学"青马工程"利用中山大学作为学科门类齐全的综合性大学的优势，尤其是在人文社会科学方面的优质资源，相继邀请社会科学教育学院、岭南学院、哲学系、政务学院等多个院系的专家教授就相关领域为学员开设讲座，特别围绕社会主义核心价值观、改革开放、学生领导力等对学员进行专题辅导，开展关于中国特色社会主义理论体系的专题讲座，并抓住学校开展学习党的十八届三中全会精神、纪念邓小平诞辰110周年等活动，有力推动学员的理论学习，并取得了良好的效果。所邀请的授课老师均是经过认真考虑的、在学生中高度好评的老师。这类老师不仅理论水平高，而且以身作则、言传身教，在学生中起到价值导向作用，极大迎合当代青年学生的需求，启发学生们对理论学习产生兴趣，进而更加有效地引导学生。

（二）紧扣时事热点，加强思想引领

"身在校园，心系家国"，一直是中山大学青年学生的优良传统。结合这一特点和青年学生成长的需求，我们在培训中紧扣时事热点开展活动，提高思想引领和精神凝聚的能力，不断提升青年学生骨干的思想政治素质和政策理论水平。例如，围绕学生们关注的我党第十八届三中全会，邀请专家开展专题讲座解读党的十八届三中全会；在全国上下纪念邓小平诞辰110周年活动掀起高潮时，中山大学组织"青马工程"学员开展"纪念邓小平诞辰110周年座谈会"。除此之外，学校还定期组织学员举办"时事沙龙"等活动，通过这一系列贴近时事热点的活动，马克思主义理论学习渗透到学员们生活中的方方面面，更加坚定了他们的马克思主义信仰。

（三）注重内外交流，提升理论水平

新时期下青少年对价值观念的需求态度更加多元化，加强学生的内外交流，有助于他们对不同的价值观念进行分析和判断，这也是人才成长需要历经的一般规律。中山大学"青马工程"十分注重内外交流，多次举办交流分享会，邀请知名学者、优秀校友、"五四青年奖章"获得者等与"青马工程"学员进行交流与分享。中山大学"青马工程"学员还与复旦大学、山西大学等国内其他高校"青马工程"学员举行交流分享会，开拓了学员们的视野，提升自身的认知水平。与此同时，中山大学还组织"青马工程"学员参与了香港中西区区议会主办的两岸青年文化教育交流活动，与香港各高校学生一起围绕辛亥革命和两岸教育文化两个主要话题进行了轻松而热烈的交流。

五、深化能力训练

针对思想政治教育往往被课堂所局限的现状，中山大学"青马工程"不断地拓展实践渠道，建立大学生骨干培养基地，帮助学生理论联系实际，在实际行动中践行价值观，培养坚定的青年马克思主义者。

（一）丰富体验，巩固理论知识

单纯的理论教学难以让大学生形成牢固的认识，并且存在与实际脱节的情况。思想政治教育不能只停留在课堂上，也应该在实际的体验中相互促成。我们通过组织"青马工程"学员参观黄埔军校、辛亥革命纪念馆等地，缅怀和学习革命先烈的奉献精神。中山大学第五期"青马工程"学员还前往团中央井冈山培训基地接受为期一周的"社会主义核心价值观培训班"学习，通过重走红军挑粮小道，自做红军餐等活动，深入践行社会主义核心价值体系。丰富的体验式教学内容，能够为学员们搭建理论和实际之间的桥梁，将所学所知更好地应用于日常学习、生活和工作中。

（二）深入实际，开展社会调查

在加强学员自主学习和自我教育的过程中，我们鼓励学员深入社会进行调研，更加深入地了解我国的国情和社情。中山大学"青马工程"的学员按照校区分成了若干调研小组，每个调研小组根据团队成员的学科知识结构、兴趣专长等在一定范围内自主选题、自主设计学习计划、自主设定调研方法、自主实施调查研究。青马班邀请教育学院部分优秀博士生对各个小组进行专业指导，帮助学员更好地撰写调研报告，提升学员的社会观察能力和总结升华能力。各调研小组选材广泛，涉及教育、经济、环保等领域，如《关于2009年金融海啸对中山大学东校区应届毕业生影响的调研》《中山大学东校区旧书再利用调研报告》《聚焦和谐校园，关注校园后勤工作人员职业发展》《医学生医学人文教育现状与思考》《关于大学园区对珠海经济发展作用调查报告》等。针对学员普遍关心的理论和现实问题，指导教师对他们的思想困惑及时进行有针对性和说服力的分析和解答，引导他们运用科学理论分析，得出正确的社会观察结论，并加以总结提升；帮助、引导学员用科学理论构筑强大精神支柱，用远大理想引领自己，用民族精神和时代精神激励自己，逐步成长为坚定的青年马克思主义者。

（三）搭建平台，提升实践能力

构建实践育人体系，既要增强青年学生素质能力，又要引导青年学生树立正确的人生观、价值观，培养组织协调、交流沟通等社会化能力。中山大学"青马工程"在开展社会实践活动的同时，着眼于学员对社会环境的适应能力、与他人交往和协调等社会化能力的培养，使之成为学员践行社会主义核心价值体系的鲜活载体。校团委以学校与广东省各地市合作为契机，推进大学生实习见习基地的工作，例如和惠州市、东莞石排镇、石龙镇等合作建立长期的大学生实践基地等。我们鼓励、发动青马班学员利用节假日到这些基地进行短期或者长期的见习实习。目前，中山大学已连续推荐两届"青马工程"学员到省市信访局参与实习。其间，学员们通过接待来访、听民声、访民情等实地工作，不断了解民情、社情，同时还强化宗旨意识和服务精神，提升服务群众、组织群众、化解矛盾的社会活动能力，更加坚定了自己的理想和信念，丰富了青马学员的生活，开拓了青马学员的眼界。除此之外，中山大学还推荐学员前往海珠区政府、中国移动等政府机关、企事业单位参与实习见习，获得用人单位的一致好评。

（四）参与服务、增强社会责任

志愿服务体现着公民的社会责任意识，是人们自觉为他人和社会服务、共同建设美好生活的生动实践。中山大学长期鼓励大学生参与社会公益志愿服务，特别是鼓励大学生骨干要在广大青年学生中做好模范带头作用。中山大学"青马工程"学员多次组织志愿服务活动，例如到惠州参加为期一周的三下乡活动，为老人院的老人以及一些企业工人献上精彩表演；组织全体青马工程班学员参与义务献血活动，鼓励学员发挥排头兵作用，回馈社会。北校区组织学员参加广州市农林下路社区义诊等活动，反响十分热烈。东校区学员组织精心编排十余个节目，赴广州市番禺区化龙老人院为孤寡老人表演节目，并进行互动交流，受到老人们很好的评价。

总之,"青马工程"以理论指导实践,通过实践提升理论,在日常实际生活中去理解马克思主义理论,使学生骨干们对世情、国情、社情、民情具有了更为深入的认知,为将来走向社会、服务社会、建设祖国奠定了坚实的基础。

参考文献:

[1] 唐锐、谭彬、郑嘉茵:《"青年马克思主义者培养工程"机制建设探究——以中山大学"青马工程·中大100"计划为例》,载《青年探索》,2014年第2期。

[2] 郭超、李廷宪:《系统思维:推进实施"青马工程"的思维方式》,载《思想政治教育研究》,2009年第6期。

第二章

以心理咨询为渠道的个体培育*

中山大学秉持"承担生命、完善人格"的价值理念，从中国传统文化中吸取理解中国人的心理诉求和解决中国人的心理困扰的文化资源，在咨询辅导中推动意义治疗，特别是基于中国文化的意义治疗，在危机干预和心理咨询过程中，强调社会担当，走向他人，成就自己的心灵成长；推动体验式学习的模式，用团体辅导、自我心理教育等方式，推动高效能学习和完整宿舍的建设，并取得成效；推动服务学习、社会学习，建构朋辈互助、自我教育的心理辅导模式，用心灵靠近心灵，让生命感动生命，让学生获得成长。

第一节 儒家文化与中国人的道德健康

当健康的定义发展到今天的生理—心理—社会模式之时，道德的健康被世界卫生组织提到了一个重要的位置。中国的儒家学说在塑造道德的人格和如何理解并达成个人的人生意义上有很多重要资源。将孟荀结合起来考察，可以更好地理解儒家文化在中国人的人格塑造上的影响，并通过情感生命的安顿和社会角色的落实来解决日常生活与道德情感及其冲突下的心理问题。

一、道德健康问题的提出

世界卫生组织早在1948年成立之初的《宪章》中就指出"健康不仅是没有病和不虚弱，而且是身体、心理、社会功能三方面的完满状态。"1990年，世界卫生组织对"健康"又有新的阐述，即在躯体健康、心理健康、社会适应良好之外，添加了"道德健康"（moral health）的内容，具体是指个人不能损害他人

---

* 本章作者李桦、张广东、欧阳永忠、杨丽红、王国明、龚艳、陈敏。

的利益以满足自己的需要，能按照社会认可的行为道德来约束自己及支配自己的思维和行动，并且具有辨别真伪、善恶、荣辱的是非观念和能力。从"健康"尤其是"道德健康"的角度看，现代社会的心理健康咨询应该可以视为一种文化事件，因为对当事人行为成因的理解涉及到对其所生存的文化背景的理解。①心理学预设的"普遍性"是咨询双方共生共存的文化同一性或文化认同性。只有在中国文化本身的立场上去理解和解决中国人的心理问题才可能是一种有效的解决方案。

从心理学的角度看，如果说科学主义强调外在可观察的行为，精神分析强调个人的欲望，人文主义强调自我和生命的意义，常识心理学（folk psychology）强调人们日常所具有的心理、精神信念和愿望的实在论立场，那么，中国本土心理学则是强调个体心理在社群以及内在精神超越中的安顿，② 这毋宁是中国式的"常识心理学"。

孔子首先建立了"为己之学"的传统。所谓"古之学者为己，今之学者为人"（《论语·宪问第十四》），又说："君子求诸己，小人求诸人。"（论语·卫灵公第十五》）。孔子这一传统通过思孟学派继承，在人心的转变与世界的转变相互配合的过程之中，儒家治心的功能，透过高层心理学（height psychology）得以彰显。③

在塑心的功能上面，与道家、佛家相比，孟子和荀子都从自己的立场讨论了人格模式的建构。孟子从个人的道德情感出发，建构了一个"万物皆备于我"的德性人格模式；荀子从个体的理性认知功能出发，建构了一个"为者伪也"的人格行为模式。从人格成长的角度看，儒家的修身、精神锻炼乃是一种作为生活方式的哲学。④从情感出发建构的人格具有宗教情怀和感性的色彩，从认知出发建构的人格模式具有高度的现实性和理性色彩，这两种儒家人格的共同特点都是对于

---

① 文化实际上影响着我们人格机能的每个方向。我们选择追求的目标和我们如何努力实现它们都受着文化的影响。例如，我们看待成就是根据个人努力还是根据群体合作，以及我们看待成功是根据事业目标还是根据家庭目标，文化对此的影响非常大（Salili, 1994）。文化通过我们认为可接受的合适的社会行为标准影响着我们与他人的交往方式。而且明显的是，文化甚至影响到我们生物机能的特性。例如，有证据表明，关于衰老的文化信仰影响着人们老年时经验到的记忆丧失（p.472~473）。
② 杨国枢：《中国人的心理与行为：本土化研究》，中国人民大学出版社 2004 年版。
③ 刘述先：《儒家哲学在心理学上的意涵》本土心理学研究第九期，台湾大学心理系本土心理学研究室编辑出版，桂冠图书公司 1998 年版。
④ 杜维明：《儒家思想新论——创造性转换的自我》，贾幼华等译，江苏人民出版社 1991 年版。

个体的社会生命的担当，对于道德实践的完成，所以是相辅相成的。① 在现代人的生存处境之中，人格的情感层面和人格的认知层面是同等重要的。从情感出发，一个人可以获得内在结构的稳定性，得到信念；而现实生活有它自己的节奏和方向，从认知出发可以建立外部结构的稳定性，得到信心。任何一方面的偏向都会引发个人与自身、个人与他人、个人与社会环境之间的冲突和矛盾。

一个完善的人格系统必须说明个体内部的相关性和稳定性以及行为在不同情境中的可塑性和差异性。它必须包括个体典型的倾向和处于其背后的动力中介过程。此外，它不仅需要接纳社会—认知—动机和情感的决定因素，而且还需要接纳生物学的遗传因素。该系统必须能处理复杂的人类人格和认知—情感动力，意识的或无意识的；"冷的"和"热的"；认知的和情感的；理性的和冲动的——它们构成了个体互相区别的典型的内部状态和外部行为表现的基础（Metcalfe&Mischle. 1999）。② 孟子与荀子的结合，建构了一个内外稳定的人格结构。从孟子到荀子再回到孟子，形成了一个在稳定的人格结构基础上的人格价值内涵，并开出了一条中国人的意义心理治疗体系。在这个体系中生成了对于中国人心理问题的解决方案和咨询师自身的成长方案。

二、孟子从情出发的理想人格建构

人格结构具有文化的内涵。孟子从情感发生学的角度出发，建构了一个对生命意义、对社会、对于理想价值充满了情感投入和坚守的理想人格。

孟子认为，人生来就有一种共同的天赋本性，这就是"不忍人之心"或叫"恻隐之心"，所谓"人皆有不忍人之心。"（《孟子·公孙丑上》）。孟子还认为，"人皆有之"的共同的天赋本性尚有"羞恶之心""恭敬之心"（亦叫"辞让之心"）和"是非之心"。孟子把这四种"心"视为仁、义、礼、智四种道德品质的萌芽："恻隐之心，仁之端也；羞恶之心，义之端也；辞让之心，礼之端也；是非之心，智之端也。"（《孟子·公孙丑上》）。孟子甚至直接将此四种"心"视作四种道德品质，认为"恻隐之心，仁也；羞恶之心，义也；恭敬之心，礼也；是非之心，智也。"（《孟子·告子上》）。仁义礼智作为人的天性，它体现了人与其他动物的根本区别，即"无恻隐之心，非人也；无羞恶之心，非人也；无辞让之心，非人也；无是非之心，非人也。"（《孟子·公孙丑上》）因此，善

---

① 冯达文：《中国古典哲学略述》，广东人民出版社 2009 年版。
② 李明辉：《康德伦理学与孟子道德思考之重建》，中央研究院中国文哲研究所 1994 年 5 月版。

是人的本性中所固有的东西。所谓"仁义之心",即是能决定仁义礼智之心,也即能为道德立法的本心。①至于有些人不善良,那是由于他舍弃了这些与生俱来的善良的道德本性,未能很好地保持住它,是"耳目之官不思而蔽于物"(《孟子·告子上》)的结果。由此也有了人与人之间的区别。君子所以异于人者,以其存心也。君子以仁存心,以礼存心。仁者爱人,有礼者敬人。爱人者,人恒爱之;敬人者,人恒敬之。有人于此,其待我以横逆,则君子必自反也:我必不仁也,必无礼也,此物奚宜至哉?其自反而仁矣,自反而有礼矣,其横逆由是也,君子必自反也,我必不忠。自反而忠矣,其横逆由是也,君子曰:"此亦妄人也已矣。如此,则与禽兽奚择哉?于禽兽又何难焉?"是故君子有终身之忧,无一朝之患也。乃若所忧则有之:舜,人也;我,亦人也。舜为法于天下,可传于后世,我由未免为乡人也,是则可忧也。忧之如何?如舜而已矣。若夫君子所患则亡矣。非仁无为也,非礼无行也。如有一朝之患,则君子不患矣。(《孟子·离娄下》)

在孟子看来,君子与常人的区别在于心存仁和礼,对他人有敬爱之心。如果遇到他人的不善,首先要做的是反思自己的行为。作为一个君子,个人生活的目标是尚志,通过居仁由义,达到与自己的和谐。孟子在这里还很好地区分了"忧"与"患"。从情感的角度看,"忧"与"患"在心理意义上的区别在于,"忧"是一种主动承担的责任,而"患"是不得不面对的具体的危害,是一种焦虑。而焦虑是一种对担忧本身的担忧,是对于压力的反应,而不是对于责任的承担。

意志品质和个人生活目标是使人与人区别开来的又一个重要的方面。理想人格的个人生活目标是道德的完成,可是,达此目标,其实不易,人的意志品质愈显重要。当其世也,"天下无道"的局面毋宁成为常态,孟子却表达了"天下无道,以身殉道"之决心(《孟子·尽心上》)。

"天将降大任于斯人也,必先苦其心志,劳其筋骨,饿其体肤,空乏其身,行拂乱其所为,所以动心忍性,增益其所不能。人恒过,然后能改;困于心,衡于虑,而后作;徵于色,发于声,而后喻。入则无法家拂士,出则无敌国外患者,国恒亡。然后知生于忧患而死于安乐也。"(《孟子·告子下》)面对困苦的态度最能体现一个人的意志品质。孟子强调人只有通过极端困苦和坎坷的生活磨砺,才能锻炼和造就自己坚韧刚强的优秀品质。在孟子看来,人并不是不能承受苦难和

---

① Metcalfe, J., & Mische, W. A hot cool system analysis of delay of gratification: Dynamics of willpower. Psychological Review, 106, 3~19.

悲伤，关键是是否寻找到为什么承受苦难和悲伤的意义和价值，因为具有崇高生活目标的人，在面对难时，不仅不会丧失意志，反而更能够激励出更坚强的持守力。因此，如果对应到中国式的心理咨询中，此种关于痛苦和悲伤的处理便有其独特的文化内涵。我们不必硬性去剔除痛苦，而是强调化悲痛为力量、为精神食粮、为人生的一种经验和财富、为生活目标达成的必要步骤。

那么，如何从个体情感出发，通过转换对待自我的方式来增加个体的主观幸福感呢？

幸福感作为一种个人体验，在本质上是主观的。了解并重视人们如何感受和评价他们的生活，对于一个社会的建构是至关重要的。思想对行为的主导作用表现在人们对自己生活的感受和评价的不同是可以产生不同的幸福感的。在此，孟子的"三乐"从不同的层面揭示了人生的意义即幸福感。君子有三乐，而王天下不与存焉。父母俱存，兄弟无故，一乐也；仰不愧于天，俯不怍于人，二乐也；得天下英才而教育之，三乐也。（《孟子·尽心上》）

这"三乐"中第一"乐"表达了个体在完整的血缘关系中的存在，第二"乐"是自己的道德评价与自己的内心体验的关系，第三"乐"则体现了个体把自己的生命放入了时间的延续之中的意义。父母俱存，兄弟无故，则可以行孝，可以齐家，可以有所安慰；不愧于天，不怍于人可以有自信，有心灵的安顿，有内在谐和和情绪上的平衡；"得天下英才而教育之"则可以在帮助他人成人的过程中体会到个体的生命的另一种延续方式，成就一个人，影响另一个个体的生命历程，因而是一件有极大成就感和满足感的事业。

如果幸福是一种主观的状态，那么，个体在生活中所经历的事件，有一些会增加我们对于幸福的体验，而另一些则需要我们转换对待自我的方式来获得主观上的调整，从容应对"得志"与"不得志""穷"与"达"。达之天下，享受成功之乐；果真未达，则隐退而独善其身，获得人格之乐。"子好游乎？吾语子游。人知之，亦嚣嚣；人不知，亦嚣嚣。"曰："何如斯可以嚣嚣矣？"曰："尊德乐义，则可以嚣嚣矣。故士穷不失义，达不离道。穷不失义，故士得己焉；达不离道，故民不失望焉。古之人，得志，泽加于民；不得志，修身见于世。穷则独善其身，达则兼善天下。"（《孟子·尽心上》）面对"穷"与"达"，君子具有一种人格的高度稳定性和统一性，同时不放弃自己的生活目标，通过与时世环境相协调，达不离道，穷不失义，这其实是对于理想人格的一种根本的要求。

一旦达而离道或者穷而失义，便会面临价值观的冲突和缺失的心理问题。在现实生活领域，不管是"达"或者"穷"，都可能出现理想中的价值定位与现实处境之间的分离，这时人们就会感受到巨大的心理压力。这也是人格理想在现实社会中如何落实的困惑。如何走出困惑，就引出了荀子的问题意识。

三、荀子从"理"出发的社会与个体人格建构

人格发展的连贯性表明，即使人格在成长中发生了变化，也仍能看出婴儿时的行为模式与后来行为模式之间的连续性。"先前的适应和历史没有被变化'擦去'。早期的模式可能被重新激活，并且早期历史加上现在的情境的作用可以预测当前的适应。"（Strauman, T. J., 1993）。人格心理学家假设，这种连续性之所以产生，是因为发展出了交互作用的自我维持模式，而不是因为建立了什么永久的人格结构。因此连续性的存在被假设是因为个体—环境交互作用模式的发展而不是因为固定结构的发展或固定环境的运作。并且，之所以有变化产生是因为那些不同于早期经历的强大的关系经验。换句话说，人格存在一种巩固内部工作模型的倾向，但强大的新关系可以导致新的内部工作模型的发展。孟子理想人格的养成，与记载中的孟母"断机教子""孟母三迁"等教子的对环境的选择有关，而荀子更多的是直面现实的"大争之世"及其复杂的人际关系作出的积极回应。

面向现实，孟子突显的是个体的道德情感因素，力图展示人性依其本善而上达天道下通世俗的理想模式，荀子则突显个体人格对生活理解尤其是对社会承担的行为规范，以及这些行为规范如何落实在个人的具体践行上。换句话说，前者是怎样看待人性和自我，后者关注人格如何现实地应对生活，在一个实际运作的心理层面，突出个体人格在现实情景的应变。如果孟子是从情的内在稳态讨论人格的特质，荀子则是从社会心理学的立场讲人格所呈现的状态。从孟子到荀子的心理学内涵实际上也是如何"根据天性和教养、基因和环境如何相互作用而产生可观察到的人格特征"的问题。① 一个从观念到行为的过渡，人

---

① 多数人格心理学家似乎倾向于把人格视为相对可塑或相对固定、容易改变成由于基因和/或早期经历而基本稳定。但是相对来说，关于人格发展可能的边界条件以及关于决定这个或那个发展进程的因素，我们却几乎没有真正的了解。有些人在一段时间内相对稳定，而有些人却变化显著，有些经历至少对多数人有长时间的影响，而有些经历的意义似乎很短暂。偶然事件在人格发展中的作用可能比我们多数人认为的要大得多。在有关"个人—情境"之争中，需要根据个人和情境如何交互作用而导致行为来构架这个问题。同样，在有关"天性—教养"之争中，我们已看到，需要根据天性和教养、基因和环境如何相互作用而产生可观察到的人格特征来构架这个问题。而关于"可塑性—固定性"之争，我们应该去关注的是，具体经历或治疗程序如何运作而产生改变，至少是对有些个体而不是对另一些个体是这样。我们意识到所提出问题的复杂性，而且因此认识到，只有理解所涉及的过程才能得到我们所关注的问题的答案。参见 L. A. 珀文《人格科学》，周榕等译，华东师范大学出版 2001 年版。

是观念的动物,也是行动的动物,行动使观念有了实践的可能,也成为人的基本的社会活动。

对于荀子而言,当我们说一个人很善良时,并不是指这个人的本性善,而是说一种与情景相配合的适当行为。以此就可以解释在这个善良的人身上所出现的善与不善的行为的矛盾性和一致性,并且也就能够从态度与行为的分离或差异上来理解个体并不完善的存在。荀子所塑造的人格的吸引力在于它源于认知本身,建立在人与环境相匹配的基础之上,纵使高贵,也不会突兀得无法与环境融和。在涉及对他人的理解和个体生命的安置方面,荀子致力于从关注现实及个体的社会适应出发,这也是世界卫生组织的"健康"定义中的"社会适应良好"(good social adaptation)的内容。

在人格的成长和发展上,荀子相信,一步一步地求知和有为才会有助于人格的成长,更明确地阐明了通过认知建构理想人格乃至理想社会的过程。

《荀子·劝学篇》称:君子曰:学不可以已。青,取之于蓝,而青于蓝;冰,水为之,而寒于水。木直中绳,輮以为轮,其曲中规,虽有槁暴,不复挺者,輮使之然也。故木受绳则直,金就砺则利,君子博学而日参省乎己,则知明而行无过矣。故不登高山,不知天之高也;不临深溪,不知地之厚也;不闻先王之遗言,不知学问之大也。干、越、夷、貉之子,生而同声,长而异俗,教使之然也。诗曰:"嗟尔君子,无恒安息。靖共尔位,好是正直。神之听之,介尔景福。"神莫大于化道,福莫长于无祸。

物类之起,必有所始。荣辱之来,必象其德。肉腐出虫,鱼枯生蠹。怠慢忘身,祸灾乃作。强自取柱,柔自取束。邪秽在身,怨之所构。施薪若一,火就燥也,平地若一,水就湿也。草木畴生,禽兽群焉,物各从其类也。是故质的张,而弓矢至焉;林木茂,而斧斤至焉;树成荫,而众鸟息焉。醯酸,而蚋聚焉。故言有招祸也,行有招辱也,君子慎其所立乎!(《荀子·劝学篇》)

学习是指个体所获得的一种持久性的变化,这种变化可以是内隐的,也可以表现为外显的行为上的改变,无论是内在还是外在的变化,都需要通过坚持不懈的努力来完成。荀子所谓的"学",基本上都是指向人的社会化。而人的成长就是一个社会化的过程,社会化是成人过程中最重要的课题。荀子从人生发展和社会化的过程的线索为自我人格的确立给出了一个架构,通过学习如何成人,如何做一个君子,确立自己,认识他人,接受社会影响,与他人互动交往,在理性的层面上解除认知上的困扰,最后能够知乐知天以维护内在的心理平衡。①

　　社会化的过程是双向的。个体一方面承受社会压力,另一方面又对社会秩序产生潜在的改变。通过社会化,个体得到发展,最终也导致了整个社会的进一步发展。在人生的发展历程中,无论是从个人还是社会的角度看,一个初生的婴儿终将也必须转变成为一个既能够有效地干预社会又能为社会所接受的人。

　　《荀子·性恶篇》称:"圣人积思虑,习伪故,以生礼义,而起法度。然则礼义法度者是生于圣人之伪,非故生于人之性也。"荀子认为,人是环境的产物,礼义法度是外在的,是圣人所创制,经由人之习积而成。"化性起伪"是荀子的根本主张。"伪"的作用是控制和调节人的行为,"伪"的结果就是经过社会化的历程形成人格。

　　"人性之恶,其善者,伪也。"荀子认为,人性本恶,借助"伪"可以使人迁恶为善。"伪"即人为,即人类的有价值的创造行为。君子与小人的区别,就在于为与不为。"注错习俗,所以化性也。…习俗移志,安久移质,而都国之民,安习其服,居楚而楚,居越而越,居夏而夏,是非天性也,积靡使然也。"(《荀子·性恶篇》)移志与移质,全由积习使然。善化性者,崇尚师法,择乡就土,最后形成自己的人格。"故君子居必择乡,游必就土,所以防邪僻而近中正也。"(《荀子·劝学篇》)在这些论述中,荀子表达了两个方面的意思,首先,人是环境的产物;其次,人是环境的缔造者。人的后天的实践、选择、思考、学习、行事是人主动的选择,这些选择的结果构成了文化本身。

　　人之生固小人,无师无法则唯利之见耳。人之生固小人,又以遇乱世,得乱俗,是以小重小也,以乱得乱也。君子非得埶以临之,则无由得开内焉。今是人之口腹,安知礼义?安知辞让?安知廉耻隅积?亦呻呻而啮,乡乡而饱已矣。人无师无法,则其心正其口腹也。今使人生而未尝睹刍豢稻粱也,惟菽藿糟糠之为睹,则以至足为在此也,俄而粲然有秉刍豢稻粱而至者,则瞲然视之曰:此何怪也?彼臭之而嗛于鼻,尝之而甘于口,食之而安于体,则莫不弃此而取彼矣。今以夫先王之道,仁义之统,以相群居,以相持养,以相藩饰,以

---

①　对生命的不同时期的社会化及其主要内容的研究中,最有影响的是 E. Erikson 的人的心理的社会发展的八阶段理论。在《儿童期与社会》(1950) 一书中,E. Erikson 围绕着人格与社会的发生和发展,描述了个人从婴儿期到老年期的八个阶段中的社会化历程,并指出了每一阶段所需解决的主要问题。在每一个阶段都面临危机与转机并存。如果顺利地解决了该阶段的主要问题,就可以一种健康的心态去面对下一个阶段,否则,就会在此后的人生中表现出种种不适应、困扰,乃致障碍。

相安固邪。以夫桀跖之道，是其为相县也，几直夫刍豢稻粱之县糟糠尔哉！然而人力为此，而寡为彼，何也？曰：陋也。陋也者，天下之公患也，人之大殃大害也。故曰：仁者好告示人。告之、示之、靡之、儇之、鈆之、重之，则夫塞者俄且通也，陋者俄且僩也，愚者俄且知也。是若不行，则汤武在上曷益？桀纣在上曷损？汤武存，则天下从而治，桀纣存，则天下从而乱。如是者，岂非人之情，固可与如此，可与如彼也哉！（《荀子·荣辱篇》）

人常常会低估其所处的环境及社会力量对自己的影响力，同时高估自己抗拒外来压力的能耐。荀子身处乱世，清楚地看到了整个社会对个人的巨大的影响。个人面对这个环境，如果只有对于人性人情本善的美好理想，那是不足以抵御外在的侵扰的。心理学认为，对于事件的内在原因的认识与归因，对人的生活具有重大的影响。归因训练（attribution retraining）可以改变人们的认知，以减少情绪的障碍。一是将问题外化，二是引导当事人把问题归因为可控的、不稳定的、内部的因素（努力程度）。

人有三不祥：幼而不肯事长，贱而不肯事贵，不肖而不肯事贤，是人之三不祥也。人有三必穷：为上则不能爱下，为下则好非其上，是人之一必穷也；乡则不若，偝则谩之，是人之二必穷也；知行浅薄，曲直有以相县矣，然而仁人不能推，知士不能明，是人之三必穷也。——人有此三数行者，以为上则必危，为下则必灭。诗曰："雨雪瀌瀌，宴然聿消，莫肯下隧，式居屡骄。"此之谓也。《荀子·非相篇》

在这里，荀子把个人不幸的穷困的原因归为，人不了解社会等级和角色的规范和要求，所以不能够适应社会。是个人主观认识上的原因导致了生活的困顿，所以通过学习改变和增加认识并遵从规范是增益生活的一个有效途径。对于人际关系中的自我位置的处理不当，是荀子认为的导致穷困和不祥的重要原因。

荀子的人格建构是从孟子的理想的层面落实到具体的日常心理学的范围之内，认为人格建构的过程就是社会角色的扮演。在人格发展和确立的过程中通过重视社会角色的扮演——"如何做人"来达到内心与外在的和谐稳定。

"做人"是指在人际关系中进行自我修养，成为一个完善的人。杜维明指出："学做人意味着审美上的升华，道德上的完善和宗教信仰上的深入。"[①] 对"做人"的日常理解包含两个重要的方面。一是道德发展上的含义，做人要完善

---

① 杜维明：《儒家思想新论——创造性转换的自我》，贾幼华等译，江苏人民出版社1991年版。

自己，提升自己，做一个正直、高尚、有益于社会的人，这是孟子所讲的；二是社会适应上的含义，做人要完成社会角色，恰当地表现自己，成为适应社会现实和能为他人接纳的人，这是荀子言说的。孟荀的修养内心、完善道德在理想性上是一致的，而其适应社会、角色扮演则在现实上是相通的。"做人"的含义包括了道德完善的理想追求和社会适应的现实运作两个基本方面。"做人"的关键在于如何恰当地将二者统一起来。道德的发展是在具体的人际关系中展开的，以自我完善承担社会角色为条件。荀子把人格的重心放在正确处理各种社会关系上，它的终极追求是人际和谐中体现的道德完善。这是达到理想人格的标准的修养途径。《荀子·臣道篇》称：

恭敬而逊，听从而敏，不敢有以私决择也，不敢有以私取与也，以顺上为志，是事圣君之义也。忠信而不谀，谏争而不谄，挢然刚折端志而无倾侧之心，是案曰是，非案曰非，是事中君之义也。调而不流，柔而不屈，宽容而不乱，晓然以至道而无不调和也，而能化易，时关内之，是事暴君之义也。若驭朴马，若养赤子，若食餧人。故因其惧也而改其过，因其忧也而辨其故，因其喜也而入其道，因其怒也而除其怨，曲得所谓焉。书曰："从命而不拂，微谏而不倦，为上则明，为下则逊。"此之谓也。

事人而不顺者，不疾者也；疾而不顺者，不敬者也；敬而不顺者，不忠者也；忠而不顺者，无功者也；有功而不顺者，无德者也。故无德之为道也，伤疾、堕功、灭苦，故君子不为也。

荀子虽然讨论的是"臣道"，但其实是广义的为人之道。一个人要成为一名合格的社会成员，并且能在不同的社会地位上，在不同的场合表现出恰如其分的行为方式，需要有角色扮演的能力。符合一定的社会期望的角色并非规定角色扮演者必须遵循某种固定不变的行为方式，因为不同的人对同一角色期望的理解也不一定相同。于是，角色的学习不仅是模仿，学习者必须在学习中根据社会期望和个人的生活经验与理解，形成自己的行为模式。立足于自我的角色学习是能否成功地进行角色扮演的关键条件，在一定程度上说，角色扮演的技巧以及成功，取决于人们在互动中的自我形象。

在人格形成问题上，一直存在天性与教养，特殊性与普遍性，可塑性与固定性，稳定性与变化性的争论。荀子从人的认知之心出发，通过对社会化过程的双向的描述，对人格建立做出了规定。如果说孟子更重视人格的天性、固定性，则可以说，荀子更关切人格的教养和可塑性。

四、孟荀思想对心理治疗的意义

如果说心理健康很重要的一个维度是个体与社会的协调与互补，那么，这个协调与互补显然关乎个人与社会的文化价值认同问题。当代的心理治疗家越来越从人的整体教化、心灵成长的角度着眼，强调人的整体性和人在人际关系中的意义实现。在心理咨询中，需要为个人创造机会，让他们去关注个人的存在本质、人生的目的意义、人与人之间关系的普遍特点、个人奋斗的伦理本质，只有这样，我们才能从真正意义上解决心理问题。

孟子以性善论为核心，崇尚人的道德修养，强调改变人内在的品质，向内求善；荀子以性恶论为起点，认为人性本恶，人们只有靠着增长知识，了解礼仪来向外求善，强调外在表现。而无论是孟子还是荀子，都是主张一个有文化教养的自我而不是不经修饰的自然的人本身。

孟子、荀子有关人的本性之所以在形式上有截然相反和相互矛盾的看法，一方面是因为人有创造性、灵活性和精神的丰富性，另一方面则是因为人在不断发展变化，有着多面向的成长过程。其实，人的自然本性只有一个，但有两种不同的表现形式，即自然心理的形式和精神超越的形式。我们力图把这两方面结合起来阐述人的潜能发展的真正动力。

孟子强调善是人性修养的终极目标，如果表现得不善，那就不是人了。"善"的要求就其绝对性而言，是一个高悬着的"应然"，而非"实然"。退一步，即使揆诸日常道德规范要求，也还要时时教化敦促。在弘扬孟子性善论的积极面时，不宜忽视它可能带来的内在道德情感和生活实际的冲突，而这些冲突是构成心理问题的核心内容的重要原因。当个人需要在自己生活的环境中假装好的时候，问题便成为内部的隐秘的困扰，特别是当生活处境以抽象的道德来制造完美的人性标准，会导致内在的抑郁情绪。荀子认为人性本来就是恶的，人是自然的所以有待教化，人对暴露自己真实本性的恐惧也因而减轻，在日后增长理性与知识的社会化过程中，可以慢慢地加以调适和改进，个人反而能体会到更多的积极情绪。由孟子性善论开启的道德情感奠定了人生情感生命的终极关怀的根基，但日常状态下的个体可能承受来自道德情感与道德追求的冲突与压力；由荀子性恶论开启的理性认知规范了个体社会适应的角色，但可能使人迷失于理性的角逐，甚至麻木地沦为工具。通过对孟子之"情"与荀子之"知"的分析，得以清晰人的日常心理安顿的两个面向。把"情"与"理"联结起来，作为人格结构中的一个单元的两个面向，不仅具有可操作的现实意义，也具有激活儒学传统资源和开拓本土心理学研究的价值。

第二节　大学生朋辈互助心理辅导模式构建

高校担负着为我国社会主义现代化建设培养具有创新精神和实践能力的高级专门人才重任，健康的心理、健全的人格是人才的基本素质，心理健康知识的传授和心理品质的训练是高校育人环节的重要组成部分。大学生的心理健康水平不仅影响着他们在校期间的学习与生活，而且直接维系着其日后的生存与发展。转轨时期社会的变革，多元文化的碰撞，激烈竞争的加剧，不确定因素的增多，机遇与挑战接踵而至，大学生正承受着日趋沉重的心理负荷，大学生心理健康问题和大学生心理健康教育工作已日益引起社会的高度关注。开展"面向大学生的生活世界：大学生朋辈互助心理辅导模式构建研究项目"的实践与研究，是为了进一步加强我校心理健康教育的实效性，同时也为了培养一支具有较高心理自助与助人能力的学生骨干队伍，充分发挥学生自身在心理健康教育工作中的桥梁与纽带作用，体现学生在心理健康教育中的主体地位。它是我校在心理健康教育方面的新探索、新途径，提高了我校心理健康教育的有效性，是加强我校心理健康教育的有力举措。朋辈心理辅导是心理咨询形式中的一个重要内容，是指在人际交往过程中人们互相给予心理安慰、鼓励、劝导和支持的过程，是由受训或督导过的非专业人员提供具有心理辅导功能的帮助的过程。与专业心理咨询相比，朋辈辅导具有自发性、义务性、亲情性、友谊性和简便有效性的特点，为提高广大学生的心理健康水平，促进我校学生全面素质的培养，完善我校"心理健康教育—心理疏导辅导—心理咨询服务—危机干预预警—心理危机干预"的五级工作体系，心理健康教育咨询中心拟在我校加强大学生朋辈互助心理辅导员队伍建设。

一、朋辈互助心理辅导的理论基础

人们通常愿意听取年龄相仿、知识背景、兴趣爱好相近的同伴、朋友的意见和建议，青少年尤其如此。特别在一些敏感问题上，青少年往往能够听取或采纳同伴的意见和建议。朋辈教育就是利用青少年的趋众倾向，对青少年进行教育的方式。朋辈教育通常首先对有影响力和号召力的青少年（朋辈教育者）进行有目的的培训，使其掌握一定的知识和技巧，然后再由他们向周围的青少年传播知识和技能，甚至向更广泛的范围传播，以达到教育的目的。

朋辈教育发源于澳大利亚，流行于西方国家。美国自20世纪60年代中期后，以接受过训练的学生担任"同辈心理辅导员"的服务方式，就逐渐盛行于校园中。经过几十年的发展，已经成为一种在社会发展领域内广泛采用的培训方法。它主要采用小组讨论、游戏、角色扮演等参与性强和互动性强的方式进行培训。参与的人主要是年龄相仿、知识背景、兴趣爱好相近的同伴和朋友。朋辈教育的培训中，侧重于态度的讨论和技能的培训，而不是知识的传授。其中主持人的角色不是老师，而是话题讨论的引导者，启发大家就共同关心的话题提出建议。主持人侧重正确知识和核心信息的传达，而不将知识的讲解作为重点。

朋辈教育的类型可以分为两类：正规朋辈教育和非正规的朋辈教育。正规朋辈教育为每期朋辈教育培训围绕具体的问题按计划举办，一般以分组的方式，有固定的活动和目标。在一个小组内，朋辈教育者以教育者的身份出现。非正规的朋辈教育，多是朋辈教育在朋友、社会群体和网络中进行。朋辈教育者以同伴的身份告诉朋友自己在培训中学到的某些内容或问题，这些话题没有事前的组织或计划，可以从一个特定的问题开始，讨论可以在午餐时间、朋友聚会时、在宿舍、家里等任何合适的时间和地点进行。

朋辈教育比较受同学们的欢迎，教育者以自己的同龄人为最佳，肯定了朋辈教育的积极意义。归纳其原因主要有以下几方面：

（一）易沟通。同学普遍认为同龄人由于年龄相仿、无长幼之分，易用平等的态度及语气进行谈论，不容易使人产生逆反心理，比较愿意相互交换意见和看法。

（二）有同感。同学们普遍认为同龄人所处的时代相同、环境相似，对事物的理解与评价也比较一致，一般容易取得共识。如大多数同学在这个年龄都会遇到性方面的问题，会经历好奇、迷惑，感情上的波动，对爱情的憧憬等体验，此时朋辈教育者就可结合自己所学到的科学知识与同学进行探讨，提供较为正确的指导和可行性建议，感觉上较缓和、轻松，而不是简单地判断其对与错。

（三）有安全感。同学之间彼此熟悉，通常会以诚相待，彼此沟通时不会刻意有所保留，通常会敞开心扉，彼此交换一些小秘密，这样不但促进了朋辈教育者与同学间的关系，更使同学之间产生亲近和真实的感觉。归根到底，大多数同学选择朋辈教育，无非是看重其同伴间的平等关系，没有代沟，谈话过程也比较轻松。

二、朋辈互助心理辅导的可行性与必要性

"面向大学生的生活世界：大学生朋辈互助心理辅导模式构建研究项目"能

促使学生健康成长，从容面对各种压力、自立自强，为走向社会做好准备，同时对于提高全班学生的心理素质，充分开发他们的潜能，培养乐观、向上的心理品质，促进人格的健全发展具有重要作用。朋辈教育将使心理健康教育落到实处，对学生的心理问题做到实时监控、提前防范、及时发现、及时疏导，并促使同学们主动关注自己的心理健康，提高全体学生的心理素质，充分发挥他们的潜能，培养学生乐观向上的心理品质，促进人格的健康发展。由于朋辈教育本身就是学生，他们能够及时了解到学生最真实的思想动态，一旦出现事故苗头，心理委员能够迅速将情况反映给班主任和学校，从而使心理危机干预工作由过去的"出现问题再解决问题"的被动局面转变为现在的"发现问题就解决问题"的主动局面，使心理危机干预工作更迅速、更主动，更能防患于未然。

（一）朋辈互助心理辅导项目实施的必要性

首先，朋辈互助心理辅导是一种实施方便、见效快的学校心理咨询模式。对促进我国学校教育的改革具有重要意义。这种心理咨询的过程是在同辈及朋友之间进行的。是指在人际交往过程中人们互相给予心理安慰、鼓励、劝导和支持的过程，是由受训或督导过的非专业人员提供具有心理辅导功能的帮助的过程。与专业心理咨询相比，朋辈辅导具有自发性、义务性、亲情性、友谊性和简便有效性的特点，所能达到的效果非常明显。

其次，大学生朋辈互助心理辅导是对大学生心理危机干预机制的探索。就危机干预本身而言，现有的理论基础多基于"短期治疗"，关注的焦点只在于目前的危机状况，只是在短时间内帮助对方渡过难关。这种解决方法虽然可以防止危机的恶化，阻止极端行为的出现，但不利于问题的最终解决，很有可能为下次危机的发生埋下隐患。此外，危机干预的工作机制是：当危机信号传达到中心后，中心迅速采取行动，启动危机干预系统。毫无疑问，这种反应是被动的，干预效果更得不到保证。早在20世纪90年代，罗伯茨便提出了在公共卫生、人类服务工作、精神卫生等方面的现代三级预防策略。一级预防是指事先策划一些项目和活动来预防某些危机的发生；二级预防是指设计某些策略，尽量对危机进行早期干预以预防问题发展得更为严重；三级预防则是指综合采用危机干预策略来控制危机的扩大。发展到今天，危机干预已经成为一个既包括应急性反应又包括长期预防在内的综合性概念，危机干预应该分为危机发生前的预防性危机干预阶段和危机发生后的反应性危机干预阶段。大学生朋辈互助心理辅导员是一支学生骨干队伍，他们既可以在预防性危机干预阶段发挥作用，也可以在反应性危机干预阶段发挥作用，能够切实有效地预防危机事件的发生，也能协助危机事件的处理，是对大学生心理危机干预机制的探索。

再次，大学生朋辈互助心理辅导是对大学生心理健康教育模式的有益补充。大学生朋辈互助心理辅导员是在中山大学心理健康教育咨询中心指导下，由符合基本条件的学生组成的一支开展同学心理互助的队伍，旨在服务同学，援助同学，同时也锻炼自己与人协作的能力，学会运用一些心理学知识和学习非专业的助人技巧，是对大学生心理健康教育模式的有益补充。

（二）朋辈互助心理辅导项目的可行性

在人员配置上全员参与，中山大学已经形成专职心理咨询员、心理健康教育教导员、兼职心理咨询员、兼职大学生心理健康教育辅导员、"校园心灵守望者"等5支教师队伍，是开展大学生朋辈互助心理辅导培训的重要力量。

大学生非常愿意向朋友、同学倾诉心理困惑。在遇到心理问题时，中国人一般不愿意寻求专业帮助，这一现象有着深刻的文化历史根源。一项对我国大学生求助方式的调查显示，大学生倾向于自己解决问题，有必要时，多数向父母或朋友求助。求助于专业心理咨询的比率偏低，只有极少数（7.8%）的学生在遇到失眠或严重的心理困扰时，才找精神科医生。对精神卫生专业人员的不信任，是求助行为的一个障碍。个体在遭遇心理困扰而不能或不愿诉求于专业人员的帮助时，其极大可能的选择便是从潜在的社会支持力量中寻求最可靠的、最值得其信赖的支持。心理健康教育咨询中心的调查也证明了这一点。根据2007年7月《中山大学心理健康教育与咨询状况调查》显示，在问到"假如你遇到心理方面的困惑，你首先要求助于谁？"时，32%的人选择自我调节，31%的人选择向知心朋友求助，18%的人选择向同学求助，9.5%的人选择向家人求助，6.7%的人选择向专业心理咨询人员求助，2.6%的人选择向老师求助。由此可见，大学生寻求心理帮助的途径依次是：自我调节、知心朋友、同学、家人、专业心理咨询人员、老师。上述调查数据显示，大学生非常愿意向朋友、同学倾诉心理困惑。

中山大学心理健康教育咨询中心已经积累了相关的培训经验。2004年以来，中心以干预学生突发心理危机为主题，在骨干学生中推行"守望者"培训，大力推广"心理委员"（每班推荐一名心理观察员）与团队培训体系，建立健全"守望者""心理委员"培训机制，目前，心理健康教育咨询中心已经在全校范围内培养"心理委员""守望者"425人，他们在学生中以"朋辈教育员"的身份进行朋辈辅导活动，在各院系组织开展辅导活动，已经取得一定的效果，中心也积累了相关的培训经验。

三、朋辈互助心理辅导的操作体系

朋辈教育首先对有影响力和号召力的青少年（朋辈教育者）进行有目的的培训，使其掌握一定的知识和技巧，然后再由他们向周围的青少年传播知识和技能，甚至向更广泛的范围传播，以达到教育的目的。在心理健康教育中应用朋辈教育，最主要的形式是朋辈教育心理委员，又称"同伴心理辅导员"或"朋辈心理辅导员"。主要是利用青春期高中学生的心理特点，用同龄人对同龄人进行心理辅导，进行心理危机干预。在心理学中，这种同龄人之间互相教育的方式被称作"朋辈辅导"。

（一）朋辈互助心理辅导的目标

总体而言，朋辈互助心理辅导的目标有四大方面：①建立一支覆盖面广、具有较高素质的、强有力的心理健康教育队伍，编织以心理委员为主要网络成员的学生健康心理维护网，从而促进心理危机干预快速反应机制的建立。②成功培养一批能深入到同学中进行心理辅导，进行心理危机干预的心理委员，并利用这种同伴关系，使学生互动互助，实现助人自助。③提高全班、全校学生的心理保健意识和心理健康水平，促使学生关注心理健康，提高心理素质，健全人格，增强承受挫折和适应环境的能力，预防学生中各类心理问题的发生，减少校园危机事件的出现；促进健康和谐班集体的形成，优化班级学习氛围，优化学生的学习品质，让学生健康地度过大学生活。④在实践中积累经验，最终形成"朋辈教育"模式。

（二）朋辈互助心理辅导的内容

中山大学朋辈互助心理咨询的内容主要包括以下八个方面：①"大学生朋辈互助与发展协会"的运作与发展，建立以学生为主体的心理自助组织，形成一种运行良好的心理自助和互助机制，构建全程全方位的学生心理健康教育和监护系统，显得尤为重要和迫切。协会分工明确，下设五个部，分别是：活动部、调研部、网络部、宣传部和咨询部。活动部的主要职责是组织各种各样丰富多彩的活动，丰富校园文化生活，比如三八关爱女性活动、525活动周、十月心理健康教育活动月、体验式拓展培训等；调研部的主要职责是定期或者不定期地对我校学生进行心理调查，并将调查结果发表在中山大学心角落上，并且调研部还开展了心理学方面的研究性学习；网络部主要职责是负责心理协会网站的设计开发及日常维护；宣传部的主要职责是定期地更换心理健康墙报、出各种活动的海报，利用网站、招贴、刊物对学生进行心理知识的宣传等等；咨询部的主要职责是协助心理老师的咨询工作，比如帮助学生预约，定期在心理放松室值班等等。②大学生朋辈心理互助员的体系构成。按不同的工作性质和工作职责将朋辈心理辅导员分为本科生学长、本科生班级心理委员、研究生同伴心理互助员、学生心理守望者四个类别。③大学生朋辈心理互助员的选拔。根据不同的工作性质和工作职责,由心理健康教育咨询中心确定相关人选的素质要求,并设定相关筛选问卷提交给院系,由院系协助完成四个类别大学生朋辈心理辅导员的选拔。④大学生朋辈心理互助员的培训。心理健康教育咨询中心以来访者求询问题比重、新生心理测评结果和大学生心理危机常见应激源调查结果等为依据,参照朋辈心理辅导员的工作性质和工作职责确定培训内容并由具体组织实施,培训拟由基础理论知识、团体操作技能、户外素质拓展和基于Emwave PC压力管理训练系统的训练等四个部分组成。⑤大学生朋辈心理互助员的管理与考核。心理健康教育咨询中心根据工作安排区分和设定四个类别大学生朋辈心理辅导员的工作性质和工作职责,并分别制订《中山大学本科生学长制实施办法》《中山大学本科生班级心理委员管理办法》《中山大学研究生同伴心理互助员实施办法》《中山大学学生心理守望者管理办法》进行考核管理,印发《中山大学大学生朋辈心理辅导员工作手册》,规范本科生学长、本科生班级心理委员、研究生同伴心理互助员、学生心理守望者的行为,以真正起到互助辅导的效果。⑥设计开发《大学生朋辈心理互助员的网络信息报送和管理系统》。利用网络信息技术,确保信息报送的及时有效,真正起到危机干预预警的作用。⑦建立大学生朋辈心理互助员校外服务基地。为大学生朋辈心理辅导员提供实践实习的平台,学以致用、服务社会,增强他们的服务意识和关怀意识,发挥大学服务社会的功能。⑧开展大学生朋辈互助心理辅导模式构建的研究工作。大学生朋辈互助心理辅导模式的构建是我校心理健康教育咨询工作的特色尝试,有必要进行深入的研究和适时的总结,心理健康教育咨询中心拟采取编写《大学生朋辈互助心理辅导》教材、录制教学录像等方式进行,以便于经验的推广与传递。

(三)朋辈互助心理辅导的特点

朋辈心理辅导(Peer counseling)是一种特殊的心理辅导形式。"朋辈"包含了"朋友"和"同辈"的双重意思。"朋友"是指有过交往的并且值得信赖的人。而"同辈"是指同年龄者或者年龄相当者,他们通常会有较为接近的价值观念、经验,共同的生活方式、生活理念,具有年龄接近、性别相同或者所关注的问题相同等特点。

格雷和霆多尔(Gray& Tindall,1978)认为朋辈心理辅导是"非专业工作者作为帮助者所采取的人际间的帮助行为"。包括一对一的帮助关系、小组领导关系、讨论领导关系、劝学、教学，以及人际间的帮助活动；苏姗（Sussan，1973）认为，朋辈心理辅导是指受训和督导过的学生向前来寻求帮助的学生以言语或非言语的方式，尽量少或者不给建议，提供倾听、支持以及其他帮助的过程。

由于朋辈心理辅导是一种非专业心理辅导活动，与专业心理咨询与治疗工作相比在目标、要求、方法等方面的层次和深度上存在较大的差异。因此，朋辈心理辅导具有以下显著的特点：①亲情性—友谊性。朋辈辅导一般发生于亲人、熟人或朋友之间，不发生在陌生人之间。而专业心理咨询恰恰避免了咨询师与来访者之间的多重关系，不与之建立"咨询关系"。②自发性—义务性。当个体自身无法克服心理困扰，往往会主动寻求外部力量帮助，这是人来自心理互助的一种本能行为。学生在心理困扰时也如此，如接受、理解和关心他人。这也使朋辈心理辅导能得以自发地产生。从源头说，朋辈心理辅导是一种利他主义，通常是自愿的，没有专业心理咨询所存在的报酬问题。这是区别于专业心理咨询（以合同、契约式的职业性人际关系）的另一个重要特征。③简便有效—直接干预。朋辈心理辅导员对当事人基本情况比较了解，可以省去专业咨询师为掌握来访者心理问题及影响因素而浪费的大量时间，一般也不受时间、地域、语言等因素的影响，能及时给予当事人心理上的帮助。朋辈心理辅导员与当事人可能共同生活，交往频繁，这就使得安慰、鼓励、劝导等心理支持得以实现，甚至可以直接地监督和干预。比如，朋辈心理辅导员可以提醒和督促当事人计划的实施；监督当事人按时吃药；监视当事人的自杀行为；经济上接济当事人；作为中间人调停当事人与他人的冲突等等。这种简便有效、直接干预的特点是朋辈心理辅导区别于专业心理咨询的重要特征。

第三节　大学生心理健康自我教育

近年来随着大学生心理健康教育工程的开展，我国高校通过开设大学生心理健康教育课、建立心理健康档案、进行各种心理健康问题的心理咨询、加强对大学生心理问题研究和引导、及时对严重的心理疾病进行诊治等各种措施，已使高校的大学生心理健康状况有了明显的改善，大学生的心理素质也有了很大的提高，为我国高校全面推进素质教育、培养心理健康的高素质创新人才打下了坚实的基础。然而也应看到，当前我国高校的大学生心理健康教育依然是一种传统的灌输式、教导式机制，以教师、医生和心理咨询员为中心，主要通过传授心理健康知识、专家辅导与诊疗等手段而进行。这种机制在上世纪九十年代初高校普遍缺乏心理健康教育，大学生心理问题积累较多，缺乏心理健康辅助机制的时候，可以发挥它能迅速组织动员和介入、大面积普及心理健康知识、及时控制严重的心理问题与疾病的优势。然而进入21世纪，面对大学新的任务和大学生在心理健康素质的新需求，这种以教师为中心的心理健康教育模式已经不适应高校进行素质教育培养创新人才的更高要求。建立以学生为中心的现代高校心理健康教育新模式，使大学生通过心理健康自我教育培养自己健康的心理素质与能力已势在必行。

一、心理健康自我教育的界定

心理健康自我教育是指个体在相关的心理健康理论和现代教育学理论的指导下，依据自身的心理特征和心理状况，通过自己的努力学习和实践锻炼，以可行、有效的方式和方法，及时地接受各种心理健康知识，提高心理健康素质，获得能够解决自身的日常心理问题、矫正心理异常、维护和达到心理健康的能力的过程。用英文表示：to make and keep mental health by self – education。这里，"自我教育"成为获得心理健康的主导方式；"自我"是心理健康教育的"主人"。其特点是：以学生自我为中心，强调学生进行心理健康教育的自觉性、自主性和能动性，使学生根据自身的条件，和心理状况的特点选择自己感兴趣的方式，自己对自己进行心理健康教育，以增强自身的心理疾病免疫力，并在可能的范围内自己预先解决自己的心理健康问题。

1994年《中共中央关于加强和改进学校德育工作的若干意见》明确提出要十分重视并切实搞好大学生心理健康教育工作。为深入贯彻中央思想政治工作会议和《中共中央国务院关于深化教育改革全面推进素质教育的决议》精神，2000年10月在天津召开的全国高校大学生心理健康教育工作研讨会上提出了高校大学生心理健康教育的工作和对象应着眼于面向绝大多数大学生，以促进大学生心理素质健康发展为主要任务。因此，高校的心理健康教育要紧紧围绕提高大学生心理素质这一目标加以改革和发展。必须把心理健康教育的功能进一步拓宽，不能仅仅表现为上好几堂心理健康课、做做学生的心理咨询、治治一些心理疾病，而应创造各种有利的条件，通过各种途径培养大学生自我健康教育的意识和能力，积极鼓励大学生进行自我健康教育。日常性的、自助式的、超前性的、以预防保健为主的集学习、训练、测评、调适和诊疗于一体的大学生心理健康自我教育将在未来成为高校心理健康教育的主要模式，这是大学素质教育的必然要求。

心理健康自我教育与一般的心理健康教育模式的区别在于：①教育主体对象不同。心理健康自我教育的是学生自己——自己，自己成为自己心理健康教育的老师，依靠自己的能力帮助自己解决心理健康问题；而一般的心理健康教育则是教师、医生或心理辅导员——学生，学生接受和依靠教师与医生的帮助来解决自己的心理健康问题。②教育目的和任务不同。心理健康自我教育的目的是培养自我心理保健的能力，而一般的心理健康教育立足于获得心理健康知识，提高心理健康意识。③实施机制和手段不同。心理健康自我教育强调自教自学，在有关心理健康知识和信息的引导下，自己训练自身的心理素质，提高自我的心理保健能力，预防和消除不良因素对自己心理产生的消极影响。一般的心理健康教育则更多强调教师与心理医生教学和教导的重要性，他们一方面要不断地灌输和传导各种心理健康知识，无论学生是否需要，是否喜欢；另一方面在学生出现心理健康问题与疾病时又要及时地承担消除的责任，学生只要到心理咨询室找老师和医生客观地介绍自己的心理状况，按照老师和医生的要求去做就行了。心理医生和教师在心理健康教育中处于主导和支配的地位。在手段上，一般的心理健康教育主要通过心理健康课程的课堂教学灌输和日常心理咨询活动来进行，学生只是接受者和受动者；心理健康自我教育则强调学生在平常的大学学习生活中通过自我认识、自我学习、自我调适和自我反思等环节来开展，这种方式可以有助于大学生提高心理教育自觉性、自主性和创造性，更有利于培养大学生健康的心理素质，提高他们的心理健康水平。

二、开展大学生心理健康自我教育的缘起

大学生群体的心理素质和能力状况、越来越开放的环境对大学生提出的要求以及心理咨询和教育的原有基础为开展大学生心理健康自我教育提供了很好的条件。

（一）适合大学生群体的心理素质和能力状况

实施心理健康自我教育的前提条件之一，在于教育对象的心理素质状况和自学的能力是否适合。高校的心理健康教育已经开展了多年，大多数学校取得的成效比较显著；许多大学生通过心理健康教育的课堂教学学习或心理咨询与辅导等方式已经积累了一定的心理健康知识与经验，已为进一步的心理健康自我教育奠定基础；青年大学生生理和心理方面的日渐成熟；人生经验和社会知识的进一步丰富；通过专业知识的学习而获得的学习能力的不断提高；生活自理和调整自我的能力日益增强……所有这些都为大学生开展心理健康自我教育创造了条件。事实上通过自我的方式进行心理健康教育也是大学生最喜欢的方

式。1997年对中山大学和汕头大学的大学生心理调节渠道的一项调查研究发现：大学生心理调节的主要方式是"自我调节"，其次依次为"知心朋友""家人""心理咨询机构""老师"。《中国青年报》进行的一项读者调查表明（1527个有效样本），在遇到心理问题时，自己想办法解决的占60%，和朋友聊聊的占49%，求助家人的占20%，求助心理咨询机构的占5.1%，向老师或领导倾诉的占4.8%①。对此，中山大学的景怀斌把这归纳为"中国人的'个人为中心'的心理调节模式"理论②，也得出了大学生群体更愿采取自我教育的方式进行心理健康教育的结论。

（二）大学越来越开放的环境对大学生自我教育的要求

现代大学学习生活的环境是开放性的，与社会之间的"围墙"已经打破，各种社会文化思潮和市场经济的价值观念不断地影响着大学的校园文化生活，形成大学与社会之间的相互渗透、相互影响的局面。在这种环境中进行的心理健康教育所面对的大学生心理问题和心理障碍已不仅仅是单纯在学校学习生活中出现的，更多的是由社会因素所导致的。环境的无隔离性也进一步导致大学生心理健康问题和疾病出现的反复性、复杂性和顽固性，加大了心理健康教育的难度，这也是我们在心理咨询中感到束手无策的主要原因。许多心理咨询员可以保证来访者在心理咨询室里获得帮助，却无法保证他们在学习生活中的心理健康。环境的开放性要求我们的心理健康教育也必须随时地开放，因地制宜地实施。然而，传统的"以教师、医生或心理咨询员为中心"的灌输和辅导式的心理健康教育模式却无法提供这种全天候的服务。而采用"以学生为中心"的心理健康自我教育最大的成果是大学生获得了心理健康的自我帮助，这种意识和能力将使大学生在各种心理健康影响因子作用于自身之前就能自己建立起心理的防御机制，增强自身的心理疾病免疫力和抵抗力。

（三）大学心理健康教育的原有机制创造了有利条件

一方面现行的心理健康教育机制已不适应大学心理健康教育的进一步发展，另一方面它又为建立一种适应高校发展和大学生心理需要的新的心理健康教育机制创造了条件。新的"以学生为中心"的、主要通过学生自我教育进行心理健康教育的模式正是在此基础上才能得以形成。长期以来，高校已为大学生进行心理健康的自我教育提供了各方面的条件：比如确定了大学生心理健康教育课程自学的内容和相关知识；研究制定出大学生心理健康的标准给大学生对自

---

① 景怀斌：《大学生自我心理保健》，暨南大学出版社2005年版。

② 同上。

己的心理健康状况进行自我测评；提供系列的方法和手段供大学生进行自我心理素质的训练；当出现心理问题或心理障碍时提供心理疏导和调整的程序和步骤让学生进行自我辅导时使用。从事高校心理健康教育的人员从教育的主体转变为教育的环境，为大学生进行心理健康自我教育提供了知识信息、创造了环境和形成了有利的氛围。

三、大学生心理健康自我教育的实施

高校大学生心理健康自我教育形式可以多种多样，包括心理健康课程的自我学习；心理状况的自我认识、检查与测评；心理问题的自我纠正；心理压力的自我疏导；心理疾病的自我警觉及应急处理；心理能力的自我训练等等。在开展形式丰富的心理健康自我教育的过程中必须注意以下问题：

（一）正确对待心理健康自我教育与灌输教育的关系

建立自我教育为主形式的心理健康教育新模式并不排斥灌输式的心理健康教育。相反，心理健康的自我教育必须以灌输教育为前提，并与灌输教育紧密地结合才能发挥作用。大学生自我教育中运用的许多原理、知识和方法都可以通过心理教师和医生传授和灌输的方式而获得。即使在心理健康自我教育的过程中学校和社会的有关机构也可以及时地提供各种自我学习的信息和服务，为大学生进行心理健康自我教育铺设环境，营造氛围。一旦大学生遇到危急心理问题无法依靠自我教育的方式加以解决时，依然必须借助传统的教育方法，由心理健康教育的机构与人员介入，及时帮助大学生处理心理危机。所以，在实施大学生心理健康自我教育的同时，也必须继续加强心理健康灌输教育的力度。

（二）充分认识心理健康自我教育实施的困难性

首先，心理教师和医生的角色难以定位。许多从事大学生心理健康教育的教师、医生和心理辅导员在大学生自我进行心理健康教育时，对自己的角色认识不清，要么还停留在指导者、指挥者的位置，要么则站在一旁袖手旁观，等学生在自我教育中遇到困难出了问题再介入，最终没有发挥出应有的作用。原来的心理健康教育指导者要转变为心理健康教育的环境布设者、协调者和中介人，间接地帮助大学生去除对心理健康教育的依赖性，自我教育才有可能顺利地实施。其次，自我教育的内容难以确定。大学生心理健康自我教育应包括哪些内容？是否依然需要统一的大学生心理健康读本？要选择怎样的内容和方法才符合大学生自身的能力和心理状况特点？这些问题没有解决好，大学生的心理健康自我教育将会失去必要的内容，或者出现内容的重复而缺乏关键的教育训练项目，影响大学生的心理健康发展。第三，自我教育环境的布设困难。形

成有利于大学生心理健康自我教育的环境是大学生进行自我教育的关键环节。大学心理健康的自我教育环境不仅是大学生进行心理健康自我教育的场所，而且是大学生进行心理健康自我教育的精神依赖。大学生要在环境中吸收各种心理健康的知识信息，获得进行自我教育的动力，完成自我教育的过程。因此，大学的心理健康自我教育的环境必须体现导向的功能、激励的功能、比较的功能和开发的功能。这种环境的布设必须进行科学的系统的研究，在人力资源管理与开发、物质准备、信息建设和财政投入等诸多方面加以努力。要一步实现有一定的困难。第四，自我教育的效果评估困难。大学生心理健康自我教育是否有效关键在评估。由于大学生自我教育在内容、形式和方法上的个体差异，导致在效果评估上难以建立统一的评价体系与科学的标准。而且评估的内容是放在心理健康知识的获得方面，还是心理保健的意识，还是心理素质与能力的提高方面？如果三者都有必要，那么各自所占的比例又是多少？这在实践中面临许多的技术难题。

（三）科学处置心理健康自我教育的风险性

虽然实施大学生心理健康自我教育给学生带来了心理健康教育的多样性和自主选择性，但是也使自我教育面临风险性。主要表现为：

（1）个体选择性增大带来的风险。大学生在面临多种可能性选择时，虽经认真思考、比较，但因事物发展的复杂性和多变性，并不能保证选择的完全正确性。这种风险性选择，在市场经济条件下和开放环境中是经常出现的。

（2）教育规范不足带来的风险。在进行心理健康自我教育的过程中，大多数人会本着既对自己负责，又对他人和社会负责的态度，按照我国社会提供的原则、规范，选择有利条件和因素发展自己的心理健康素质，并为社会做贡献。由于事物发展的迅速性，有些教育规范和原则的确立出现滞后或一时缺乏时，大学生放松了自教的自律自觉，对明显的不良习惯和丑恶现象，不顾社会教育的原则、规范和自己行为的后果，而进行冒险性和随意性选择所带来的风险。

（3）自我教育的非科学性带来的风险。指大学生在进行心理健康自我教育的过程中由于缺乏科学性的指导与帮助所导致的主观性、肤浅性和盲目性的风险，这种非科学性的直接后果就是心理健康自我教育的失败。

综上所述，大学生心理健康自我教育的实施必须重视以上问题的解决，积极发挥自身机制的优势，为实现大学全面推进素质教育和培养具有健康心理素质的创新人才的目标而努力。

第四节　团体心理咨询对大学生潜能的提升①

运用团体心理咨询技术和传统讲授，为本科生开设"潜能提升"课程，内容包括创造力潜能提升、情绪潜能提升、人际关系潜能提升和综合心理潜能提升，并且在课程开设前后分别施测成就动机测验和卡特尔16种人格因素测验，以检验课程效果。结果发现，学生们的成就动机水平、部分人格因素、次级人格因素和综合人格因素得到显著提升。可见，结合团体心理咨询技术和传统讲授的优点，可以有效地提升大学生潜能，为今后开设相关课程提供依据。

一、研究背景

潜能的概念起源于古希腊哲学，当代的教育家、心理学家、教师及家长都高度重视开发学生的潜能。② 潜能一般是指"潜在的体能与智能的总和"。③ 对于大学生潜能提升，国内众多学者提出过相关理念和方法，并加以尝试。④ 我们认为大学生的潜能提升，应包含以下四个方面的提升：创造力潜能、情绪潜能、人际关系潜能和综合心理潜能。创造力潜能是人的最高需要，是人生追求的最高目的，达到这一目标也被称为自我实现。在马斯洛的需要层次理论中，自我实现是最高层次的需要。情绪潜能是能够管理、调节和控制自我情绪的潜在能力。人际关系潜能是在人际交往和团队合作中表现出的潜在能力。综合心理潜能是综合全部心理潜能，包括自我认知和自我探索、创造力潜能、情绪潜能和人际关系潜能，使其共同发挥作用。

为了能够有效提升大学生潜能和优化教学效果，我们综合使用团体心理咨询技术和传统讲授，兼顾两种教学方式的优点。传统课堂以讲授为主，虽然效率高并且系统，但学生主观体验效果较差。而团体心理咨询是一门以心理学为基础的专业助人知识、理论与技术。⑤ 在实践过程中深受大卫·库伯将学习圈

---

① 本研究得到"985工程"三期建设拔尖创新人才培育本科教育项目（020303185104）资助，研究团队成员为李桦、王国明、龚艳、陈敏。
② 杨敬东：《试论潜能开发》，载《湖南社会科学》，2005第5期。
③ 李娟、彭希林：《论潜能的属性与大学生学习潜能的开发》，载《文教资料》，2009年第15期。
④ 详细研究参见樊富珉：《团体心理咨询》，高等教育出版社2005年版。
⑤ 龚惠香：《团体心理咨询的实践与研究》，浙江大学出版社2010年版。

理论的影响，1984年，大卫·库伯将学习过程阐释为一个体验循环过程，包括具体经验，反思性观察，抽象概念化，主动实践。具体经验是让学习者完全投入一种新的体验；反思性观察是学习者在停下的时候对已经历的体验加以思考；抽象概念化是学习者必须达到能理解所观察的内容的程度并且吸收它们使之成为合乎逻辑的概念；到了主动实践阶段，学习者要验证这些概念并将它们运用到制定策略、解决问题之中去。遵循这一理论设计的团体培训课程，通过团体内人际交互作用，促使个体在交往中通过观察、学习、体验，自我认识、探讨自我、接纳自我，调整改善与他人的关系，学习新的态度与行为方式。以往有关团体心理咨询研究已经证明，团体心理咨询技术对心理健康、人际交往、情绪改善、适应和人格塑造等有着显著作用。①

因此，我们综合团体心理咨询技术和传统讲授，设计4次"潜能提升"课程，对应四种潜能和1次压力考试，用于学生们体验和感受"潜能提升"的效果。我们希望通过本次课程，能够探索提升大学生潜能的有效途径，为高校开展大学生"潜能提升"相关课程提供依据。同时也期望学生们通过学习本次课程，善于发现自己的特长，挖掘自己内在的潜能，不但可以提升自我的生命价值，而且获得自己人生所需的激情和动力。

二、研究方法

本项目的研究对象为中山大学逸仙学院"基础学科拔尖学生培养实验班"，本科二年级，他们是从中山大学物理科学与工程技术学院、化学与化学工程学院、生命科学学院和数学与计算科学学院中抽取学习成绩最优秀的学生组成。身体健康，没有明显心理障碍，此前均未参加过类似课程。

（一）研究工具

在课程开始之前和结束时分别施测成就动机量表和卡特尔16种人格因素测验。

1. 成就动机量表（AMS）

成就动机量表（Achievements Motive Scale，AMS）是由挪威奥斯陆大学（University of Oslo）的心理学家T. Gjesme 和 r. Nygard 在1970年编制，并几经修订，已经趋于完善。本次采用的是由上海师范大学教科所叶仁敏修订的中文版。② 该量表共30道题，分正反两种陈述方式。量表的总分是成就动机强度，

---

① 龚惠香：《团体心理咨询的实践与研究》，浙江大学出版社2010年版。
② 叶仁敏：《成就动机的测量与分析》，载《心理发展与教育》，1992第8期。

两个量表（希望成功动机和回避失败动机）分别由15道题组成，成就动机强度得分由希望成功动机和回避失败动机的得分相减得到。相减为正分时表示成就动机强，分值越高，成就动机越强。相减分数为零时表示成就动机中等，希望成功和害怕失败相当。相减分数为负分时表示成就动机弱，分值越低，表示成就动机越低。

2. 卡特尔16种人格因素测验（16PF）

16PF是美国伊利诺伊州大学（University of Illinois）人格及能力测验研究所的卡特尔教授，经过十几年的系统观察、科学实验，以及用因素分析统计法慎重确定和编制而成的一种精确可靠的测验。此测验主要用于测量人格因素，共187题，每题有三种选择方案，分别记为0、1、2分。每一种人格因素标准分（T分数）的变化范围从1到10，当T<3者表现出低分者特征，T>8分者表现出高分者特征。

（二）教学方案

依托团体心理咨询技术，遵循经验学习理论，教学方案设计坚持三个基本原则：一是坚持以学生为中心原则，教师来设置学习地点和初步的主体活动，但不进行诱导。教师的作用仅限于促进学习的过程，一般不介入体验活动的具体过程，只是到最后对体验进行理论概括、升华的阶段才发挥应有的作用。二是课程中设计的体验活动不能停留在分析某些具体感受的阶段，而是结合理论进行进一步的概括和总结，将其提炼成新的设想，普遍的原理，运用到学习者各自的生活，在新的环境下进行新一轮尝试。三是遵循促使参加者"掌握有关如何去学习的方法"的目的原则，使参加人不是单纯完成知识的积累。形成一种主动的学习态度，并能运用到各自的生活中，完成学习的循环，促进外部的教育内容真正内化为学生的素质。①

基于体验为主的团体心理咨询也有其自身的缺点：一是与传统讲授相比效率较低；二是与传统讲授相比不够系统。因此，为了兼顾团体心理咨询技术和传统讲授的优缺点，我们将两种技术结合使用。详细教学方案设计见表1。

---

① 龚惠香：《团体心理咨询的实践与研究》，浙江大学出版社2010年版。

表1：教学方案明细表

教学次数	教学题目	教学目标	教学内容
第1次	学习潜能提升体验式课程介绍；怎样做个具有无限创意的人——创造力潜能提升。	制订团体契约，澄清课程动机；创造力潜能提升方法学习。	1. 活动：无敌风火轮 2. 讲授：团体的基本概念、教学内容和要求 3. 讲授：我们如何失去创造力 4. 讲授：我们如何重新获得创造力
第2次	人间"情"话——情绪潜能提升。	情绪潜能提升，学习情绪管理，让情绪为我所用。	1. 讲授：情绪是什么 2. 讲授："好"情绪的标准 3. 讲授：情绪潜能提升之路 4. 活动：谁动了我的… 5. 活动：who am I（我是谁） 6. 活动：Life Boat（怒海求生） 7. 讲授：情出何处？ 8. 讲授：情绪的表达：向艺术家学习 9. 讲授：人间"情"话
第3次	旅行让生命成为传奇——人际与团队潜能提升。	人际与团队潜能提升，学习人际沟通与合作方法。	1. 活动：松鼠与松树 2. 活动：抱抱团 3. 活动：本周故事会 4. 讲授：人际沟通，无形财富 5. 讲授：沟通能力探索 6. 讲授：合作圆梦
第4次	我真的很不错——自我发展潜能提升体验式课程。做最好的自己——优化心理素质、开发心理潜能；	心理潜能开发，提升积极心理品质。	1. 活动：让我自豪 2. 活动：天生我才 3. 活动：优点问卷 4. 讲授：自我的认知 5. 讲授：人际关系的处理 6. 讲授：对环境的适应能力 7. 讲授：抗压力的能力 8. 讲授：调节情绪的能力
第5次	压力考试	设置压力情境，自我体验和感受潜能提升的效果。	考试形式：设置突发性考试，从抽取考试题目到报告实验结果一共72个小时。
			考试内容：每4人一组，随机抽取物理学实验题目，然后完成查找资料、设计实验、获取实验结果、制作幻灯片和报告。

"潜能提升"教学共历时5周，每周1次课，前4次课每次课的课时数为7个小时，总计28个小时。最后1次为压力考试，包括抽取考试题目、完成查找资料、设计实验、获取实验结果、制作幻灯片和报告实验结果，总计72小时。

三、研究结果与分析

（一）教学前后成就动机测验（AMS）结果分析

教学前共55人参加了AMS测验，教学后共49人参加，其中共44人参加了全部的教学前和教学后测验。"潜能提升"教学前后整体效果比较见表2。

表2：教学前后AMS平均分比较

动机类型	教学前（$\bar{x} \pm sD$）	教学后（$\bar{x} \pm sD$）	t	p
MS（希望成功动机）	43.64 ± 4.85	46.34 ± 7.20	-2.25	0.03
MAF（回避失败动机）	33.43 ± 6.83	30.70 ± 6.95	3.08	0.00
MS－MAF（成就动机）	10.20 ± 10.17	15.64 ± 10.58	-3.19	0.00

配对t检验结果表明，后测MS显著高于前测MS，$t(1, 43) = 2.25$，$p < 0.05$，这表明经过2013年夏季学期"潜能提升"课程后，学生们追求成功的动机显著提升。后测MAF显著低于前测MAF，$t(1, 43) = 3.08$，$p < 0.01$，这表明学生们害怕失败的动机明显减弱。后测成就动机总分（MS－MAF）显著高于前测成就动机总分（MS－MAF），$t(1, 43) = 3.19$，$p < 0.01$，表明学生们整体的成就动机得到了显著提升。

（二）教学前后卡特尔十六种人格因素测验（16PF）结果分析

教学前共55人参加卡特尔16PF测验，教学后共49人参加，其中共44人参加了全部的教学前和教学后测验。"潜能提升"教学前后整体效果比较见表3。

表3：教学前后16PF各人格因素分数比较

人格因素	教学前（$\bar{x} \pm sD$）	教学后（$\bar{x} \pm sD$）	t	p
乐群性（A）	4.00 ± 2.34	4.11 ± 2.51	-0.49	0.62
聪慧性（B）	7.52 ± 1.46	7.39 ± 1.30	0.68	0.50
稳定性（C）	6.07 ± 2.18	6.82 ± 2.22	-2.91	0.01
恃强性（E）	6.58 ± 2.04	7.16 ± 2.12	-2.89	0.01
兴奋性（F）	6.18 ± 2.19	6.98 ± 2.21	-4.05	0.00
有恒性（G）	5.93 ± 1.83	6.16 ± 1.94	-0.86	0.40

续表

人格因素	教学前（x̄±sD）	教学后（x̄±sD）	t	p
敢为性（H）	4.98±2.17	6.11±2.46	-3.83	0.00
敏感性（I）	4.89±2.08	4.93±2.44	-0.17	0.87
怀疑性（L）	3.84±2.06	3.22±2.30	3.01	0.00
幻想性（M）	6.78±1.82	6.67±2.02	0.39	0.70
世故性（N）	5.11±1.96	5.33±2.27	-0.75	0.46
忧虑性（O）	4.36±1.72	3.87±1.63	2.04	0.05
实验性（Q1）	6.11±1.84	6.02±2.07	0.37	0.72
独立性（Q2）	5.93±2.13	5.51±2.43	1.64	0.11
自律性（Q3）	5.27±2.23	5.53±2.30	-0.97	0.34
紧张性（Q4）	6.16±1.94	5.51±1.98	2.76	0.01

从表3可以看出，"潜能提升"课程开设后学生在"稳定性""恃强性""兴奋性""敢为性""怀疑性""忧虑性""紧张性"共七个人格因素分数上有显著的改变。其中，学生在"稳定性""恃强性""兴奋性"和"敢为性"四个人格因素分数上有了显著提升，在"怀疑性""忧虑性"和"紧张性"三个人格因素分数上有了显著下降。

表4：教学前后16PF次级人格因素分数比较

次级人格因素	教学前（x̄±sD）	教学后（x̄±sD）	t	p
适应与焦虑（X1）	4.94±1.82	4.12±1.84	4.56	0.00
内向与外向（X2）	5.45±2.30	6.61±2.68	-5.13	0.00
感情用事与安详机警（X3）	6.60±1.90	7.02±2.22	-2.14	0.04
怯懦与果断（X4）	7.10±1.96	7.01±2.36	0.42	0.68

从表4可以得知，"适应与焦虑""内向与外向""感情用事与安详机警"都发生了显著的改变。其中"适应与焦虑"分数显著下降，表明学生更加"生活适应顺利、感到心满意足和能做到所期望或自认为重要的事情"。"内向与外向"分数显著提升，表明学生正在从"内倾、胆小、自足"向"外倾、开朗、善于交际、不受拘束"显著发展。"感情用事与安详机警"分数显著提升，说明学生正在从"情感丰富感到困扰不安"向"富有事业心、果断、刚毅、有进取精神"显著发展。

表5：教学前后16PF综合人格因素分数比较

综合人格因素	教学前（x̄±sD）	教学后（x̄±sD）	t	p
心理健康（Y1）	23.73±4.27	26.42±4.73	-5.22	0.00
事业有成就（Y2）	58.27±11.21	61.04±11.54	-2.67	0.01
创造力强（Y3）	90.73±10.45	88.78±12.05	1.69	0.10
成长能力（Y4）	23.58±4.41	22.93±4.92	1.36	0.18

从表5可以得知，开设"潜能提升"课程之后，"心理健康"和"事业有成就"分数都显著增加，表明学生在这两方面都得到了增强。"心理健康"分数增加表明情绪更稳定，相应的学习效率也会提高。"事业有成就"分数增加，表明由人格因素所决定的将来事业成就得到显著提升。

四、相关讨论

本次"潜能提升"课程的设计，结合了团体心理咨询技术和传统讲授，兼顾两种课程的优点，设置了4次课程和1次压力考试，历时5周完成教学。其中，4次课程分别是创造力潜能提升、情绪潜能提升、人际关系潜能提升和综合心理潜能提升，压力考试则是人为设置压力情境，让学生们亲身体验和感受心理潜能的提升效果。并且，在课程开设前后，分别施测成就动机测验和卡特尔16种人格因素测验。为了检验教学效果，我们对两个测验前后施测的分数做了比较，结果表明，学生们的成就动机、部分人格因素、次级人格因素和综合人格因素得到了显著提升。

成就动机（achievement motivation）是人们在完成任务过程中，力求获得成功的内部动因，即个体对自己认为重要的，有价值的事情乐意去做，努力达到完美的一种内部推动力量。成就动机的核心是一种追求高标准的倾向，完成有难度的任务，设置具有挑战性的工作目标，愿意为实现这一目标艰苦努力。根据Atkinson的期望价值模型，个体成就动机是由希望成功的动机和回避失败的动机组成，成就动机是这两种动机倾向的代数和。如果个体希望成功的动机比回避失败的动机更强，个体对成功将有更高的主观概率估计。此时，个体有追求成功的强烈愿望，喜欢挑战性的任务，愿意为自己设置更高的目标，对工作和学习，只要下定决心，即使遇到困难也会坚持到底。当个体回避失败的动机大于希望成功的动机，个体对失败有更高的主观概率估计。此时，个体认为对于成功，机会比努力、能力更加重要，通常不愿意面对挑战性的任务，不喜欢与人竞争，做事没有明确目标，无坚定信念，学习中表现得比较保守，在集体活动中不太愿意承担责任。当个体希望成功的动机和回避失败的动机相当时，成就动机中等,个体对成功和失败的主观概率估计相当。此时,个体有时愿意承担一定难度的任务,并能承担一定的责任,但是对任务的看法很大程度上受情绪的支配,情绪消极时对自己的信念、目标有所怀疑。①

显然,提高学生希望成功的动机并且降低学生回避失望的动机,更有利于学生们放下心理包袱,努力追求成功,这是本次"潜能提升"课程的主要教学目标之一。通过比较教学前后成就动机水平,我们发现学生们希望成功动机显著增强,回避失败动机显著减弱,成就动机得到显著提升。可见,开设"潜能提升"课程之后,学生们在整体上更愿意完成有难度的任务,设立更有挑战性的学习目标,愿意为实现这一目标而不懈努力,对成功的愿望更加强烈,更希望在竞争中获胜,遇到困难时也会更加坚持到底。

为了进一步检验本次"潜能提升"课程的教学效果,我们比较了课程开设前后的卡特尔16种人格测验的得分。对于16种人格因素,学生的"稳定性""恃强性""兴奋性""敢为性""怀疑性""忧虑性"和"紧张性"共7个人格因素得到了显著提升。"稳定性"分数提升表明学生在情绪稳定方向上有了显著性发展;"恃强性"分数提升表明学生在"好强固执和独立积极"方向上有了显著性发展,学生更加"自视甚高";"兴奋性"分数提升表明学生在"轻松兴奋和活泼愉快"的方向上有了显著性发展;"敢为性"分数提升表明学生在"冒险敢为,少有顾忌"方向上有了显著性发展,学生更具有敢作敢为和不畏缩的精神;"怀疑性"分数下降表明学生正在从"怀疑、刚愎和不信任"向"随和和易相处"的方向上显著发展;"忧虑性"分数下降表明学生正在从"忧虑抑郁、烦恼自扰"向"安详、沉着、有自信心"的方向上显著发展;"紧张性"分数下降表明学生正在从"紧张困扰、激动挣扎"向"平气和、闲散宁静"的方向上显著发展。虽然其他人格因子没有发生显著变化,但是本身已经具备良好的分数。比如"聪慧性"在课程开设前后都超过了7分,属于高分者特征。部分人格因子变化虽然没有达到显著,但变化方向已经表现出来,并且这种变化是我们所期待的。比如"有恒性"的变化虽然没有达到显著,但是变化的方向是从"苟且敷衍"到"持恒负责、做事尽职"。

综上所述,"潜能提升"课程取得了显著的教学效果,不但学生们成就动机水平得到提升,而且部分人格特质、次级人格特质和综合人格特质也得到显著提升。可见,综合运用团体心理咨询技术和传统讲授可以为大学生潜能提升提

---

① 王本法:《阿特金森的成就动机期望×价值模式论述评》,载《山东师大学报(社会科学版)》,2000年第1期。

供有效的教学思路，为今后大学生潜能提升研究和相关课程的开设提供参考和依据。

五、研究结论

综合运用团体心理咨询技术和传统讲授，为大学生开设的"潜能提升"课程效果显著，成就动机水平得到提升，部分人格因素（稳定性、恃强性、兴奋性、敢为性、怀疑性、忧虑性、紧张性）、次级人格因素（适应与焦虑、内向与外向、感情用事与安详机警）和综合人格因素（心理健康、事业有成就）也得到提升。

参考文献：

[1] 杨国枢：《中国人的心理与行为：本土化研究》，中国人民大学出版社2004年版。

[2] 刘述先：《儒家哲学在心理学上的意涵》本土心理学研究第九期，台湾大学心理系本土心理学研究室编辑出版，桂冠图书公司1998年版。

[3] 杜维明：《儒家思想新论——创造性转换的自我》，贾幼华等译，江苏人民出版社1991年版。

[4] 冯达文：《中国古典哲学略述》，广东人民出版社2009年版。

[5] 李明辉：《康德伦理学与孟子道德思考之重建》，中央研究院中国文哲研究所1994年5月版，第97页。

[6] Metcalfe, J., & Mische, W. A hot cool system analysis of delay of gratification: Dynamics of willpower. Psychological Review, 106, 3 – 19.

[7] L. A. 珀文：《人格科学》，固榕等译，华东师范大学出版2001年版。

[8] 景怀斌：《大学生自我心理保健》，暨南大学出版社2005年版。

[9] 樊富珉：《团体心理咨询》，高等教育出版社2005年版。

[10] 龚惠香：《团体心理咨询的实践与研究》，浙江大学出版社2010年版。

第三章

以公益慈善为平台的普遍培育*

公益慈善是服务社群的一种方式,也可以成为大学生观察和研究社会的途径。经由这一渠道,有利于大学生把专业知识应用到社会服务之中,既拓展了青年大学生的视野,也为社会公益事业带来了新的动力,具有内得于心外利于人的鲜明特征。青年大学生通过参与社会公益慈善,提升自己的能力和素养,这是有利于自身发展的。同时,社会公益慈善事业因为有了众多青年学生的参与,可以凝聚更多的力量和资源,使得"公共的善"更为充实和饱满,形成社会发展的强大动力。因此,以公益慈善为平台可以把大学生个人发展与社会的整体繁荣紧密联系起来,通过两者的有效互动而相得益彰,提升了高校思想政治教育的影响力和实效性。

第一节 新生"公益囊"活动

引导大学生参加公益服务,对促进社会进步以及大学生全面发展的意义不言而喻。它是立德树人、创新高校思想政治教育的方式之一,也是培育和践行社会主义核心价值观的重要举措。如何将公益启蒙教育介入新生中呢?中山大学在新生中推行的"公益囊"活动是一个很好的案例。

一、大学新生公益参与的意义

大学新生入学前的公益参与是指高中学生高考后在暑期参与的公益服务活动。这段时间正好是高中到大学的过渡阶段,也是一个教育的空白区。如果高校能在发放录取通知书时,倡导学生在暑假期间基于自身能力参与公益

---

* 本章作者钟一彪、柳翠嫦、龚婕、梁洁瑜。

服务，则将有助于学生形成学习与生活的联结，达到很好的公益启蒙教育效果。

（一）学习历程的联结功能

中学与大学在人才培养方式以及管理模式上迥异，中学多以"成绩"为中心，被动学习的特征较为明显；而大学追求学生的全面发展，强调在高校主动提供服务下的学生自我管理。许多学生因对大学的人才培养目标与组织管理方式不了解，进入大学后都会出现各种不适应，甚至不理解学校某些政策的初衷，进而影响学生自身的发展。就公益服务而言，学生在中学阶段一般较少接触，且并不将其作为一种"在做中学"的服务学习。而大学阶段，公益服务既是高校"立德树人"的方式之一，同时也是以利他为特征的一种社会实践。加强大学生公益启蒙教育，实际上是帮助学生树立科学的人才观，让学生明白高校培养什么样的人才，应持何种主流价值观。

（二）公益意识的启蒙功能

有研究表明，64.1%的大学生是第一次通过学校学生会、社团等学生自治组织或者广播、电视、报刊以及网络等媒体宣传知道"志愿者"。① 这表明，因高中教育方式所限，大部分学生在进入大学之前对公益服务的认识较为薄弱。此外，中国国民慈善意识的调查结果显示，我国公民尚缺乏强烈的公益慈善意识，尚未形成社会公益的浓厚氛围，没有实现经济社会与社会公益的同步发展。② 而要建设大学生公益服务的长效机制，首先需要面对的便是启蒙大学生沉睡的公益意识，让学生明白何谓公益，为什么要参与公益以及如何参与公益等等。激发学生的公益意识与兴趣，方能进一步引导学生开展具体的公益服务。

（三）公益参与的催化功能

从公益服务的具体开展来看，启蒙教育实际上是在为今后公益活动的开展做准备。有效的启蒙教育，不仅是公益意识以及公益兴趣的启蒙，同时也是以此为起点为今后的公益活动的开展进行志愿者培训、优秀公益项目的孵化等。学生通过公益服务启蒙教育，不仅能置身良好的公益氛围中，激发公益兴趣，同时还能在参与公益的过程中，初步接触公益活动的开展流程，结交志同道合

---

① 王泓、邓清华：《大学生志愿服务活动：参与状况与长效机制的构建》，载《中国青年研究》，2012年第8期。

② 许琳、张晖：《关于我国公民慈善意识的调查》，载《南京社会科学》，2004年第5期。

的公益团队，甚至与一些社会公益组织、服务对象建立长期联系。如中山大学新生"公益囊"中，大部分广东普宁籍学生都参与了中山大学为主的普宁籍学生组织的"兰·芽计划"，这不仅让学生们了解了此公益组织，同时也为该公益组织的长远发展提供了新鲜血液，有利于孵化公益服务精品项目。此外，参与该公益活动后，不少学生实际上已初步具备开展公益活动的能力，结识了公益方面的朋友，这将成为他们入学后持续开展公益活动的起点。

二、大学新生公益参与的操作

启蒙，并非仅仅只是指给初学者提供入门的知识，包括智力的启蒙、情感的启蒙、思维方法的启蒙、健全人格的启蒙等等。① 就公益而言，可以通过培训、讲座、媒体宣传等方式加强大学生公益启蒙教育，引导大学生参与公益活动。让学生们在实践中学习与感悟，能更有效地达到从思想、情感、行为等各方面提升学生的目的。

（一）介入新生

美国心理学家洛钦斯提出了"首因效应"概念，它指当人们第一次与某物或某人相接触时会留下深刻印象。个体在社会认知过程中，最先接收到的信息会形成核心知识或记忆图式，后来接受的信息会被整合或者同化到先前知识所形成的图式中，使之具有先前信息的色彩。②

大学生正处于智力发展、精力充沛的青年时期，已经具备了一定的思维能力与分辨能力，思维活跃，渴望接受新事物，了解外部世界；但另一方面，因社会经历缺乏，也表现出一定的盲目性。在新生中开展公益启蒙教育，一方面是利用"首因效应"，让学生在第一时间了解大学的培养目标以及所倡导的主流价值观，让公益意识深深嵌入学生心中，入学后能自然而然地了解学校为促进公益服务所实施的政策以及所开展的活动，迅速融入其中；另一方面，又能切合大学生思维活跃、渴望接受新事物的特点，激发学生去了解公益，并且利用科学的引导来避免盲目性。

新生入学前的暑期是进行新生公益启蒙教育很好的时机，一是学生高考结束后，有大量的空闲时间，便于开展公益活动；二是学生家乡可为学生提供广阔的公益平台，学生可直接服务社会，服务家乡。为了向所有新生倡导公益活动，中山大学经过充分调研与综合考量，设计了新生"公益囊"活动，随录取

---

① 刘睿：《启蒙教育与人的全面发展》，载《学前教育研究》，2009年第7期。
② 李欣阅：《论首因效应在辅导员工作中的运用》，载《高校辅导员》，2012年第4期。

通知书一起发放。"公益囊"包含一份公益服务表格，一份1000字左右的公益纪实文章，它将详细记录学生在参与公益活动过程中的所思、所想、所见、所闻。这种方式不仅能让所有的新生参与其中，同时又便于老师了解学生的公益活动参与情况。与此同时，为了对未入学的学生进行科学的公益引导，除"公益囊"之外，学校还会附上中山大学文明修身、班级凝聚和尊师爱校学生思想教育"三项工程"的介绍以及"校园十大人物"简介，以让更多的学生理解"公益囊"的意义。通过推进新生"公益囊"活动，一方面引导新生将公益活动看作是学校人才培养的途径之一，另一方面在新生中树立典型，了解活跃在校园里的"公益达人"。这种方式，成功地引导了几乎所有新生参与公益活动，让学生在参与中得到了关于"公益"的感性认识。

新生入学后，学校进一步通过各种形式开展公益服务教育，以确保学生在参与"公益囊"有所体会的情况下，进一步巩固和提升对公益的认识。如各院系通过入学教育、形势与政策课等途径开展公益指导课；利用寒暑假期间，组织学生撰写"公益调查报告"，让学生主动了解当前国内外公益开展情况等等。这些都有助于学生更为理性地看待自身的公益行动，提升自己的理论水平，初步达成理论与实践的结合。

（二）家校合作

家校合作，是指对学生具有重要影响力的两个组织——家庭和学校，形成合力对学生进行教育，使学校在教育学生时能更多地得到来自家庭方面的支持，而家长在教育子女时也能更多地得到来自学校方面的指导。[①] 在美国，家校合作是近30年教育改革的主题，日本、法国以及中国的香港地区等，都有较成熟的尝试。著名教育家苏霍姆林斯基曾经指出：最完备的教育是学校与家庭的结合，没有家庭教育的学校教育和没有学校教育的家庭教育，都不可能完成培养人这样一个极其细微的任务。《中共中央国务院关于加强和改进大学生思想政治教育的意见》明确指出，学校要探索建立与大学生家庭联系沟通的机制，相互配合对学生进行思想政治教育。家庭与学校合作，形成教育的合力，对大学生的发展有不可忽视的作用。

就公益服务的启蒙教育而言，加强家校合作，一是有利于争取家长的支持与理解，为家长参与学校教育和学生管理提供渠道；二是充分利用家长的资源，为学生参与公益活动搭建平台，弥补学生公益资源的不足；三是以家庭为中心，

---

① 陆瑾、夏骄雄：《高校中家校合作教育的策略研究》，载《中国青年政治学院学报》，2008年第5期。

形成辐射效应，向社会倡导高校公益服务理念，为学生参与公益活动提供良好的社会氛围。此外，对公益活动的具体开展而言，资源是公益活动的重要因素，包括物资资源、政策资源、信息资源、人力资源等。可以将家庭教育中"家庭"的概念拓展到学生所生活的社区、家乡所在地等。加强家校合作，实际上也是在构建一种资源整合机制，以此联合社区、公益组织以及社会团体共同为大学生的公益服务学习提供支持。

中山大学通过开展新生"公益囊"活动，在学生尚未入学前倡导学生参与公益。但其中面临的现实问题是，谁来对新生入学前开展的公益活动进行管理与指导？谁来给刚刚毕业的高中生提供参与公益的平台？学校在倡导新生"公益囊"活动时，设置了"家长赏析""服务对象赏析"环节，以引导家长、社区以及公益组织、社会团体与学校共同关注学生暑期开展的公益活动。而新生将"公益囊"带到学校后，学校组织辅导员及学生骨干对"公益囊"进行整理归档，对相关数据进行分析并结合各方面的意见对相关内容进行完善与改进，形成家庭—学校—社会的联动。根据学校对2012、2013年新生"公益囊"开展情况进行统计，大多数学生家长积极地为学生参与公益活动提供支持与引导，有的还直接与学生一起参与。学生们的公益活动也得到了来自社区、社会的支持，如深圳义工联、肇庆市回乡志愿者协会、普宁市"兰·芽计划"以及各地福利院、敬老院、学校、医院等机构。据统计，2012年新生"公益囊"中，32.6%去敬老院、孤儿院等福利机构做义工，23.4%在社区、村委会做义工，15.5%的学生在图书馆、地铁站、火车站、医院等服务型机构做志愿者，9.9%的学生参加支教活动，6.7%的学生进行环保、安全、卫生方面的宣传，5.5%的学生举行义卖、募捐、义演等活动。这种家校合作的模式，极大地联合了各方力量，加强大学生公益服务学习的力度，不少公益组织还对学生进行了专业培训，进一步提升了学生的公益能力。同时，学生在实践中一方面为当地公益组织增添了新的力量，另一方面也使得中山大学学生与当地公益服务组织建立起了联系。

（三）朋辈激励

朋辈，顾名思义，既是指朋友、同龄人，亦是指年龄与地位相近的结合体。朋辈激励是通过同学或者同龄人相互之间的积极评价和肯定，从而达到增强个体自信的目的。[①] 朋辈激励是一种互助式的心理激烈，同伴之间经常给予积极

---

① 高紫薇：《朋辈激励在大学生志愿服务中的探索和运用》，载《青年探索》，2011年第2期。

的刺激，可以使每一位同伴都能以积极的心态面对眼前的人和事，更好地共享与合作。

在进行公益启蒙教育时，朋辈激励可以取得很好的效果。大学生群体年龄层次、心理特征、知识结构以及兴趣爱好相似，他们通常用平等的态度参与合作，且同龄人之间不容易产生隔阂，易沟通。因此，不同的观念与价值容易在朋辈之间传递与被接受，彼此之间更容易认同。

首先，有利于激发兴趣，鼓励共同参与。在新生"公益囊"的公益实践中，因朋辈之间价值观容易认同，学生们会自觉地与自己高中的同学或者同校师兄师姐一起参与。在对"公益囊"的分析中发现，不少学生都选择了与高中同学一起组织、策划、参与公益活动，同时他们又能够通过师兄师姐的引导迅速地融入活动中。青年学子们创意无限，开展了丰富多彩的公益活动。除传统的公益活动外，他们还独立策划公益晚会筹集善款；组织团队调查乡村义务教育现状、当地贫困大学生状况，为困难学生寻找资助平台；参加"多背一公斤"微公益活动等。

其次，有利于树立典型，鼓励创先争优。在新生"公益囊"活动结束之后，学校会组织"优秀公益囊"评选，通过举办"公益分享会""高低年级交流会"等，不仅让新生交流自己的"公益囊"活动，同时让活跃在校园中的"公益达人"介绍自己开展公益活动的所思所得，以此树立典型，让朋辈之间互相交流与学习。此外，在评选奖学金、助学金等过程中，在对学生的综合素质进行考察时，学校都会对学生参与公益服务的经历进行适当的考量，从各个层面对学生参与公益服务进行激励。

第三，有利于组建核心团队，鼓励互助合作。继新生"公益囊"之后，为了让朋辈之间延续公益活动传统，中山大学通过各种赛事，如本科生校园公益实践项目、亚德客公益实践项目评选等，促进学生组建核心团队，让志同道合的朋辈之间相互合作，孵化优秀的公益品牌项目。

三、大学新生公益参与的效果

通过对开展新生公益服务学习活动，培养了大学生们的公益服务意识，提升了他们开展公益服务活动的能力，并在社会上广泛传播了公益精神。

（一）培养公益意识

大学新生入学前的公益参与，激发新生的公益兴趣，培养公益意识是首要任务。只有让学生经历了从"无"到"有"的过程，明白了开展公益活动对社会、对个人的重要作用，才能真正将公益内化为自觉的行动，才能为学生持续参与和关注公益提供长久的精神动力。中山大学通过新生"公益囊"活动以及入学后一系列的教育培训活动，在激发公益兴趣、培养大学生公益意识方面取得了良好的成效。据统计，在 2012 级新生"公益囊"活动的基础上，2013 级新生更加积极，平均公益时长为 35.69 小时/人，较 2012 级增加 15.23 小时/人。2012 年、2013 年学校学生社团招新中，校园各公益社团持续两年报名人数都在各大社团之首。

（二）提升公益能力

公益能力，包括公益活动的组织、策划、宣传与实施能力。通过开展新生的公益服务学习，让学生具备基本的公益能力，不仅是为大学生公益服务的可持续发展提供人力资源与团队保证，同时也有利于学生团结合作、沟通协调、人文情怀等方面综合素质的提高，促使学生在公益活动的过程中看到自身成长，更加投身公益实践中。新生"公益囊"活动中，通过"公益分享会""公益指导课""公益调查报告"培养了大学新生初步的公益理论知识，同时学生通过切身参与各类培训，具备了基本的公益实践能力，一些优秀的"公益囊"项目甚至可以孵化为校园公益品牌项目。

（三）传播公益精神

要促进大学生公益服务的可持续发展，营造浓厚的公益氛围必不可少。其中，既包括社会环境，也包括校园环境。通过新生公益服务学习活动的开展，在社会上传播了奉献、合作、互助的主流价值，让公益成为当代大学生的一种时尚选择，使公益活动获得社会支持，让大学生公益服务的开展更为顺利，也有利于公益的"全民参与"。以新生"公益囊"实践活动为载体，实际上营造了一个包含学生家长、朋友以及社会公益团体等在内的公益文化辐射圈，营造了一种"人心向善"的公益氛围。这种方式，将高校的办学理念延伸至了学生家门口，同时也体现了高校的责任担当，产生了较大的社会影响。中山大学新生"公益囊"活动因此也得到了人民网、腾讯网、新浪网、《南方日报》《南方公益》等多家媒体的报道，并获得首届"全国辅导员工作精品项目"。大学新生公益服务学习，是一个循序渐进的过程。应适时介入，引导新生参与公益实践，这既是公益意识的启蒙，同时也是情感的启蒙、思维的启蒙，同时也是精神的升华。高校作为教育机构，营造良好的公益氛围，依托家庭、公益组织以及社会团体进行资源的整合，同时尽量为学生提供理论引导、搭建平台方面的支持，必将有利于大学新生在公益意识和公益行动方面的逐步提升。

第二节　公益服务嵌入奖助工作

在高校奖助工作中倡导学生参与公益服务，是为了培养具有人文关怀和领袖气质的优秀大学生。高校既可以采用刚性的要求，也可以采用柔性的引导，实质上是在管理中体现育人功能。中山大学采用的是公益服务申报制方式引导学生积极参与公益服务行动，从而将公益服务打造成思想教育的有效平台。

一、公益服务嵌入高校奖学工作

奖学金是由政府、高校、企业、社会团体或者个人颁发给优秀学生的奖金，以此激励学生向善向上，成为对社会有用的人。一个学校的奖学金制度体现了该校的人才培养目标，如果高校在奖学金评选方面能大力倡导学生积极参与公益服务，将对培养服务社会发展的优秀人才起到推动作用。

（一）公益服务嵌入奖学工作的意义

积极推动优秀大学生参与公益服务，将进一步增强学生的使命意识，推动学生在实践中砥砺品行、提升创新能力，进而培养学生的领袖气质。

1. 增强使命意识

作为一种德育方式，公益活动的开展，会为学生了解社会打开一扇窗，使学生能够在公益实践中了解社会、认识国情。在公益实践中，学生们和不同年龄、不同层次、不同职业的人打交道，能够获得社会方面的知识，有益于他们进一步加深对社会的了解。同时，通过开展公益活动认清自己的社会位置，明确自身的时代责任，激发他们的学习热情，调整和完善他们的知识结构。在开展公益活动中，使他们深刻感受到老百姓生活的方方面面，有利于树立全心全意为人民服务的思想，这与思想政治教育的目标完全吻合。

2. 砥砺道德品质

首先，公益活动有助于优秀学生树立社会主义信念，增强社会责任感，培养为人民服务的思想。越是优秀的大学生对社会发展越是抱有很高的期望，但他们对于国情、民情的了解可能并不全面，看待社会与人生往往较为理想化，以书本的知识简单衡量复杂的现实生活，因而对改革的长期性、艰巨性、复杂性认识不足；面对改革过程中出现的困难和不良现象，容易产生急躁和不满情绪。通过参加公益活动，能使他们认清历史使命、了解社会需求的实际，增强社会责任感。其次，公益活动有助于培养优秀大学生的集体主义精神。公益活动是一种无偿的义务服务。在公益活动中，学生能切身体会到个人能力是有限的，集体的智慧、力量是无穷的，个人离开了集体将一事无成。只有把个人有限的力量汇集到无穷的集体力量中去，才能发挥应有的作用。鼓励优秀学生参与公益活动，对大学生树立热爱集体、关心集体、服从集体的精神是有益的。再次，公益活动有助于优秀大学生培养艰苦奋斗的精神。大学生一直生活在学校环境里，他们对创造物质财富过程中遇到的各种困难缺乏深刻的认知。通过开展公益活动，可以让学生亲身体会幸福生活的来之不易。如到偏远贫穷落后的山村去的下乡活动，学生能亲眼目睹那里的农民在恶劣的自然环境中使用简单的工具进行劳作，体悟勤劳、勇敢、任劳任怨、不怕困难、终身奉献的优秀品质，逐步帮助他们树立起艰苦奋斗、吃苦耐劳的良好品性。

3. 提升创新能力

大学生在参与公益活动的过程中，不仅需要灵活运用自己的专业知识，还可以培养学生创新创业精神。公益服务实际上也是一个项目孵化的完整生态链，这些项目大致可以分为三类：以知识传递为目的的教育类项目；以推动实践为目的的实践类项目；以孵化成熟业务模式为目的的公益创业孵化类项目。这三类项目在功能上相辅相成，共同形成了一个以推动公益发展为最终目的的"产业生态链"，有利于学生学会风险规避方法，并在此过程中提升创新创业能力。

4. 培养领袖气质

具有领导力和领袖气质是对当代优秀大学生提出的要求。具有领导力和领袖气质的人一般具有以下三个方面的特征：首先，应关注身边的每一个人。每个人都渴望被认可、被重视，如果你能注重身边的人，对方一定能感受到，并且会很快加深对你的信任，也容易接受你的想法，双方沟通需要花的成本就小多了。其次，能顾全大局。一个人为人处事只从自己的角度出发，只考虑到自己的利益，就得不到团队的认可，更谈不上树立威望了，如果在个人利益与团队利益发生冲突时选择顾全大局，学会设身处地为他人着想，得到大家的信任会更容易，并且团队的成长速度也会更快。再次，需要能够提出意见并且善于决策。参加公益活动为学生领导力培养提供了一个非常好的平台，在这个平台上大学生有机会关心社会、关心他人、关心弱者，从他人的利益出发，为需要帮助的人提供力所能及的帮助。

（二）公益服务嵌入奖学工作的方法

公益活动对大学生成长成才意义重大，公益服务嵌入高校奖学工作的方法也多种多样，应根据学校的实际情况予以规划，刚性要求法、优先指标法、单项奖励法和综合评定法是其中比较常见的模式。

1. 刚性要求法

奖学金是奖励品学兼优的学生，不仅仅是成绩好，思想品德也同样重要。因此，在制度设计时可以将参加公益活动作为学生申请奖学金的必要条件，明确规定"有公益实践经历的学生才有资格申请奖学金"，甚至可以在具体参与公益的形式或者在公益时数方面做出详细规定。这种规定在推动学生积极参与公益活动方面，往往可以起到立竿见影的效果。但是，这种模式也容易遭到部分学生，甚至教师的非议，他们认为这样的制度设计有公益功利化的嫌疑，违背了公益服务的自愿原则。刚性要求法也对公益时数的认证提出了较高的要求，需要制定专门公益时数认证的管理办法，成立公益时数认证的部门，有一支公益时数认证的队伍，这在一定程度上也增加了工作负担。

2. 优先指标法

公益作为道德评价的重要指标，已经被社会和越来越多的企业认可，捐赠奖学金的单位在设立奖学金的时候经常会对参评奖学金的学生在参与公益实践方面提出要求，要求优先考虑积极参与公益活动的学生，或者给参与公益实践方面取得一定社会影响或是获得表彰的学生予以优先。优先指标法在操作层面上会存在一定的问题，如何"优先考虑"，是建立在同样的综合测评或者同样学习成绩基础上优先考虑，还是积极参加的可以降低对成绩的要求？另外，对"积极参加"如何定义，怎么样才算是"有一定的影响力"？这些都是在制度设计的时候需要进一步考虑和明确的问题。

3. 单项奖励法

也有不少高校为了鼓励学生积极参加公益活动，单独设立一个公益奖学金或者将公益实践突出作为单项奖学金的一种类型。单项奖励法有明确的导向性，操作起来也比较简单，但是这样的奖项比较单一，仅仅是肯定了在公益方面表现突出的学生，似乎缺乏含金量，有可能导致学生不太重视这样的奖励项目。

4. 综合评定法

将参与公益活动作为奖学金综合测评加分项目是高校目前采用最多的一种模式。参加公益活动的时数或者取得的社会影响力、获得的荣誉决定了德育加分的高低，也决定了综合测评的分数，直接影响奖学金的等级。综合测评法在制度设计上也需要结合人才培养目标和专业特色，加分多少影响等级的评定，不同的学科对公益和专业有不同的要求，因此综合测评法适用于具体的院系，不太适宜在全校范围作笼统的规定。

(三) 公益服务嵌入奖学工作的条件

尽管公益服务嵌入高校奖学工作对学生成长成才和学校的人才培养具有重要作用，但要发挥这些作用需要一些基础条件，应从做好顶层设计、提供支持保障和加强宣传教育等方面入手，营造有利于大学生参与公益服务的良好氛围。

1. 做好顶层设计

将公益服务嵌入奖学工作中，在制度上是一种创新，需要国家、社会、学校以及学生的共同努力。任何制度无论在程序上设计得多么完美，如果得不到国家和民众的支持，都不可能真正发挥推动社会发展的作用。将公益服务嵌入奖学工作中同样需要得到国家的支持。如今，实践育人越来越受到重视。《国家中长期教育改革和发展规划纲要（2010—2020年）》指出，应充分认识高校实践育人工作的重要性，统筹推进实践育人各项工作以及切实加强对实践育人工作的组织领导。因此，进一步加强高校实践育人工作，是全面落实党的教育方针、深入实施素质教育、大力提高高等教育质量的必然要求。教育部等七个部门联合颁布的《关于进一步加强高校实践育人工作的若干意见》中明确指出，坚持教育与生产劳动和社会实践相结合，是党的教育方针的重要内容；坚持理论学习、创新思维与社会实践相统一，坚持向实践学习、向群众学习是大学生成长成才的必由之路。由此可见，实践环节在育人过程中的重要作用日益受到政府教育部门的重视，这也是高校深化教育改革和完善人才培养模式努力开拓并将深入开展的工作领域。公益服务作为大学实践育人工作的重要组成部分，得到进一步重视，内容不断丰富，形式不断拓展，积累了不少宝贵的经验，取得了不错的成效，但与培养创新人才的要求还有一定的差距。因此，国家要加强公益志愿服务的总体规划，支持高校系统开展公益活动，积极发挥大学的主观能动性，从制度层面和资源配置方面支持高校落实立德树人的人才培养目标，加强公益基地建设，加大高校公益经费投入，加强对志愿公益的研究，强化舆论引导。从高校层面而言，在改革和发展规划中，要紧紧围绕学校中心工作和人才培养根本任务，完善公益服务的体制机制、搭建公益平台、打造公益品牌，秉持以学生为本的理念，突出学生参加公益的主体性和积极性，构建学思结合、知行统一的大学生公益服务模式。

2. 提供支持保障

制度的良性运转需要很多条件的支撑，是多种因素的共同作用。首先，要加强指导教师的队伍建设。倡导辅导员、专业课教师根据自身优势指导大学生开展公益活动，对学生的公益活动进行分类指导。同时，聘请有丰富实践经验的专业人士加入到大学生公益服务的指导老师行列。其次，要注重公益实践基地建设。长期稳定的合作关系是开展高水平公益活动的重要条件,要开发或共建学生公益服务基地,通过与就业实习单位、志愿服务机构和课外赛事活动主办方、街道办事处、社区等多方联动,扩大学生参与公益服务的组织规模和参与层面,加强公益服务的规范性,力争每个院系、每个专业,甚至每个班级都有固定的公益服务基地,形成有特色的公益活动品牌,形成公益服务的可持续发展。

3. 加强宣传教育

优秀大学生对国家未来有责任感和使命感,有忧患意识,善于对社会存在的问题进行思考和分析,希望实现社会的公平和正义,因此在这一群人中容易涌现出许多热心公益的典型,他们助人为乐、敢于担当、勇于奉献、服务社会和人民,在公益事业中发挥着重要的作用,是当代大学生的楷模。但是,也有不少大学生对参加公益服务还是停留在想的阶段,还未付诸实践。学校的职责是育人,教育不仅是让学生学习好书本上的知识,更重要的是教会学生如何做人,如何做一个对社会、对民族有用的人。将公益和学校的奖学制度相结合,通过表彰和奖励,树立一批积极参与公益活动的典型,通过榜样的示范作用,影响其他学生,在校园里营造积极参加公益活动的氛围,使公益成为每个追求优秀的学生的一种习惯。与此同时,要注意加强公益服务及奖学金制度的政策宣传,让师生员工充分认识到公益服务嵌入到奖学制度的重要性。要构建多层面的宣传渠道,搭建多样化的宣传平台,使学生对公益服务的奖励制度有较为全面的认识,为制度的顺利实施扫除障碍。

二、公益服务嵌入高校助学工作

助学育人是高校资助工作的根本任务,经济资助是手段,育人成才是目标。公益服务可以为家庭经济困难学生接触社会、了解社会、服务社会提供很好的平台,高校有必要建立起相应的公益参与机制,促成受助学生精神的丰盈、人际的拓展和职业的发展。

(一)公益服务嵌入助学工作的方法

在看到高校家庭经济困难学生参与公益服务具有育人功能的同时,更应该探讨的是用何种方式来推进家庭经济困难学生参与公益服务。总体的原则是,公益服务嵌入助学工作要结合学校的日常教育管理服务,结合家庭经济困难学生的专业学习,结合学生成长发展的需求。

1. 结合助学金申请的公益服务申报法

家庭经济困难学生在申请助学金时申报自己参与公益服务的情况,这是推动家庭经济困难学生参与公益服务的一种有效方法。当然，这种方法是结果导向的，意即学生需要在助学金评定之前先参加公益活动。申报制是一种提醒，目的是倡导受助学生参加公益服务。具体的操作分学生申报、学校公示和个别追踪三个步骤。

（1）学生申报。

学校助学管理部门在发布助学金评选通知时应在助学金申请表上设置公益服务填写栏目。家庭经济困难学生在申请学校各类助学金时，根据自己的实际情况把所参与的公益服务情况进行填写申报。由学生自己申报公益参与情况，是对学生的一种信任。实际上，这也是在管理服务中进行诚信教育的一种方式。学生申报的内容包括公益服务的总时数、所参与公益项目的简单情况、活动的见证人等，总的原则是填写要便捷、信息要可复核。

（2）学校公示。

让学生自己申报参与公益服务的情况并不等于学校不采取措施进行监督。但如果学生数量多了，一对一的监督和检查是无法实施的，可以采取网上公示的方式对受助学生的公益参与进行监督，也就是通过公开透明的方式让学生感觉到监督的力量。公示还可以分为三个层级，包括班级公示、院系公示和全校层面公示。范围由小而大，既是对学生申报情况的监督，又是对公益参与的一种表扬，还可以成为对没有参与公益服务学生的一种鞭策，可以起到"一箭三雕"的效果。

（3）个别追踪。

为了推动全体受助学生都参与到公益服务中，还需要建立家庭经济困难公益服务参与的追踪机制。有一部分学生由于种种原因，没有参加公益服务活动，应该采取措施对这部分学生进行跟踪。可行的办法是，定期组织院系辅导员对受助学生的公益参与情况进行统计分析，查明受助学生没有进行公益服务的原因，采取针对性的措施促成受助学生的公益参与。

2. 结合公益团队建设的项目推进法

把公益服务嵌入到学生资助工作中，仅有学校及老师方面的努力是不够的，关键是要发挥学生的主体作用。可以根据受助学生的情况分类组建公益服务团队，围绕公益团队打造不同特色的公益服务项目，从而形成学生自我管理、自我教育、自我发展的良好局面。

（1）组建公益团队。

首先可以按照助学类型的不同分类组建公益服务团队，然后再通过以活动为载体，使得不同类型的公益服务团队形成公益服务联盟，彼此取长补短、相互学习。组建公益团队的关键是要选拔好团队负责人，最好通过公开报名的方式进行招募。在选拔好团队负责人后，组建团队的骨干成员，然后把获得同类助学金的同学吸纳到公益服务团队中。公益团队成员的吸纳，要遵循"从愿意接受的人群开始介入"的原则，把乐于参与公益服务作为加入公益团队的首要考虑因素，进而带动其他受助学生的参与。

(2) 策划公益项目。

在组建好公益服务团队后，可以通过发动团队成员进行公益项目的设计来调动团队成员的参与。在项目设计中，应鼓励公益服务团队成员把所学到的专业知识应用到公益服务中。公益项目设计的关键是要发挥大学生的创意，不在乎项目有多大，而在于项目的创造性和可行性。在设计项目方案的过程中，可以请有经验的公益人士或老师对团队成员进行培训和指导，以提升团队成员服务的专业化，避免走弯路。在项目方案设计完毕，还可以举办项目方案的交流分享会，并评选优秀公益服务方案。

(3) 开展公益服务。

在遴选出优秀公益服务方案的基础上，应发挥团队成员的集体智慧对方案进行充实完善，进一步评估项目方案实施的必要性和可行性。进而，筹备所需的资源进行项目方案的实施。实施公益服务项目也就是公益服务团队开展公益服务的过程。其中，团队精神的培养和专业方法的应用是大学生开展公益服务的核心要素。当然，团队成员的安全是第一位的，应通过制定风险预案、购买保险、风险教育等方式，防祸于未然，以便公益团队安全有序地提供有效服务。

3. 结合助学育人的公益服务体验法

对大学生而言，公益服务除了做和行以外还有一个学习和分享的问题。公益服务嵌入助学工作中，一个较为便利的做法是结合助学育人工作开展公益服务的学习研讨及体验分享。

(1) 公益服务工作坊。

公益服务工作坊（workshop）是以在公益服务某一领域富有经验的主讲人为核心，10~20名左右的成员在主讲人的指导之下，通过活动、讨论、讲演等多种方式，共同探讨某个公益话题。举办工作坊进行公益服务方面的学习，活动形式多样，便于学生参与。公益服务工作坊的成员通常包含参与者、专业者和促成者等三种角色，合理调配好这三种角色之间的关系是提升公益服务工作坊成效的关键。

(2) 公益服务分享会。

公益服务分享会是以会议的方式进行公益服务知识和公益服务体验方面的

分享。选择好分享的主题以及在会议上进行分享的人，是公益服务分享会最为重要的一环。其中，公益服务分享会的主题应该注意从受众的角度来确定，注意听众的所思所想所需，而不能无的放矢。分享会的讲演者至少要从两方面进行考虑，一是其思想性，要考察讲演者在公益服务方面的理论造诣或者对公益服务的认识是否深刻；二是实践性，要考察讲演者的实践经历和实务能力。

(3) 公益服务研讨会。

公益服务研讨会是问题取向的，着重讨论公益服务面临的问题，这些问题既可以是重大的理论问题，也可以是实践中遇到的操作性问题。研讨会最好既有理论方面的研究专家参与，也有实务方面的专家参与，使得理论与实践能够形成"碰撞"并产生"火花"。研讨会不能搞成"一言堂"，只有一种声音的研讨会决不会是一次成功的研讨会。受助学生通过参与高质量的公益服务研讨会，可以在较短时间内提升对前沿问题的认识，并为受助学生与公益领域的相关专家建立起联系提供机会。

(三) 公益服务嵌入助学工作的条件

促成家庭经济困难学生参加公益服务是一件大好事，但需要一些基础条件。这包括需要采取措施进行思路创新、资金资助和平台建设，打造与家庭经济困难学生能力相匹配的公益参与体系。

1. 创新思路

普遍的观点是，家庭经济困难学生本身已存在经济方面的问题，应该花更多的时间去解决自己的问题。这种观点非常客观，也是理性的，家庭经济困难学生确实应该花大力气努力通过"自助"的方式解决自身问题。但这并不意味着家庭经济困难学生不需要或不能去做公益，而是要通过公益服务的思路创新来让家庭经济困难学生参与公益。要改变家庭经济困难学生是"弱者"、不需要做公益的思维惯性，要设计出方便家庭经济困难学生做公益的项目方案，并使得参与公益服务的家庭经济困难学生从中受益，实现公益的"共益"价值，产生共赢的效果。也就是说，促成家庭经济困难学生参与公益服务，首要的是要从家庭经济困难学生的实际出发，从发挥家庭经济困难学生主体性入手，至少不应让公益服务参与成为家庭经济困难学生的负累。要做到这些，就必须用创新的思维来开展公益服务，从而方便家庭经济困难学生参与其中。

2. 资金资助

尽管公益服务并不总是需要资金，但如果能够有资金的支持，对家庭经济困难学生参与公益服务而言将是非常有利的。首先，可以对家庭经济困难学生在公益参与中的交通费、餐费、服装费等进行一些补贴。这些费用对于公益参与来说通常是必不可少的，如果能够用赞助等方式解决这些基本的费用，对家庭经济困难学生参与公益服务无疑是一种鼓励。其次，应该给参与公益服务的家庭经济困难学生予以保险费方面的补贴。参与公益服务可能面临一定的风险，需要通过购置保险等方式进行风险转移，从而保障参与公益服务的家庭经济困难学生的权益。再次，公益服务常常需要一些物资方面的准备，这也需要有一定的经费支持，如果由家庭经济困难学生自身来支付，将增加他们的负担，从而影响了家庭经济困难学生参与公益的热情。当然，以上这些经费并不能总是依靠外界的主动提供，参与公益服务的家庭经济困难学生应该积极进行经费方面的募集。实际上，募集资金是公益服务的重要工作之一，也是锻炼家庭经济困难学生能力的有效途径之一。

3. 平台建设

推动家庭经济困难学生参与公益服务需要有参与的平台，这些平台可以是学生自造的平台，也可以是学校搭建的，还可以通过对接社会上的公益平台提供参与机会。首先，学生自造的公益平台可以发挥学生的公益创意，并结合自身实际进行公益实践。学校在可能的情况下，应努力为学生自造公益平台提供所必须的条件。其次，学校搭建的公益平台是当前家庭经济困难学生公益参与的重要渠道，因为有学校在各方面所准备的条件和资源，可以避免在公益服务过程中经常遇到的各种困难和麻烦，有利于学生全身心地投入到志愿服务之中。此外，社会公益平台也可以为家庭经济困难学生参与公益服务提供方便。但社会现有的公益平台通常不是出于培养学生的目的，而是通过吸纳大学生参与解决服务中人力资源不足或其他方面的问题，有时候并不利于家庭经济困难学生的有效参与。因而，从整体而言，还是要从激发家庭经济困难学生的主体性和发挥学校主导性的角度，大力推进家庭经济困难学生公益参与的平台建设。

三、高校学生助理公益岗的设置

大学是学术共同体，也是师生的生活共同体和情感共同体。在日常教育、管理和服务中，如果能够吸纳学生通过公益服务的形式自愿参与到学校的教育、管理和服务中，不仅有利于增强学生的主人翁责任感，而且也有助于学校各项事业的发展。

（一）学生助理公益岗的界定

学生助理公益岗是学校为有意愿参与校内公益志愿服务的大学生专门设立的助教、助研和助管岗位，是高校开展公益志愿服务的有效形式之一，对提升学校思想教育的实效性以及促进学生成长成才都有着重要意义。

1. 学生助理公益岗的内涵

学生助理公益岗是学生勤工助学岗位的特殊形式，只不过这种"助学"不是经济意义的，而是广义的"助学"，是通过吸纳同学们参与学生助理公益岗的工作，在服务中提升学生能力、助力学生成长。勤工助学由来已久，也称为勤工俭学。最早的勤工活动在20世纪，早期的勤工俭学和爱国救国活动联系一起。由于生活条件不断改善，一些家庭经济并不困难的学生也逐渐有意愿参与到学校的勤工助学工作中，但他们的目的并不是获取经济方面的报酬，而是希望得到学习和锻炼的机会。社会的发展，使得成长成才的内涵更为丰富，全面发展成为大学生的自觉追求，高校学生越来越注重理论与实践的有机结合，对公益志愿服务也有了更进一步的认识。为了给学生提供更便利地参与服务、锻炼的机会，许多学校在学生勤工助学岗位中特意增设了学生助理公益岗，让有意愿的学生义务在岗位上为学校、师生服务。因此，学生助理公益岗实际上是学校为有志于提升自己综合素质的学生提供的实践和参与机会。

2. 设置学生助理公益岗的意义

学校开设学生助理公益岗对学生有多重意义，从教育的角度而言，有利于增强高校思想教育的实效性；从参与的角度而言，可以为大学生提供在身边参与公益服务的机会；从学生发展的角度而言，有利于大学生的职业准备。

（1）有利于增强思想教育的实效性

按照教育部关于勤工助学的相关管理办法，组织开展勤工助学活动是学校学生工作的一项重要内容。学校要加强领导，认真组织，积极鼓励校内有关职能部门充分发挥作用，在工作安排、人员配备、资金落实、办公场地、活动场所及助学岗位设置等方面给予大力支持，为学生勤工助学活动提供指导、服务和保障。学生助理公益岗的设置和运行，需要校内各单位密切配合、相互支持，是高校全员育人的机制之一。学生参与学生助理公益岗的工作，亲身参与到学校的教育、管理和服务中，有利于提升大学生的服务意识，也能进一步感受到学校在教育、管理和服务中的理念。学校日常工作中或实际操作中存在的问题，参与学生助理公益岗的志愿者也能及时向老师们反馈，将提升学校工作促进学生发展的实效性。因而，参与学生助理公益岗不仅是在服务中受教育，也是在服务中长才干。学生助理公益岗的设立，建立起了一个学生与老师在服务中共同成长、在管理中互相促进、在互帮互助中共同受教育的第二课堂。

（2）有利于拓展学生的公益参与。

公益的内涵广泛，如何理解公益，如何在公益服务中践行社会主义核心价值观是当代大学生应思考的问题。大学生参加公益志愿活动不应局限于校外，更应立足于平时、立足于身边、立足于眼前。学校既是教育机构，也是社会的一个有机组成部分，同学们以学生助理的身份志愿参与到学校层面或院系层面的工作中，实际上也是实践的一种形式，也是参与公益志愿活动的一种途径。校内公益岗位贴近学生的生活，也与同学们的切身利益息息相关，参与校园公益是大学生更便利、更经济地参与公益服务的渠道。大学生在力所能及的范围内，协助老师做好大学的教育、管理和服务工作，与校外的社会实践和公益服务一样，都有利于培养学生的责任意识、团队精神和纪律观念。

(3) 有利于学生的职业准备。

大学生职业准备包括了解就业信息，实现角色转变，提升自身素质，适应职业要求等内容。在校学生除了通过到校外企事业单位进行实习、兼职外，较少有机会接触实际的工作环境和工作内容。而且，校外企事业单位的实习、兼职机会一般倾向于招聘高年级学生。校内学生助理公益岗的设置正好给予了学生动手实践的机会，让更多学生有机会参与到工作锻炼中。校内岗位的类型多样，技术型岗位如学生记者、实验室助理、网络管理员等岗位有利于让学生发挥专长，利用专业知识为师生服务；服务型岗位如收发岗、咨询岗等有利于提高学生待人接物的能力；行政事务辅助型岗位如协助办公室内务、办公室资料整理等岗位则有助于学生养成细心和耐心的精神，培养良好的工作态度。总之，学生在学有余力的前提下，参与工作岗位的锻炼，有利于提前帮助学生认知工作角色，了解工作流程，提高人际交往能力，并在实际的工作锻炼中提高服务意识、掌握工作技巧，为未来的职业发展奠定良好的基础。

(二) 学生助理公益岗的设置

学生助理公益岗的设置要坚持"立足校园、服务师生"的宗旨，按照"学有余力、自愿参与、信息公开、竞争上岗"的原则，在不影响学校正常的教学秩序和学生正常学习前提下有组织地开展。学生助理公益岗的设置要有专门的机构做好管理工作，岗位的工作内容要适合大学生的实际能力，要设立岗位的服务标准并确定规范的工作流程。

1. 设立管理机构

学生助理公益岗需要有专门的机构进行设立和管理，可由学校勤工助学管理机构进行统筹管理。为保证校内学生助理公益岗的顺利运行，需要制定相关的公益岗管理办法。为了促进学生助理公益岗的有序开展，保障学生合法权益，学校可参照校内勤工助学的管理规定制定相关的公益岗管理办法，对公益岗的内涵、开设范围、工作内容、管理流程、公益时数认证等进行界定。

2. 岗位设置方法

高校可根据校内用人单位的实际情况进行统筹岗位开设，岗位的设置应考虑工作的实质、用工需求及单位的实际情况。首先，根据岗位工作内容设置实际可行的学生助理公益岗。一般而言，为师生提供服务的岗位比较适合作为学生助理公益岗，如工作咨询、秩序维护等。其次，根据学校勤工助学岗位的实际需求进行开设。比如可以规定校内勤工助学岗位总数的10%作为学生助理公益岗，参与这部分工作的学生助理不领取酬金。第三，整体协调下的灵活设置，即岗位的开设由用人单位根据本单位的实际情况进行设置并报学校勤工助学管理部门审批。按照"谁用工、谁负责"的原则，学生参加学生助理公益岗工作依法享有法律保护，任何用人单位或个人应当为学生的人身安全提供保障，不得损害或变相损害学生在劳动保护方面的合法权益。禁止学生参加高空作业、污染严重、放射性强等易对人体造成伤害和威胁的工作以及其他不适合学生从事的工作。校内各勤工助学用人单位应有专人统筹和管理本单位学生助理公益岗，并注意在工作中培养和教育学生。同学们在学生助理公益岗的工作时间可由用人单位及学生进行协商后确定，参与公益岗服务的时间不得与正常的学习、生活相冲突。

3. 规范开设流程

学生助理公益岗的开设流程包括用人单位开设岗位的申请、学生志愿者应聘申请等两方面的内容。一是岗位设置申请。学生助理公益岗的岗位设置应由学校勤工助学管理部门进行统筹管理，学生助理公益岗的开设单位设置岗位前应向学校勤工助学管理部门提出岗位申请，通过批复后开设学生助理公益岗。所有的学生助理公益岗招聘可由学校勤工助学管理部门通过公开的渠道进行招募。二是学生应聘申请。学生申请参加学生助理公益岗应在学有余力的情况下，其申请应通过所在院系进行审批，让院系辅导员老师了解学生参与校内学生助理公益岗的情况。学生通过院系审批后，将报名材料提交至用人单位，由用人单位组织面试，通过面试并进行公示后，将拟录用人员名单报学校勤工助学管理部门进行审批。

4. 完善考核体系

为鼓励学生参与公益志愿活动，学校可设置学生公益志愿认证或公益服务申报的相关流程、办法，包括确定公益服务认证或公益服务申报的机构，确保公益认证或公益服务申报的真实性以及公益认证及公益服务申报的顺畅，公益服务时数认证及公益服务申报后的相关奖励配套措施。学生助理公益岗的活动是一种实践活动，为鼓励学生参与学生助理公益岗的工作，学生助理公益岗的公益时数认证或公益服务申报应纳入学校对于学生参加社会实践活动的认证体系中，建立完善的公益岗认证及公益服务申报流程。做好公益岗认证和公益服务申报，需要相关单位之间相互配合做好公益岗的日常管理，要做好对学生助理公益岗的考勤。学生参与学生助理公益岗的服务时数除了由用人单位进行核算外，还需要接受学校勤工助学管理部门以及广大师生的监督，因此应建立起公益服务情况的公示监督机制。

（三）学生助理公益岗的运行

在设立学生助理公益岗之后，学生就要开始上岗开展服务工作了。而管理机构和公益岗的负责老师也意味着要开始与志愿者一起开展日常的管理和服务工作，并在公益服务志愿者完成工作任务后对其进行工作考核。

1. 上岗培训

参与学生助理公益岗的志愿者在上岗之前需要进行正规的培训，在熟悉工作业务的基础上方能提供合适的服务。培训一般分为通用培训和业务培训两大部分。其中，通用培训是让公益服务志愿者熟悉学校的整体运行，了解学生助理公益岗的基本要求，掌握待人接物的基本礼仪，开展服务的基本技能等。通用培训可以由学生助理公益岗的管理机构直接组织，实际上也是对学生的一种教育，在培训的师资和培训的内容方面都要进行规划，才能取得良好的效果。业务培训则是针对志愿者所参与的工作而开展的培训工作，一般由所在服务单位的指导老师来负责开展。业务培训是针对具体服务工作的，要讲究实操性，所以培训的内容要具体，操作的流程要清晰，应该找有经验并且耐心、细致的老师作为志愿者的指导老师。当然，志愿者在日常开展工作中，在做中学，获得指导老师的指点也是培训的一种方式，而不一定需要用课堂讲解的方式开展业务培训。

2. 日常管理

首先，是按照上岗时限进行管理。设置学生助理公益岗的用人单位需由专门的管理人员对学生进行日常管理，校内公益岗岗位按自然月计算公益时数。为确保学生正常的学习、生活，公益岗月上岗时间累计时数应作一定的限制，原则上应参考本校勤工助学管理规定对学生助理公益岗的工作时数进行限定。其次，要加强日常考勤。学生助理公益岗的日常考勤方式可参照普通勤工助学岗位的考勤方式，或根据公益岗的工作内容、工作性质由校内用人单位自行制定适合该岗位的考勤制度、管理办法。学生工作量的计算，原则上可以小时为计量单位。应公开公正地进行学生助理公益岗的日常考勤，做好岗位的工作记录。

3. 绩效考评

绩效考评一方面是指工作"量"方面的记录，另一方面是"质"方面的评价。学生助理公益岗绩效考评可分为三个步骤：（1）服务公益服务申报。校内学生助理公益岗学生服务时数由用人单位负责填报，根据服务时间、完成的质量和遵守劳动纪律等方面的情况进行考核。用人单位应按要求填写学生的个人考勤表，并汇总填写本单位所有学生助理公益岗的统计表，按照自然月进行考勤的原则，在规定时间内提交至学校学生助理公益岗的管理部门。（2）公示监督。学校学生助理公益岗管理部门对各用人单位填报的学生助理公益岗的服务时数进行公示，一方面是避免产生漏报、错报的情况发生，另一方面也是对参与公益服务学生的一种肯定和表扬。（3）开具证明。经公示并无异议后，按照学期或在学生离岗时，由用人单位为本单位学生助理公益岗的学生开具公益服务证明，并对其参与公益服务的情况进行评价。学校可把学生参加学生助理公益岗纳入社会实习、实践体系中，并按照本校相关的奖励管理规定进行表彰。

第三节　公益服务组织建设

大学生公益服务组织是以大学生为主体并以提供公益服务为主要目标的组织。与改革开放的进程及经济社会的飞速发展相一致，我国大学生公益服务组织在21世纪初得到了蓬勃发展，在服务青年自身成长、服务社会发展建设等方面发挥了积极作用。

一、大学生公益服务组织的基本状况

我国大学生公益服务组织主要是立足大学校园，在学校相关部门的指导下开展力所能及的服务活动。大学生公益服务组织主要包括校办型、注册型及自组织等，政治导向、学生主体、进退自主是大学生公益服务组织在管理方面的主要特征。在一定程度上发挥了服务学习、支持网络和自我实现的功能。

（一）大学生公益服务组织的类型

从属性和产生方式来看，大学生公益服务组织主要可分为校办型大学生公益服务组织、注册型大学生公益服务组织及大学生公益服务自组织等三种类型。

1. 校办型大学生公益服务组织

校办型大学生公益服务组织，顾名思义是具有学校的"官方"背景、以对接上级任务为主、以学校学生工作部门（如团委、学生工作部、研究生工作部等）为主导、学生志愿者参与的公益服务组织。这种类型的大学生公益服务组织由于具备正式的"官方背景"，因而具有较强的合法性，也能够得到国家的政策保障、学校的资金支持和老师们较为有力的指导。目前在全国高校广为流行的大学生青年志愿者团队，就是在共青团中央的领导下，依托各高校进行青年志愿者组织动员、教育培训、开展公益服务行动的有效载体。许多高校除了组建校级层面的青年志愿者组织外，还在院系建立起青年志愿者组织，使得青年志愿者组织成为大学校园规模最大的公益服务社团。此外，如西部志愿者支教队，也在共青团中央、教育部等部门的倡导下，由各高校负责实施的服务西部教育发展的公益服务团队，在青年大学生中也有很大的影响力。

2. 注册型大学生公益服务组织

注册型大学生公益服务组织是通过在学校学生组织管理部门或政府民间组织管理部门注册，以此获得合法认可的大学生公益服务社团。注册型大学生公益服务组织，根据组织的服务目标和自身能力，可以在校内或在社会领域开展公益服务活动。如中山大学"有爱慈善商店"，就是大学生出于公益服务的愿望，向学校申请以创业的形式来开展公益活动，在学校提供场地等前期基础性支持下，以回收废旧物品的形式营利，将获利投入扶贫济困项目中，以此寻求公益服务的可持续发展之路。又如中山大学"蓝信封"团队，在经过多年公益服务实践的基础上，2012年11月成功注册为民办非企业单位，这为大学生公益服务团队真正走向社会提供公益服务提供了有益探索。

3. 大学生公益服务自组织

在我国，"青年自组织"概念由上海共青团组织于2006年首先提出，是指通过自愿组成，为实现成员共同意愿，按照其章程（成文或不成文）开展活动，由青年自发成立、自主发展、自我运作的一种非正式的组织形式。青年自组织是社会组织发展的初级阶段，充分体现了青年的社会性、发展性，以及一个组织从无到有、从无序到有序的发展过程。[①] 无论是校办型大学生公益服务组织还是注册型大学生公益服务组织，它们的成立都需要具备一些较为完善的条件和正式的申报程序。严格的条件和要求，往往打消了一些大学生成立正式公益组织的意愿，他们就以"自组织"的形式开展活动。大学生公益服务自组织开展的是以服务社会为内容的公益活动，又能把兴趣爱好、专业知识与社会服务结合起来，在不出问题时学校对此也不太予以干预。所以，大学生公益服务自组织在高校是非常普遍的。

---

① 闫加伟：《草芥：社会的自组织形象与青年自组织工作》，三联书店2010年版。

（二）大学生公益服务组织的管理

高校对大学生公益服务组织的管理主要体现在政治方向的把握，活动内容的引导等方面，学生在公益服务组织中具有很强的自主性，大学生公益服务组织的成员在进入或退出团队方面均有很大的自由度。

1. 政治导向

在大学生公益服务组织的管理方面，"政治正确"是前提。从学校管理者层面而言，安全和稳定是对大学生公益服务组织的基本要求。在我国现行的高校管理体制机制范围内，高校对学生负有方方面面的责任，高校管理者不希望学生发生任何问题，特别是政治方面的问题。但是，当前社会的开放度、信息透明度又是空前的，学生不可能只生活在学校范围内，他们有很多机会与校内外各方面人士接触。在这里，不可避免有不同政见的渗透，甚至宗教方面的活动往往也介入到大学生公益服务组织里。因此，学校在学生的公益服务组织管理方面，思想政治教育是常抓不懈的，往往也会为大学生公益服务组织配备指导老师，加强对公益服务参与者政治和业务方面的指导。

2. 学生主体

除了在政治方面提出较高要求外，在公益服务组织管理的其余方面学生拥有很大的自主权。在机构设置上，从负责人、各部部长直至成员都是学生；组织的决策、项目的设计、活动的开展等等，都由学生自己"说了算"；学生通常只有在需要学校审批的时候、需要学校资金支持的时候才会去找学校相关部门。在这种情况下，指导老师就显得尤为重要了。指导老师如果经常参与学生公益服务组织的活动，就会对组织具有较为深入的了解，能够提供有针对性的指导。当然，指导老师的作用只是相对的，大学生公益服务组织的负责人实际上扮演了更为重要的角色，负责人的素质如何将直接影响着这个组织的走向。因此，在学生为主体的大学生公益服务组织管理中，建立起民主决策和科学管理机制是非常重要的。

3. 进退自主

具体到大学生公益服务组织的成员，他们参与到组织中往往是出于个人的兴趣、爱好，或是受学长、朋友等的影响，组织对成员基本上只有"软约束"，他们进退自由，参与活动也是以自觉自愿为前提。在此背景下，如果公益服务组织能够开发出具有吸引力的服务项目，并且能够在参与中促成志愿者的成长，形成组织的凝聚力、提升组织的美誉度，则能增强成员对组织的认同，使其乐于参与到公益服务中。

(三) 大学生公益服务组织的功能

大学生公益服务组织为参与者提供了服务学习的机会,也为团队成员提供了很好的支持网络以及自我实现的机会。因而,大学生公益服务组织在功能方面,是集服务学习、支持网络和自我实现于一身的。

1. 服务学习

服务学习(service-learning)是一种以学生为中心,将社区服务与课堂教学结合起来的教育手段与学习方式,让学生在服务场景中运用知识,并从经验的反省中获得未来生活所需要的知识,进而提供进一步获取知识的动机,同时形成公民的责任意识。① 大学生公益服务组织在组织大学生开展公益服务学习方面具有一定的优越性:首先,加入公益服务组织的大学生绝大部分都是出于自愿,他们本身对公益服务就有热情,是一群志同道合的人组成的服务团队,具有共同的价值追求,为服务学习的开展提供了很好的前提;其次,大多数公益服务组织都会定期或不定期开展服务活动,为学生们的服务学习提供了很好的平台;再次,在公益服务组织里,成员来自不同年级、不同专业、不同家庭背景和不同地域等等,这些差异性正好有利于成员之间的互相学习、取长补短,也有利于服务活动的开展。

2. 支持网络

我们嵌入的关系网络对于所开展的活动的成败可能有极其重要的影响。事实证明,我们在自己周围所构建的网络的类型,会影响到我们的各个方面,包括健康状况、职业生涯的成功、个人的特定身份等。② 大学生来到高校,除了学习知识外,开拓自己的视野、拓展人际交往也是其中不可或缺的内容。在大学时期结交的朋友,往往对自己未来的事业发展产生很大的影响。大学生公益服务组织的非功利性特征,可以为青年大学生的理想追求和人生志向的探索提供很好的机会。而在这种非功利的组织氛围中,成员之间的相互支持和帮助更为纯粹,有利于建构稳固的情感支持网络。

3. 自我实现

马斯洛的需要层次理论认为,人类有生理、安全、归属与爱、尊重、自我实现等方面的需求。作为成长中的青年大学生,在学习之余,他们还有大量的业余时间,如何在这些时间里有所作为,将在很大程度上影响大学生活的丰富

---

① 高文兴:《服务学习让年轻人学会解决社会问题》,载《公益时报》,2013年10月29日。
② 马汀·奇达夫、蔡文彬:《社会网络与组织》,中国人民大学出版社2007年版。

程度。通过公益服务组织参加一些力所能及的公益实践活动，尤其是在参与中把所学的专业知识用于帮助有需要的人，这将提升大学生学习的效能感，进而激发学习的积极性和主动性。此外，公益服务组织如果能够开发出人人都能参与的"微公益"项目，让每一个成员都有机会提供服务、参与服务，并为组织的运作贡献自己的智慧和力量，也将在一定程度上满足组织成员自我实现的需求。

二、大学生公益服务组织的战略建构

面对国家发展的新形势及社会治理创新的新要求，大学生公益服务组织有必要结合经济社会的发展进行定位，结合时代需求进行战略建构，推进组织的专门化、专业化和社会化建设。

（一）专门化战略

专门化战略要在三个方面进行定位，一是要确定组织专一的服务目标，二是要明确组织所要服务的特定目标人群，三是要在实践摸索中建立起较为固定的服务场域。

1. 确定的组织使命

在公益服务日益发达的当代社会，如果一个组织没有确定自身的使命、目标和愿景，就很容易在碰到不确定的社会环境时迷失组织的发展方向。大学生公益服务组织确实具有自身的潜在优势，但也不可否认地存在资源不多、经验不足等方面的问题。一个组织不可能解决社会上所有的问题，所以对组织进行正确定位，明确组织的使命和任务，使得组织的发展具有较为明确的方向和目标，这也将有利于凝聚组织成员的力量和智慧。

2. 特定的服务人群

组织使命一旦确定，服务的目标人群也应随之纳入考虑的范畴。通常而言，只要与组织的使命相一致，不管何种服务对象都是可以接受的。但是，鉴于大学生公益服务组织所具备的实力和能力，还是要有选择地去提供力所能及的服务。对于那些较为危险、需要较强专业技能、涉及的关系较为复杂的服务项目，大学生志愿者不一定能够完全胜任，还是由专业的社会服务机构承担较为妥当。因此，大学生公益服务组织在专业人士的指导下，选择与组织实力相匹配的特定服务目标人群，才能有效开展公益服务活动。

3. 固定的服务场域

固定的服务场域，无论是对于大学生志愿者还是对于服务对象来说都非常重要。如果有了固定的场所，公益服务的开展就有了稳定的平台，这样就不至于每一次开展服务活动都要费时费力去选择场地。同样，这也可以让服务对象能够较为便利地得到所需的服务。如果不知道在哪里可以得到所需的服务，这对服务对象而言，只是潜在的资源，而不是现实的服务。因而，服务的"易得性"也是大学生公益服务所要考虑的问题，而固定的场域常常可以避免问题的产生。

（二）专业化战略

专门化战略确定了组织的使命、服务对象以及服务场域，但这并没有解决如何服务的问题。因而，还需要推进公益服务的专业化建设战略。对于大学生公益服务组织来说，专业化战略可以从倡导成员把专业嵌入到服务中、学习专业的助人方法、掌握服务的专业伦理等方面入手。

1. 把专业嵌入到服务当中

大学生公益服务组织最大的优势之一是人力资源，因为组织中的每个大学生都有一定的专业技能。如果每个组织成员都能把在学校里所学到的专业知识应用到公益服务中去，不仅能够从不同层面去帮助服务对象解决所面临的问题，而且能够通过学以致用的方式促进大学生的专业学习。在这种共同解决问题的过程中，志愿者们还可以通过平等的沟通和交流，取长补短、互相学习，真正产生服务学习的效果。

2. 学习专业的助人方法

社会工作、心理学、社会福利等专业知识，可以在公益服务中发挥重要作用。更进一步，诸如个案工作、团体工作及社区工作等专业服务方法，以及专业的实务技巧，对于开展公益服务具有很好的指导作用。尤为重要的是，通过学习专业的助人方法，能够使得公益服务真正达成助人自助的目标。实际上，无论是专业干预还是公益服务，最终都应以实现服务对象的自助，提升服务对象的能力为目标，促成服务对象自己去解决所面临的问题。

3. 掌握助人的专业伦理

无论是社会伦理还是专业伦理都强调平等原则，但是专业伦理把当事人的利益摆在高于所有其他人的利益的位置上，优先予以考虑。也就是说，一般伦理原则是所有人都应当受到平等尊重。而专业伦理的原则是，所有人应当受到平等尊重，但优先权应当以当事人的利益为重。[1] 通常而言，西方社会工作伦理研究者都把保护生命放在最高优先位置，其次大多都强调培养人的独立能力和自主意识、尊重服务对象自我决定的重要性，然后依次强调平等、尊重服务

---

[1] ［美］拉尔夫·多戈夫等：《社会工作伦理》，中国人民大学出版社2005年版。

对象隐私、保密、诚信等原则。他们还提出，个人福利的权利优先于法律、法规和组织的规定；防止伤害的义务及提升公共利益的义务优先于个人财产所有权的权利。① 这些专业伦理规范尽管植根于西方社会背景，但对于大学生公益服务有一定的启示和借鉴意义。

（三）社会化战略

专门化和专业化战略主要是组织自身建设层面的问题，但一个组织最终是要通过服务社会才能获得认同，在服务他人中才能彰显自身价值。因而，大学生公益服务组织还需要有社会化的发展战略。实际上，服务社会的过程也是充实和发展组织的过程，服务社会的过程也是关系网络拓展、组织成员成长的过程。

1. 面向社会需求

社会化战略首先要面向社会需求，因为社会的需求是组织存在的根本。如果一个组织只能满足内部成员的利益，最多只能是互益组织，与公益还存在一定的差距。面向社会需求，一是要顺应社会发展的需求，与时俱进地搞好组织建设，提供与时代要求相适应的公益产品，开发出与社会发展相契合的公益模式，而不能老是用单一而传统的方式提供服务；二是组织的发展建设要与目标群体的需求相契合，要在充分了解目标群体的基础上提供合适的产品和服务，并用现代专业方法为目标群体提供适切的服务和帮助。

2. 整合社会资源

社会化战略表明，大学生公益服务组织不能只限于在学校或熟人的圈子内来统筹资源，而是要把资源拓展的范围延伸到整个社会领域。在有条件的情况下，可以考虑参与政府的购买服务，向基金会申请项目经费，或向企业以及普通民众筹募资金，这些都是整合社会资源的方法。大学生公益服务组织主要在人力资源、专业力量等方面存在一定优势，但是，在物质、资金、人脉、经验等方面相对欠缺。如果能够通过一定的方式使组织与社会方面的资源连接起来，就能实现人力资源、专业力量与社会资源、社会需求的无缝对接，从而真正为有需要的人群提供服务。

3. 开展社区服务

立足社区有利于深入了解服务对象的需求，从而提供有深度的服务。大学生公益服务组织在开展社区服务时，初始阶段可以立足学校社区为校内师生提供服务，在取得一定经验的基础上慢慢向学校周边社区拓展。为学校周边社区

---

① 顾东辉：《社会工作概论》，上海译文出版社 2005 年版。

提供服务，既有利于缩短服务输送的距离，减少在此过程中的时间成本，便于开展服务活动，也有利于建构和谐的学校及其周边地区的关系，为学校教育教学的开展创造良好的环境。当然，在条件具备的情况下，大学生公益服务组织还要积极向其他有需要的社区提供公益服务，以体现大学生热爱集体、奉献社会、实现自我的精神风貌。

三、大学生公益服务组织的行动方略

大学生公益服务组织在明确自身定位和完善战略建构的基础上，可以从打造非营利模式、人性化订制服务及大力倡导微公益等方面入手，采取相应的行动策略以实现组织使命、达成组织愿景。

（一）打造非营利模式

与国家治理体系和治理能力现代化建设的目标相一致，大学生公益服务组织可以打造成具有非营利组织功能的社会服务组织。

1. 强调使命

"非营利"是从目标方面对组织进行的界定，强调组织的宗旨。根据组织的结构和运作方式，萨拉蒙等学者认为，非营利组织具有组织性、民间性、非营利性、自治性和志愿性等五个特征。"非营利组织"强调组织生存与发展的主要目的不是获取利润，而是追求一种社会价值或社会使命，指向的是组织运行的目标、宗旨等结果而非实际的营利性经营运行过程。[①] 非营利组织在社会运行中可以扮演先驱者、改革与倡导者、价值维护者、服务提供者和社会教育者的角色，并发挥与之相应的功能。当然，就大学生公益服务组织来讲，如果要完全承担起非营利组织的角色并发挥这些功能，从目前来看条件并不成熟。但参照非营利组织的建设模式来开展工作，在此过程中强调自身使命，以凝聚更多资源和力量推动公益服务的发展。

2. 形成共益

现代社会的公益活动，应当努力寻求一种全体公益参与者（包括服务提供者和接受者）共同受益的公益模式。这种共同受益的公益模式可以实现公益能力的双向传输，有利于公益活动的可持续。大学生公益服务组织在努力为有需要的个人或群体提供服务的同时，也要让公益服务的提供者自身得到收获，赢得发展。如果大学生公益服务组织所开展的活动，只有单向的受益方——无论是对于服务提供者还是服务接受者，都是不可持续的。尤其是，参与大学生公

[①] 康晓强：《公益组织与灾害治理》，商务印书馆2011年版。

益服务组织的青年大学生志愿者,他们都面临着推动自身发展的任务。从组织层面来说,应该积极推动志愿者本身的成长进步,这其实也是组织自身建设的重要一环,是提升公益服务能力的重要举措。

3. 关注成果

开展公益不能不计成本,要将传统慈善的无偿观念与现代公益的非营利观念正确区分,实现从无偿慈善向非营利公益的转变。支持非营利的公益观,意味着不以营利为目的,不追求利润,但是可以获得成本和劳动的回报,如发放服装、给予交通、工作津贴等。宣传、推广非营利的公益观念,可以突破人们关于公益服务动机争鸣的羁绊,夯实公益事业的物质基础,以此能够鼓励人们更多地从事公益服务,通过众多个体的小善的积累,最后达到整个社会大善的实现。① 大学生公益服务组织既要强调对公益价值的坚持,也要注重对公益服务理念的践行,更要注意为服务对象带来实实在在的成果。只有形成价值—行动—成果三位一体的公益模式,才能真正为服务对象和整个社会带来福祉。

(二) 人性化订制服务

人性化订制服务是指服务的人性化和个性化。通常而言,人性化与个性化是相互联系的,个性化的服务需要有人文的关怀,而人性化的服务也需要有个性化的考量。人性化订制服务可以在三个方面进行着手,即订制式服务、上门式服务及互动式服务。

1. 订制式公益服务

如果一项公益服务是为特定的个人或群体量身打造的,可谓之为订制式公益服务。订制式服务针对特定情况采取相应措施,是问题取向和需求导向的。订制式服务首先要充分了解服务对象的情况,然后针对服务对象的需求和问题循序渐进地开展工作。订制式服务对大学生公益服务组织提出了精细化服务的要求,对组织的管理水平及大学生志愿者提供专业服务的能力也是一个很大的挑战。

2. 上门式公益服务

上门式服务针对的是公益服务的"可达性"问题,如果一项服务无法成功送达到有需要的人手中,要么是前期工作做得不够到位,要么就是服务流程有瑕疵。因而,正式实施公益服务项目之前就应该考虑服务送达问题。上门式服务应该至少包含三个方面的内容:一是在服务信息方面要及时送达给目标群体;

---

① 陶倩:《大学生志愿精神培养的理论思考》,载《高校德育创新与发展成果选编(上海大学卷)》,人民出版社2012年版。

二是服务内容和服务项目可以直接推送到目标群体能够获取的地方；三是对服务的传送流程和传输结果进行跟踪。

3. 互动式公益服务

服务不能是一成不变或是冰冷僵化的，大学生公益服务组织应努力提供有"温度"的服务。在开展公益服务的过程中，应引导志愿者与服务对象开展多方面的互动，根据服务对象的反应调整服务策略和服务内容。互动式服务也意味着，志愿者不能把自己摆在"强势"的位置，也要把服务对象作为有尊重、有价值、有潜能的一方来看待。努力从服务对象的优势出发，要发自内心地向服务对象学习。这样，志愿者与服务对象之间的互助、互益就将形成，浓厚的公益氛围也将随之产生。

（三）大力倡导微公益

微公益既指借助微博、微信等新媒体开展的公益活动，也指立足日常生活从微小的公益做起。微公益符合高校青年学生的实际情况，大学生公益服务组织可以充分利用自身优势，推行富有创意的微公益活动。

1. 借助新媒体

青年群体是使用新媒体的主体力量，他们对基于新兴技术的现代通讯具有"天然"的亲近感。现代新兴媒体通常具有传播的快捷性、私密性和发散性等特征。快捷性是不言而喻的，手机与互联网络的力量整合，使得使用者能够随时随地进行信息的处理和传播；新兴媒体的私密性体现在其信息在"圈子内"或"群内"的共享功能；新兴媒体的发散性使得信息从源头开始一旦发出，便具备了无限次重复转发的可能。因而，大学生公益服务组织如能较好地借助新媒体开展微公益，不仅可以减少开展公益活动的成本，提高公益服务的效率，还能使公益理念在更大范围得以传播，获得更多人的支持。

2. 吸纳新创意

大学生公益服务组织要善于利用青年人思想活跃的特征，征集大学生关于公益方面的创意，对于那些确实可行的创意还可以付诸实践。只要能够充分调动大学生的积极性，发挥大学生的主体性，大学生公益服务组织开展起活动来必将有声有色，丰富多彩。这就要求打造开放型的大学生公益服务组织，进行公益服务的"协同创新"。这种协同创新要把不同类型的学生联合起来，把老师和学生联系起来，把校内和校外资源整合起来，形成既能发挥各自优势又能齐心协力共同推进公益服务的整体性力量。

3. 善做"小清新"

大学生公益服务组织要摒弃那种只愿做"大事"，不愿做小事的想法，要从善做"小清新"的公益服务开始，不断积累起外界对组织的认同度。也通过不断把小事做成，磨合团队成员的协调能力，提升组织成员的信心。事实上，如果能够把小的公益服务做深做实做精致就会变成大善事。而且，大的公益服务也需要转化成许多小的环节、小的任务才能逐步完成。当然，做小事与做大事是辩证统一的，在公益服务中无论是小事还是大事，对于公益服务提供者来说都应该当作"大事"来做。

参考文献：

[1] 闫加伟：《草芥：社会的自组织形象与青年自组织工作》，三联书店2010年版。

[2] 马汀·奇达夫、蔡文彬：《社会网络与组织》，中国人民大学出版社2007年版。

[3] [美] 拉尔夫·多戈夫等：《社会工作伦理》，中国人民大学出版社2005年版。

[4] 顾东辉：《社会工作概论》，上海译文出版社2005年版。

[5] 康晓强：《公益组织与灾害治理》，商务印书馆2011年版。

后　记

为深入学习贯彻党的十八大精神和习近平总书记系列讲话精神，展示中央16号文件颁发以来各地各高校加强和改进高校德育工作的新实践、新探索，教育部思想政治工作司组织出版《高校德育成果文库》，汇集各地高校的成果和经验，搭建交流研究成果、展示工作经验，促进成果转化的有效平台，相信会对进一步促进高校德育工作的创新发展起到重要的推动作用。

本书是《高校德育成果文库》入选书目之一，参与本书编写的有林滨、沈成飞、钟一彪、吴丹、李桦、李辉、李萍、童建军、钟明华、柳媛、李文珍、叶启绩、詹小美、葛桦、郭文亮、余俊渠、彭小兰、周昀、张广东、欧阳永忠、杨丽红、王国明、龚艳、陈敏、刘翠嫦、龚婕、梁洁瑜等。教育部思想政治工作司对《高校德育成果文库》的编选给予了关心和指导。本书在编写和出版过程中，得到了中国书籍出版社、中联华文（北京）社科图书咨询中心的大力支持，在此表示衷心的感谢。

本书编写组
2014年12月